赤峰记忆

非物质文化遗产专题

第三卷

刘淑华　刘锦山　主编

文化艺术出版社
Culture and Art Publishing House

《赤峰记忆》编委会

主　任

黄　河

副主任

吴立新

主　编

刘淑华　刘锦山

编　委

黄　河　吴立新　薛　瑞　刘淑华　刘锦山　陈晓洁　方向灵　鞠红耘
乌云高娃　邢小兰　刘锦秀　周明璇　祁鹏莉　刘罡宇　张艳玲　刘剑英
罗显伟　陈　荣　刘　聪　杨玉婷　刘　敏　刘　帅　周　岚　白嘎力
李卫东　刘　昊　刘锦丽

速　写

刘　敏

"赤峰记忆"项目网站首页

吴立新

韩正泽

刘怀军

蒋得水

王浩

李成艳

倪淑丽

田惠莲

赵守杰

萨仁

杨万年

鲍秀荣

巴拉嘎日玛

娜仁其其格

李国华

贺登鹏

莲花

莫德格

哈斯巴图

王景春

李福山

苏美亚

塔木色

赛音都楞

阿拉坦胡雅嘎

尼玛敖斯尔

巴达玛仁钦

孟和吉日嘎拉

赤峰对夹

锭子药

锤打麻油

李成艳剪纸作品《中国梦 赤峰情》

宁城剪纸15米长卷代表作《清明上河图》

田惠莲剪纸作品《回娘家》

赵守杰细纹刻纸作品《九骏图》

萨仁撕纸拼贴作品《母亲》

巴林蒙古族服饰

巴拉嘎日玛在给顾客试穿制作好的蒙古袍（宝力道摄影）

娜仁其其格制作的蒙古族靴子

达里湖冬捕

王景春巴林石雕刻作品《喜象》

好德歌沁表演团队在道上表演（滕利明摄影，赤峰市非物质文化遗产保护中心提供）

苏美亚（右一）在阿日奔苏木婚礼上演说祝赞词（宝力道提供）

2010年11月26日，阿鲁科尔沁旗"蒙古汗廷乐队"在呼和浩特进行汇报展演
（长排左二为塔木色）

制作勒勒车轮

阿拉坦胡雅（左）在制作阿日嘎（宝力道提供）

目 录

前　言　　　　　　　　　　　　　　　001

吴立新：赤峰非遗放异彩　　　　　　001
韩正泽：塞外名吃十里香　　　　　　004
刘怀军：国粹医药惠苍生　　　　　　016
蒋得水：妙语连珠话古今　　　　　　030
王　浩：千锤百炼一滴香　　　　　　045
李成艳：巧手折剪显神韵　　　　　　062
倪淑丽：慧心巧出天下意　　　　　　078
田惠莲：一剪之趣夺天工　　　　　　091
赵守杰：神剪尽现古今情　　　　　　107
萨　仁：纸间经纬韵悠长　　　　　　117
杨万年：玲珑剔透纸艺奇　　　　　　128
鲍秀荣：流光溢彩凝仙品　　　　　　136
巴拉嘎日玛：四季盛装美牧野　　　　144
娜仁其其格：描龙绣凤踏红绸　　　　164
李国华：光影曼妙显乾坤　　　　　　173
贺登鹏：渔歌唱晚达里湖　　　　　　181

莲花：此曲只应天上有　　　　　　195

莫德格：莽原瀚海听绝唱　　　　　205

哈斯巴图：草原绝响唯长调　　　　215

王景春：巴林石雕入画来　　　　　235

李福山：民间文艺绽奇葩　　　　　246

苏美亚：传统婚俗展民风　　　　　264

塔木色：汗廷音乐势磅礴　　　　　274

赛音都楞：草原之舟勒勒车　　　　280

阿拉坦胡雅嘎：千年冰上阿日嘎　　287

尼玛敖斯尔：穹庐夜幕唱英雄　　　305

巴达玛仁钦：千古传颂留美名　　　311

孟和吉日嘎拉：绝代英雄格斯尔　　318

后　记　　　　　　　　　　　　　339

前 言

习近平总书记高度重视文化遗产保护，指出"历史文化是城市的灵魂，要像爱惜自己的生命一样保护好城市历史文化遗产"。党的十八届五中全会提出了"构建中华优秀传统文化传承体系，加强文化遗产保护"的要求。2015年12月，国家图书馆牵头发出《全国图书馆界共同开展记忆资源抢救与建设倡议书》，提出图书馆应成为记忆资源的汇聚之地、创造之地和传承之地。而早在2012年，国家图书馆就已经启动了"中国记忆"工程建设。

2015年，在赤峰市文化新闻出版广电局（现赤峰市文化和旅游局）领导下，赤峰市图书馆开始组织实施赤峰历史文化遗产长期保存口述历史数字工程——"赤峰记忆"，旨在以赤峰名人口述影像资料为基础，通过数字技术等手段对赤峰市近百年来有重要价值的人物、事件进行深度挖掘保存，为区域文化保存和传承做出积极贡献。

在项目论证阶段，得到了赤峰市委宣传部、赤峰市文化新闻出版广电局（现赤峰市文化和旅游局）、赤峰市发展和改革委员会、赤峰市财政局等有关部门的大力支持，有关领导对"赤峰记忆"的宗旨、目标、摄制思路以及人物遴选原则都给予了很好的指导，使"赤峰记忆"立项之初就对标"世界记忆"与"中国记忆"，视野开阔，立意高远。立项之后，有关部门在项目资金方面给予很大的支持。

为使项目尽快推进，"赤峰记忆"项目采取与文化企业合作的方式，赤峰市图书馆发挥地方文献和人物遴选方面的优势，合作企业发挥技术优势，于2016年年初完成了第一期的招标工作，确定由北京碧虚文化有限公司承担项目的摄制工作，正式拉开"赤峰记忆"项目建设的序幕。为使"赤峰记忆"项目能够全面、切实反映和记录赤峰市多姿多彩的历史文化风采，建立了由赤峰市文化新闻出版广电局（现赤峰市文化和旅游局）领导担任顾问，赤峰市图书馆与合作公司人员担任制片、导演、监制、摄影、字幕、场务等职务的领导、生产组织体系；制定了《"赤峰记忆"人物遴选标准》和遴选程序，并由赤峰市文化新闻出版广电局（现赤峰市文化和旅游局）向各区（县、旗）文旅系统主管部门下发通知，开展"赤峰记忆"项目推进工作。

为取得良好的传播效果，项目组制定了详细的传播策略。在拍摄过程中通过各种新媒体进行宣传推广，提前预热，吸引人们观看，还剪辑精彩花絮进行传播推广。为适应不同媒体，取得良好传播效果，制作了演播室访谈片、演播室访谈精粹片、文化专题片等形式多样、时长不等的作品，并通过会议、展览、报刊、电视台、网站、即时通信软件和短视频平台等多种媒介渠道对"赤峰记忆"项目进行宣传推广。专门开设了"赤峰记忆"网站，读者可以通过该网站观看视频。2017年9月，赤峰市图书馆举办"赤峰记忆"发布仪式，向社会公众推广第一期文化专题的成果，引起很大反响。2021年春节期间，"赤峰记忆"第三期非物质文化遗产专题在赤峰市广播电视台播出，在社会上引发了新一轮有关"赤峰记忆"的讨论和追捧。

截至2022年4月，"赤峰记忆"已陆续完成了六期的摄制工作，分别是第一期"文化专题"，第二期"乌兰牧骑专题"，第三期"非物质文化遗产专题"，第四期"杰出女性专题"，第五期"图书馆专题"，第六期"文化旅游专题"，共对相关领域90多位人物进行了访谈，制作了320多集5700多分钟的视频资源。此外，还拍摄制作了"烽火草原鲁艺人""清格尔泰"两个特别专题，以纪念在赤峰昭乌达草原创办的冀察热辽联合大学鲁迅艺术文学院和赤峰知名人士、我国著名语言学家、蒙古语言研究开拓者和奠基人清格尔泰先生。

随着"赤峰记忆"各专题的陆续制作完成和发布，有不少朋友建议推出"赤峰记忆"的相关书籍，以便随时品读。在赤峰市文化新闻出版广电局（现赤峰市文化和旅游局）的领导下，2021年10月，赤峰市图书馆与北京碧虚文化有限公司合作启动了"赤峰记忆"图书的编写工作。《赤峰记忆》是在"赤峰记忆"项目的基础上进行的二度创作，力求全面、具体、系统地保存赤峰地区各领域发展变迁情况。本次出版的《赤峰记忆》共包括6卷，分别为：第一卷"文化专题"，第二卷"乌兰牧骑专题"，第三卷"非物质文化遗产专题"，第四卷"杰出女性专题"，第五卷"图书馆专题"和第六卷"文化旅游、烽火草原鲁艺人、清格尔泰专题"。

本书为《赤峰记忆》第三卷"非物质文化遗产专题"，收录整理了"赤峰记忆"项目第三期非物质文化遗产专题28位人物的访谈内容。这28位人物分别是赤峰市文化和旅游局党组成员、副局长吴立新，内蒙古草原汉唐食品有限公司董事长韩正泽，赤峰市望星楼中蒙医药研究所所长刘怀军，林西县文旅体局非遗办公室主任蒋得水，克什克腾旗呼德艾勒农牧业合作社总经理王浩，翁牛特旗五分地镇照相馆李成艳，宁城县必斯营子镇中心校教师倪淑丽，敖汉旗新惠第三小学教师田惠莲，元宝山区王家镇中心校教师赵守杰，赤峰学院美术学院副教授萨仁，赤峰市剪纸协会主席杨万年，巴林右旗秀荣民族服装店总经理鲍秀荣，阿鲁科尔沁旗巴拉嘎日玛民族用品有限公司总经理巴拉嘎日玛，翁牛特旗汗达民族服饰制作有限公司总经理娜仁其其格，巴林左旗皮影协会演员李国华，克什克腾旗达里诺日渔场捕捞队原队长贺登鹏，巴林左旗乌兰牧骑原队员莲花，翁牛特旗乌兰牧骑原队员莫德格，原赤峰市民族歌舞剧院（现赤峰市艺术剧院）演员哈斯巴图，赤峰市艺仁阁工艺品厂雕刻师王景春，敖汉旗乌兰昭村萨力坝乡村民李福山，阿鲁科尔沁旗罕苏木牧民苏美亚，阿鲁科尔沁旗乌兰牧骑演员塔木色，阿鲁科尔沁旗巴彦温都苏木牧民赛音都楞，阿鲁科尔沁旗巴彦包勒格小学教师阿拉坦胡雅嘎，巴林右旗宝日勿苏镇牧民尼玛敖斯尔，巴林右旗查干沐沦苏木沙布台嘎查牧民巴达玛仁钦，巴林右旗格斯尔文化协会会长孟和吉日嘎拉。

"赤峰记忆"第三期的拍摄得到赤峰市非物质文化遗产保护中心的大力支持，保护中心时任主任陈玉华研究馆员在基础资料提供、被采访人物遴选、联系采访做了很多工作，使得第三期采访工作高效顺利完成，在此我代表项目组表示衷心的感谢。

本书所配图片，除了"赤峰记忆"项目组拍摄所得之外，还由各位被采访者提供。本书尽可能将每幅图片的摄影者一一注明，但由于时间久长，来源各异，不少图片的提供者亦不能说明每幅图片的摄影者，因此本书未能将一些图片的摄影者一一注明，特此说明。

《赤峰记忆》的出版，是"赤峰记忆"项目二次创作的成果。希望本书的出版，能够帮助广大读者了解赤峰历史，讲好赤峰故事，弘扬北疆文化，坚定文化自信，铸牢中华民族共同体意识。

刘淑华
2023年12月1日

吴立新

赤峰非遗放异彩

采访时间：2019 年 4 月 9 日
初稿时间：2022 年 7 月 21 日
定稿时间：2022 年 7 月 23 日
采访地点：赤峰市图书馆"赤峰记忆"拍摄现场
版　　本：文字版

吴立新速写

　　吴立新　1969 年 8 月出生，1988 年 9 月参加工作，1991 年 10 月加入中国共产党，研究生学历。赤峰空军部队团政委转业，现任赤峰市文化和旅游局党组成员、副局长。

　　张艳玲：各位朋友，大家好！今天是 2019 年 4 月 9 日，我们在赤峰市图书馆"赤峰记忆"的拍摄现场，今天我们请到的嘉宾是赤峰市文化和旅游局党组成员、副局长吴立新。吴局长，您好！

　　吴立新：你好！

　　张艳玲：吴局长，首先请您谈谈赤峰市非物质文化遗产保护工作的情况。

图1 吴立新（左）接受"赤峰记忆"采访

吴立新：好的，大家都知道，赤峰市的物质文化遗产非常丰富，有红山文化、草原青铜文化、契丹辽文化、元文化。在物质文化丰富的同时，我们也有丰富多彩的非物质文化遗产，经过一代一代人的努力，一代一代人的传承，一代一代人的保护，目前全赤峰市有国家级非物质文化遗产保护项目5项，自治区级项目66项，市级以上项目150项。整体看赤峰的非遗保护工作，这几年取得了很大的进展，也取得了很多的成绩。这些成绩的取得得益于各级主管部门的重视，也得益于广大传承人的保护和传承，更得益于一代一代非遗工作者的辛苦付出、整理、挖掘。大家的共同努力编织了我们赤峰市丰富多彩、五彩缤纷的非物质文化遗产长廊。

赤峰非物质文化遗产的最大特点，用两个"性"可以概括：融合性和独特性。大家知道，赤峰处于内蒙古、河北、辽宁交界，同时又经历了很多次大的移民，实现了民族的融合、文化的融合、农耕农牧的融合，所以赤峰文化最大的特点是融合。融合的同时又产生了一些独特性，很多东西是我们赤峰地区独一无二的，比如说呼图格沁，它是蒙古族戏剧雏形；比如说兴畜节的活动，这些活动都反映出我们地域的独特性。再回到融合性，它有地域融合，有文化融合，有民族的融合，有农耕和游牧民族的融合，等等。这些融合造就了多元性，所以说既有蒙古族的，又有汉族的，又有满族的，又有回族的，这就是多元性。同时它还有丰富的特点，为什么这样说呢？因为这块既有农耕文化的，又有游牧文化的东西，所以很多项目就产生了丰富的表现内容。融合的同时还具有完整性，非遗可以分为十大类，无论是传统技艺、传统工艺，还是传统医药等，每一类我们都有项目。我就用这两个"性"概括赤峰市整个非物质文化遗产的特点。

张艳玲：吴局长，接下来请您谈谈赤峰市非遗工作下一步的工作计划和工作重点。

吴立新：好的。我们有很多想法和打算。第一，要进一步加大非遗法的宣传，使人人了解非遗、熟悉非遗和走近非遗，增加全体人员对非遗保护工作的责任感和使命感。第二，要进一步加大非遗的普查力度，力争有更多的非遗项目进入国家级和自治区级的行列，同时也丰富我们市级的非遗名录。第三，要进一步落实《中国传统工艺振兴计划》，我们要开发很多作坊，比如以蒙古族刺绣为代表的传统工艺的小作坊，力争把中华传统工艺做得更加兴旺。第四，要进一步加大对非遗传承人的培训力度，发挥本土院校的优势，积极开展研培计划，组织更多传承人的培训，提高传承人的综合素质。第五，要进一步发挥非遗在脱贫攻坚中的作用，真正地发挥文化活动和旅游的魅力，更好地完成脱贫攻坚任务。最后我们要积极争取非遗的立法，在法律层面上使非遗得到更多的保护和支撑。我们还有一个很好的计划，就是今明两年完成市级非物质文化遗产馆的建设。

张艳玲：好的，谢谢吴局长。希望赤峰的非遗保护工作做出精品做出特色，谢谢您。

吴立新：也谢谢你们。

韩正泽

塞外名吃十里香

采访时间：2019年4月4日
初稿时间：2019年5月28日
定稿时间：2019年6月1日
采访地点：赤峰市图书馆"赤峰记忆"拍摄现场
版　　本：文字版

韩正泽速写

　　韩正泽　汉族，1976年5月出生，本科学历。内蒙古草原汉唐食品有限公司董事长，赤峰大唐餐饮有限公司董事长。1994年至2001年从事厨师工作，2001年至2011年从事厨师培训工作，2011年开始经营餐饮和食品企业至今。

　　赤峰市松山区第八届、第九届人大代表，国家高级考评员、国家注册绿色饭店评审员、国家公共营养师培训师、中式烹调高级技师、注册中国烹饪大师、内蒙古自治区非物质文化遗产代表性项目代表性传承人、世界中华美食药膳研究会副秘书长、内蒙古自治区餐饮与饭店行业协会副会长与专家委员、赤峰市烹饪文化协会会长、赤峰餐饮与饭店行业协会会长、《赤峰旅游饭店》主编等。荣获中国餐饮30年功勋人物奖、改革开放30年内蒙古餐饮业最具影响力名厨、中俄蒙国际美食文化节暨第二届中国蒙餐烹饪大赛优秀评委、内蒙古餐饮酒店工匠精神典范人物、内蒙古民族餐饮突出贡献奖、内蒙古烹饪名师、百佳创业青年奖等荣誉。所领导公司旗下的"赤峰大唐对夹""养生麻仁蛋白""蒙古野果"三项产品均获国家制作方法专利。

薛瑞： 各位朋友，大家好！今天是 2019 年 4 月 4 日星期四，这里是"赤峰记忆"拍摄现场，今天采访的嘉宾是内蒙古自治区非物质文化遗产代表性项目赤峰对夹代表性传承人韩正泽。韩正泽是内蒙古草原汉唐食品有限公司董事长，多年从事餐饮和厨艺培训工作，2016 年创办了内蒙古草原汉唐食品有限公司，专门开展对赤峰对夹的研究、生产工作，多次荣获国家、国际大奖。韩总，您好。

韩正泽： 您好。

一、历史渊源

薛瑞： 韩总，请您介绍一下您的个人情况和从业经历。

韩正泽： 好的。我于 1992 年进入餐饮行业，中间做过 10 年厨师，又做了 10 年的厨师培训，又经营了 10 年的餐饮企业，可以说这半生的工作都围绕着赤

图 1　韩正泽（左）接受"赤峰记忆"采访

峰饮食和赤峰对夹展开。

薛瑞：韩总，再请您介绍一下赤峰对夹的历史渊源和发展历程。

韩正泽：赤峰对夹在赤峰人心中处于一种不可替代的位置。赤峰对夹分为两个部分，一是面饼，也就是对夹的酥皮，二是对夹的熏肉。说起对夹的起源，我们还得先从熏肉说起。

好多赤峰人都知道，赤峰对夹的熏肉是宫廷熏肉，这种技法是从宫廷传出来的，但是很多人不知道，其实熏肉的技法经历了从民间到宫廷、从宫廷到民间的发展过程。1900年八国联军侵略北京，慈禧太后在西逃的过程中经过张家口怀安县，怀安县县令晚间给太后进献吃食，其中就有一道柴沟堡的熏肉，当时慈禧太后吃完以后非常满意，那一天晚上也睡得特别安稳，于是为柴沟堡赐名"太平堡"，太平堡一名一直沿用至今。慈禧太后回宫后，有一天忽然想起了柴沟堡熏肉，于是下面的人赶紧从柴沟堡调来两名厨师进宫，熏肉技术就这样走进了宫廷，熏肉在清末宫廷一直是很重要的风味美食。

1917年，河北河间一位叫苏文玉的生意人来到赤峰，在哈达街做羊绒贩卖生意亏了本钱，流落在哈达街不能回去。他的儿子苏德标北上寻父，途经北京的时候病倒了，被一家肉铺的老板给救起来了，便留在肉铺做学徒。这家肉铺在北京十里河，叫裕盛楼肉铺，恰恰和宫廷有一些联系。当时清宫里的皇宫奏事处经常到肉铺买肉，这样苏德标就和皇宫奏事处的人成了朋友。又过了一段时间，苏文玉的妻子到北京找到他的儿子，母子俩决定继续北上寻找苏文玉。因为苏德标和皇宫奏事处的御厨结下了很深厚的交情，所以临别的时候御厨就把宫廷里熏肉的秘方交给了苏德标。母子二人到了赤峰找见苏文玉时，苏文玉正在赤峰经营一家火烧店，正处于生意不好、无计可施的状态。他制作的火烧类似于驴肉火烧，但在技艺和配料上有些改变。母子二人找来后，父子俩一研究，在火烧的面饼里夹上宫廷的熏肉，创造出一种新的吃食。当时最早起的名叫叉子火烧，当时赤峰人早餐一般吃一对儿叉子火烧，在点菜的时候经常说"给我来一对儿叉子火烧"，这样时间久了就叫成"对夹"了，也就是一对夹子火烧。对夹在赤峰已经有近一百年的历史，大概历经了六七代对夹师傅的传承。

二、工艺特色

薛瑞：赤峰对夹跟同类小吃，比如肉夹馍、驴肉火烧相比，它的工艺特色是什么？

韩正泽：食品的工艺特色决定了它的风味特色。我们做对夹的手艺人也常在一起研究，如何用专业的术语表达对夹的工艺特点和风味特点，老师傅们传承给我们的时候没有给出明确的说法，我用十二个字总结了对夹的风味特点和技术特点——色鹅黄、皮酥脆、层分明、肉浓香。

对夹是由面饼和熏肉组成的。对夹酥皮的技术要求有两点：一是至少要酥起六层表皮，二是吃的过程中要有咬碎声，要咔哧咔哧地响。对夹的酥皮原是做驴肉火烧的酥皮，河间地区用驴油来做酥油。传入赤峰以后，经过几代技师们的改良，在制作面饼的过程中用小米粉混猪油做酥油，使对夹吃起来特别酥，这是对夹区别于其他同类食品的一大特点。我们在传统手工艺的基础上又进行了技术创新，我们现在研发出了低温起酥技术，已经获得了国家专利，这种现代工艺可以让对夹的皮更酥脆、更持久、口感更好。

图2 赤峰对夹

图3 制作面饼

图4 烙饼

　　宫廷配方的熏肉是用柏木熏制的,用柏木熏肉有两个原因,一是增加肉的风味和口感,二是经过柏木熏过的肉耐存放,长期不腐烂。熏肉在传承的过程中也经过几次技术改良,对夹最初传到赤峰的时候也是用柏木熏制,但柏木不容易得,于是赤峰的对夹师傅尝试使用敖汉小米熏制。虽然用小米熏肉能产生一种特

图5 熏肉

殊的香味，但小米熏肉的火候不容易把握，很容易产生焦煳味和烟燎味，所以现在我们工厂生产又改用柏木熏制。

我们还对宫廷熏肉的秘方进行了调整和实验，加入了十几味中药，通过分析药性药理和多次实验，我们发现有的药在煮肉的过程中不会增加肉的风味和香味，我们就把它剔除，增加一些可以增加猪肉香味的药材。

传统的小锅熏肉，老师傅们都是靠感觉操作，觉得熏肉的烟起来了，大概把肉熏上色了、熏上味了，就停火起锅。现在我们经过科学分析，用数据来控制熏制过程，比如说熏一锅500斤的肉，要放200克木屑，要加热到185至210摄氏度，加热时间是180秒还是210秒，这都是被严格控制的，也是工作中总结出来的，这样就能保证一锅中的每一块肉熏出来的口味和色泽都是一致的。

三、传承情况

薛瑞：韩总，请您接下来再给大家介绍一下赤峰对夹的传承谱系和授徒传艺情况。

韩正泽：赤峰对夹第一次出现在赤峰人的餐桌上，应该是在1917年至1918

年前后，我现在尊崇苏文玉和苏德标父子为对夹的创始人。苏德标大概出生于1877年。父子俩在经营对夹生意过程中带了两个徒弟，薛福才和王续昌。薛师傅出生于1922年，王师傅大概出生于1921年。第三代传承人是王坤老师傅，出生于1936年，王老师傅大概是10年前离世的。现在第四代传承人在世的还很多，有段亚军、连凤平等，段师傅出生于1952年，是"50后"；连师傅出生于1962年，是"60后"；我是第五代传人，是"70后"；现在我们公司有几个徒弟是"80后""90后"，这是对夹的传承情况。

我做厨师培训期间，曾在赤峰地区大力推广对夹，这些年我们培养的面点学员有两三千人，其中有一千多人都会做赤峰对夹，虽然现在这些人不一定都在从事这项工作，但是他们确实会这项手艺。

图6　2017年，韩正泽参加赤峰市首届非物质文化遗产代表性传承人培训班结业证

薛瑞：请您再谈一下您在赤峰对夹项目的保护、传承方面做了哪些工作。

韩正泽：我是2013年决定为赤峰对夹项目的保护、传承多做一些工作的，

图7 赤峰对夹百年历史展馆

主要是进行一些史料挖掘、技术整理工作。我们多次去张家口柴沟堡地区找熏肉的源头，多次到河北廊坊、保定、正定等地寻找对夹酥皮的技术源头，我们学习、整合了这些地区的技术以后，再对比我们最早学到的对夹制作技术，从中找出更适合对夹下一步发展的技法、方法。比如用数据化方法控制熏肉过程，提高酥皮的技术标准，以及研发低温起酥技术，都是对对夹制作技术的传承和发展。

我们斥资2000多万元在松山区产业园区建立了对夹的研发中心和专业化的生产工厂，按照生产药品的标准建造了食品生产厂房和车间，设计产能是一天生产10万枚对夹，目前我们一天能生产和销售3万枚对夹，预计2019年年底至2020年年初就能够达到日产10万枚。

在具体的工艺操作上我们也做了研究，原来一名对夹师傅又要做熏肉，又要做面饼，现在我们把流程分开了：速冻米面制品车间专门来生产对夹面饼，酱卤肉车间来专门生产对夹的熏肉。我们又把做面饼的技术分解了：比如说由一人负

图 8　大唐对夹技术研发中心

责第一道工序配粉；两人负责第二道工序和面；两人负责第三道工序延展，也就是把面饼擀开；一直到擦酥、下剂、低温速冻，每个环节会有专门的人来做。分工更精细、制作标准更统一，这是我们在技术上进行的调控。此外，在整个对夹的成熟过程及填肉的过程，我们都进行量化管理。

现在我们有四种规格的对夹：第一种是 5 厘米的袖珍型对夹，可以做餐前或者餐中的点心；第二种是 7 厘米的传统对夹；第三种是现在市场上卖得最好的 8 厘米对夹；还有一种是 10 厘米的对夹，和肉夹馍大小差不多，一个小伙子吃一个就能饱，主要面向外卖市场和快餐市场。四种规格之外还有七种口味，一是传统风味的宫廷熏肉对夹，二是新疆烧烤风味的牛肉对夹，三是台湾烤肠风味的烤肠对夹，四是内蒙古烤羊风味的羊肉对夹，五是东北酱菜风味的酱菜对夹，六是韩国泡菜风味的泡菜对夹，七是西式汉堡风味的鸡肉对夹。现在这七种风味都已经面市了，只是在不同的店面针对不同的顾客销售不同风味的产品。

薛瑞：这些年赤峰对夹取得了哪些荣誉？

韩正泽：对夹是赤峰饮食的一张名片，参加了国际国内的多种行业赛事，取得了很多的成绩。我们企业里面有一间荣誉室，展示每一个荣誉的颁发机构、取得时间。2013年，我们带着赤峰对夹去马来西亚参加国际美食养生大赛，得到评委们的一致高度认可，获得"第九届国际美食养生大赛（南洋杯）金奖"。另外，我们还获颁了"中国名小吃""中国名点"等荣誉。2016年赤峰对夹被中国旅游协会、中国旅游饭店业协会授予"首届中国金牌旅游小吃"的称号，2017年还被中国烹饪协会授予"中国十大地域名小吃"称号，都是国家级称号。赤峰对夹分别于2017年和2018年被列入赤峰市非物质文化遗产名录和内蒙古自治区非物质文化遗产名录，这都是赤峰对夹多年来取得的荣誉。

薛瑞：谢谢您接受我们的采访。

图9　2013年，大唐对夹荣获第九届国际美食养生大赛（南洋杯）金奖

图10　2014年，中国·兴安盟中俄蒙国际美食文化节组委会为大唐对夹颁发"中国名点"证书

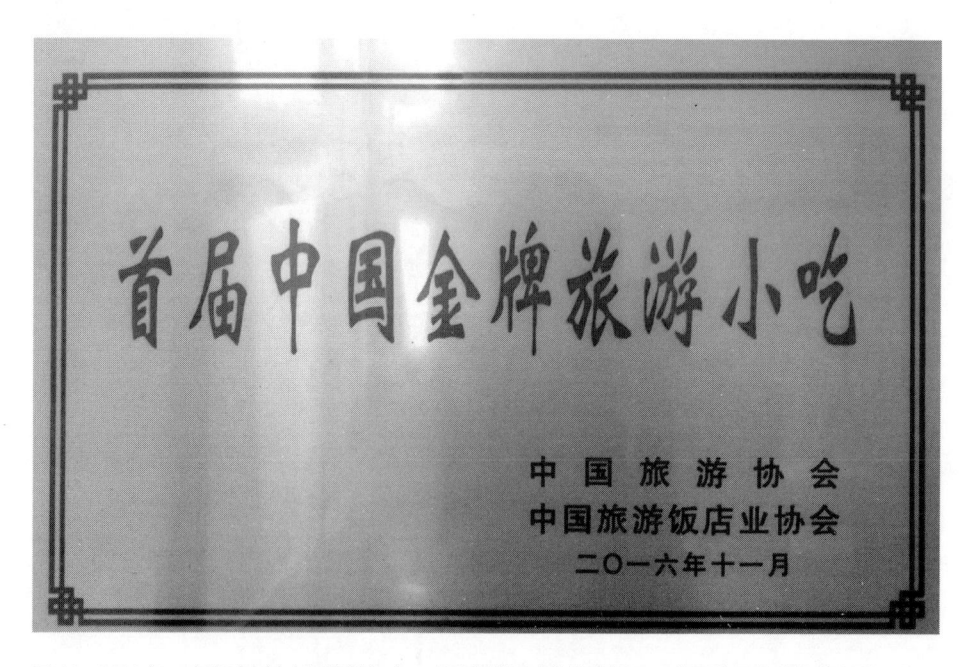

图11　2016年，赤峰对夹被中国旅游协会、中国旅游饭店业协会授予"首届中国金牌旅游小吃"称号

014　赤峰记忆·第三卷　非物质文化遗产专题

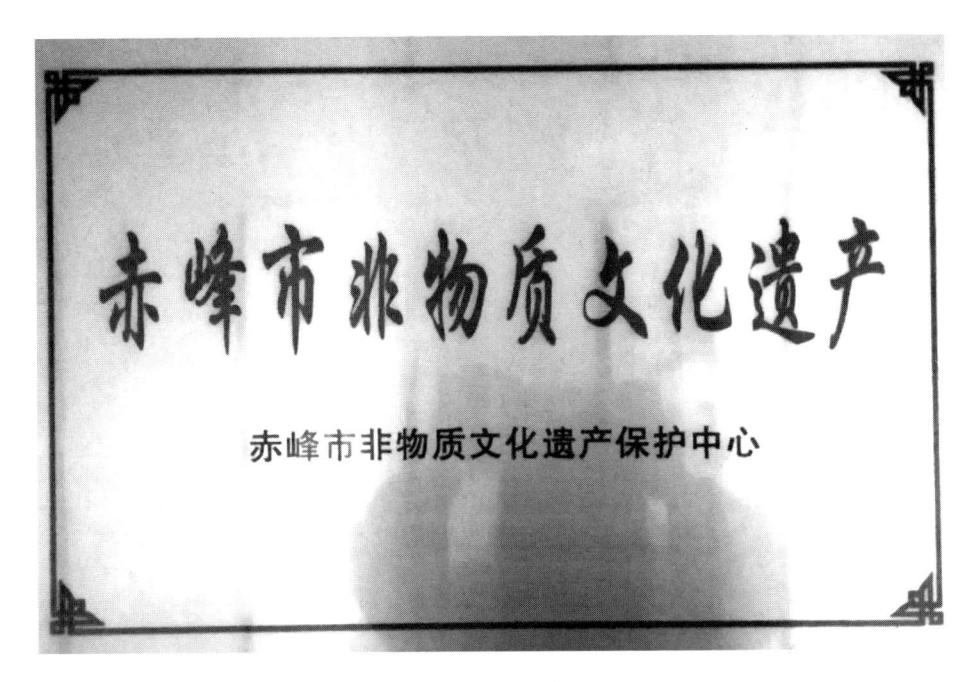

图12 2017年,赤峰对夹被列入赤峰市非物质文化遗产名录

图13 2018年,赤峰对夹被列入内蒙古自治区非物质文化遗产名录

韩正泽:塞外名吃十里香

刘怀军

国粹医药惠苍生

采访时间：2019 年 4 月 4 日
初稿时间：2022 年 4 月 22 日
定稿时间：2022 年 5 月 12 日
采访地点：赤峰市图书馆"赤峰记忆"拍摄现场
版　　本：文字版

刘怀军速写

　　刘怀军　汉族，1969 年 4 月生，内蒙古赤峰市红山区人。毕业于内蒙古医科大学中医系，大学学历。2013 年创立赤峰市望星楼中蒙医药研究所并任所长。主要研究方向：中医药理论与发展研究、中西医结合发展研究、中医传统方剂研发、传统疗法发掘整理、中医古籍整理、中医文化产品研发、健康咨询等。在三十余年中医药理论研究、民族医药文化传承传播和临床实践过程中，在继承前人基础上，坚持不懈整理研究民族医药传统疗法，倾力搜集经典医药书籍，并通过收徒传授和设置非遗展室传承传播民族医药传统文化，为弘扬民族医药学做出了重要贡献。

　　刘怀军自幼刻苦学习民族传统医学。1976 年至 1996 年，跟随舅舅吕清义学习民族医药知识并得其真传，尤其在扁鹊四诊法和掐惊、七十二翻挑治等传统疗法上见长，具有丰富的临床实践经验。1998 年至 2013 年，在北京、天津等地游学，遍访民间名老中医、民族医，收集、抢救、整理了大量濒临失传的民间诊疗方法和线装书、手卷、笺谱、贝叶经等珍贵医学资料。2000年至2012年，继续在赤峰、北京等地遍访名师，其间担任多家企业健康顾问。在长期行医及非遗文化传承中，获得多项荣誉：2014年获赤峰市"优秀藏书家"称号，2015年获内蒙古自治区"优秀藏书家"称号。

代表性研究成果：学术论文《辽代医药学发展浅析》发表在《内蒙古文物考古》2005年第1期；指导赤峰市望星楼中蒙医药研究所进行内蒙古自治区级非遗项目"中蒙医诊疗法"、赤峰市级非遗项目"锭子药的制作技艺"和"太极光灸法技艺"、红山区级非遗项目"紫霞杯的制作技艺"的研究及临床实践。

毕世才：各位朋友，大家好！今天是2019年4月4日，我们在赤峰市图书馆"赤峰记忆"的访谈现场。今天到现场的嘉宾是赤峰市红山区望星楼中蒙医药研究所的刘怀军所长。刘所长，您好！

刘怀军：您好！

一、久病成医　博采众长

毕世才：刘所长，请您先把您的个人经历简要跟我们大家说一说。

刘怀军：我从小就体弱多病，一直在服药，一直到现在也是在吃着药，我舅舅是民间的中医，小的时候因为吃药的关系就跟着我舅舅学习。

毕世才：您舅舅叫什么名？

刘怀军：吕清义。我当时一直在他家住，跟着他学习中医。他当时教给我一些民间的挑治七十二经、七十二翻、掐惊，还有很多方剂的内容。

毕世才：您从小跟您的舅舅学习中医，您舅舅家是祖传中医吗？

刘怀军：他不是，他有他的老师，他的老师是王国恩。王国恩是一个家传的

图1 刘怀军（左）接受《赤峰记忆》采访

中医，他的父亲是王秀，是老喀旗著名的一个中医。

毕世才：您除了跟舅舅学习，还从哪些渠道学医？

刘怀军：1995年，内蒙古医学院①办了一个用民间的方法去看病的学习班，当时我去了这个班，这个班主要讲关于人体功能的研究，属于中医科中蒙医系，我读了三年半，大学毕业。我大学毕业之后，开始也干了一些别的事情，后来因为别人老找我去看病，慢慢地我对中医文化越来越感兴趣。其实早在大学期间我就开始搜集一些民间的疗法和一些失传的东西，包括一些古籍、孤本、善本，有的东西也是非常好的，当时考虑到有很多的老中医可能随着年龄的增长就不能再行医了，觉得这些东西要是不学下来非常可惜。

---

① 内蒙古医学院创办于1956年，2012年更名为内蒙古医科大学。

图 2　1996 年，刘怀军在内蒙古医学院就读期间在呼和浩特市新华广场的留影

图 3　2002 年，刘怀军在胡庆余堂考察学习

二、特色疗法　辨证施治

毕世才：我听说过您曾被评为赤峰市十大藏书家之一，而且赤峰市图书馆还在您这儿办了一个专门收藏医药经典的分馆，相当于赤峰市图书馆的医药图书分馆，那您现在存的最主要的书籍都是什么呢？

刘怀军：我们收藏的古代和现代中医典籍有很多，包括《医宗金鉴》《素问》，我们自己搜集整理的包括《九卷》，以及《斗门方》《烟霞圣效方》，还有蒙医和其他少数民族的一些东西。

毕世才：这些古籍当中有一些是属于市面上常见的，有一些是您挖掘整理出来的吗？

刘怀军：对，我们也在跟图书馆搞联合制作，把一些挖掘的东西重新整理面世。

毕世才：中医是博大精深的，您在大学学到的东西，再加上民间传下来的，包括失传的一些中医的疗法，这都是中国民族民间医药的宝贵财富。您开的这个所叫作中蒙医药研究所，挂上"研究"二字，看来就要从事一些研究的工作，那么您能把中蒙医药的历史渊源简要地说一说吗？

刘怀军：当时在学中医的时候，知道蒙医也有着很久远的历史。《素问·异法方宜论》当中就有记载，灸焫这个疗法就是来自北方游牧地区，后来为蒙医继承，包括跟它有渊源的藏医，在很著名的《四部医典》当中都有记载。蒙医非常博大精深。中医针灸在2009年就被联合国教科文组织列入世界非物质文化遗产名录了，而在中医药总的大项目之中，就包括蒙医和藏医。

毕世才：蒙医有哪些特色疗法？

刘怀军：蒙古灸、三筋疗法、烧烙疗法，这都是蒙古族使用的典型疗法。蒙医在接骨、针刺放血方面都是长项。在我很小的时候还见得到，但是随着社会的发展和西医的普及，现在已经很少应用了。比如像烧烙疗法是用特殊用具，在皮肤表面要做一些烧烙的印记，现在这种疗法已经基本没有了。

蒙古民族生长在高寒和草原地区，所以蒙医对治疗一些风湿和类风湿的研

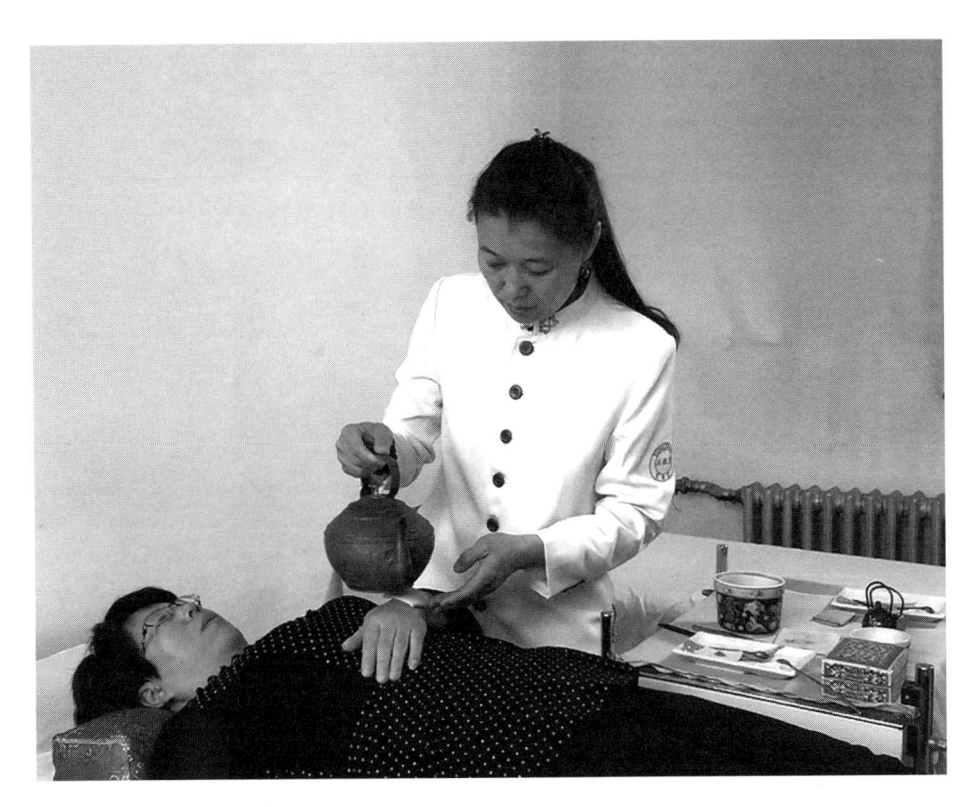

图4　蒙古灸疗法

究比较多。蒙古族对奶制品、牛羊肉的使用都是非常广泛的，蒙古灸是在黄油里加入蒙古族所用的其他的一些药物制成的。蒙古灸对于腰腿疼痛及风湿效果特别好。它和汉族传统中医中的艾灸还不太一样。

三筋疗法是蒙医里比较典型的疗法，而且在其他地方很少见，我舅舅就使用这种疗法给人治病，我们在几十年的使用过程当中发现，它对于甲状腺疾病效果是非常好的。甲状腺疾病古代叫作瘿病，这种疗法我已经教给我的徒弟们使用，临床效果非常好。

毕世才：掐惊疗法主要治什么病？

刘怀军：掐惊疗法是古代中医治疗儿科疾病的一个方法，在古代人们比较迷信，认为小孩儿有的时候受到惊吓了，就会发烧，掐惊疗法就是治疗这种疾病的。在我们长期使用的过程当中发现，它对抑郁症效果非常好。

图 5 掐惊疗法

我们还有一个疗法，叫取嚏疗法。中医的方法很多，它也属于一种解表气的方法，《伤寒杂病论》记载的麻黄汤、桂枝汤就有解表气的作用，有的人服药有一定的困难，尤其对于小孩儿，古人非常聪明，就把药物放在鼻烟。

毕世才：取嚏疗法的"嚏"就是喷嚏。

图 6 取嚏疗法

刘怀军：对，当你通过鼻腔去呼吸的时候产生了刺激，嚏具有醒神的作用。我们在治疗过程当中发现，它对于飞蚊症也就是玻璃体混浊，效果是非常明显的。目前的医学对玻璃体混浊没有很好的方法，但取嚏疗法就不失为一个办法。

我们赤峰地区是一个多民族汇聚的地区，经常会有一些蒙古族同胞来看病，民间大夫使用医药的过程中就会综合使用好多方法，中医也会接骨，但跟蒙医的接骨方式是不一样的，每种医学都有它的特点。

毕世才：刘所长，像您刚才谈到的这几种疗法，国家开的这些公立医院、中医医院有吗？

刘怀军：现在已经没有了，只在这个研究所里继续传承着。我们研究所致力于发掘已经消失了的各种疗法。

毕世才：您的中蒙医疗法在民族地区受到高度重视，因为医药是共享的。这些疗法效果怎么样，在社会上产生一些什么样的影响？

刘怀军：2009年，我们参加全国老中医的一个民间会议，当时这五种疗法被定为全国推广项目，适用范围不局限于内蒙古地区，一些广州的患者，甚至美国、日本的朋友，他们也都很喜欢，而且效果也是非常好的。我的西医朋友比较多，他们觉得效果还是很好的，尤其是掐惊疗法对甲状腺疾病的效果很好，所以我们也在深入研究。大概是在2016年，我们就入选自治区级的非物质文化遗产的代表性项目。

毕世才：这些疗法有什么副作用吗？

刘怀军：暂时没有，但是它有禁忌证。所有的疗法当然都有禁忌证。为什么有这么多疗法，就是有适应的有不适应的。这个疗法在使用的时候，应该是严格地按它的要求来做。比方说烧烙疗法，有皮肤病的人、容易皮肤感染的人就不能用。每种疗法都有自己的适用范围，它是很严格的。得因人因病制宜，蒙医和中医一样讲究辨证施治。

毕世才：您这些疗法可以综合应用吗？比如说一个病人他可能既适合灸，又可以掐，都可以综合应用？

刘怀军：对，我们挖掘的这几百种疗法，其中这五项是希望每个行医者都掌握的，也是比较简单的，而且相较之下没有什么副作用。

毕世才：刘所长，您说的掐惊疗法、三筋疗法，还有烧烙法，请您给展示一下。

刘怀军：这是一套图，是我舅舅传下来的，我最近重新把它画出来了，这是蒙医当中很少见的，蒙医对协日病和湿病，都有掐哪个部位的图示。这个是我们下一步要推广的，我们要把蒙医的三筋疗法推广出去，因为它对于甲状腺疾病效果特别好。这几种疗法是自治区级代表性非遗项目，应该受到重视和保护。

三、剂型精美　效果显著

毕世才：刘所长，您再给我们讲讲锭子药。

刘怀军：锭子药也是一种失传很久的东西，锭子药古代的时候有好多，是一种中药剂型，最早是为了携带方便而制作，并不像我们现在的丸、散、膏、丹之类，当初就是很随意地做一个锭子晾干，慢慢地这种东西演变成了一种锭子，像国宝秘药当中的片仔癀，我认为那就是典型的锭子药。我们家庭当中有离宫锭和坎宫锭。我舅舅在世的时候，我们提起过离宫锭，当初看到之后觉得很神奇。我舅舅和他的老师一直都在使用锭子药，有的时候患者辨别不清物体或者受蚊鸣虫咬之苦，过来之后他就掏出随身携带的锭子药治疗。这种东西可以随身携带，可以内服也可以外敷。

毕世才：您能给展示展示是什么样子吗？

刘怀军：可以，这些东西都属于锭子药，各种各样形状。其中上面的这些颜色，都是天然的，包括上面的金，都是金箔，金箔医用价值由来已久。明代李时珍《本草纲目》记载："食金，镇精神、坚骨髓、通利五脏邪气。"

毕世才：这个小东西耳朵上还有毛。

刘怀军：这是威灵仙，这些全都是植物药材做的，这种药品炮制很难，它不能拿过来直接用，基本是要窖藏两三年，否则的话这个纤维容易断，我们这些传

图 7 锭子药

图 8 锭子药

统东西中有很多有意思的地方。

毕世才：这些都是锭子药？

刘怀军：对，全是锭子药，我们都有成套、系列的，大概有一万多种，还有朝珠、手链，各种各样动物的系列，还有传统的福字。这是药师佛，这是二龙戏珠，这是月季花，我们把中国传统的吉祥文化都用到药里头。

毕世才：涂上的颜色都这么鲜艳。

刘怀军：颜色调制很费劲，有的可能需要一两年，所以这个东西不是随时都能做的，它有季节要求。另外时节也是比较有讲究的，一般都是在端午节的时候做，因为端午节有避邪驱瘟的习俗。

这个是朝珠，过去一般是官员佩戴的。在清代的时候皇帝制作过这种朝珠，在清宫当中，做一次大概是数千件，它是有规定的，我们这个离宫锭朝珠是仿制故宫藏品当中的一串，是避暑香的材料做的。

这个在民间基本没有了，像紫金锭在民间还有，但就是简单的一小片、一小锭，像这种艺术化的就没有了，过去就很少，因为是宫廷用的，香料、细料就不是一般人所能采购到的。

在雍正、乾隆时期每年定期要定制一批这样的锭子药，然后皇上会赏赐给后妃，或是有功之臣，自己留一部分把玩，平时又能服用。锭子药品种也是很多的，比如紫金锭、赤金锭、盐水锭，还有避暑香，实际上避暑香也是一种锭子药。

毕世才：真是精彩的解说，在中医药文化传承上，有一些濒临失传的宝贵财富还在望星楼中蒙医药研究所存续着，这是非常可贵的。还有没有其他的东西？

刘怀军：还有一个紫霞杯，它属于医家丹道的东西。这种东西拿过来之后，毕老师你是不是以为是瓷的。

毕世才：对，我看就像一个瓷的，像个酒盅一样。

刘怀军：对，它也是经过几十道工序制作成的，古人有服食丹药的习惯，它是丹药的一种，装入酒之后饮用，对好多的疾病很有作用，尤其对一些下元虚冷

图 9　紫霞杯

的病症有很好的效果，我们还曾经用它治疗过不孕不育。我们可以把它用一些温酒放在肚脐上，类似于蒙医当中的腹罨疗法。除了治不孕不育，这个紫霞杯对健康养生非常好，过去说的痨瘵这些病它都能治，对一些慢性病，久治不愈的病，它的效果都非常好。

毕世才：用紫霞杯喝酒有什么讲究吗，它的量是什么样？

刘怀军：一次只能喝 1 到 2 杯，不能多喝，另外根据年龄和体质去辨别，年龄大的人间隔时间可以短一些，基本上每周用一次就可以；年纪小的，大概一个月用一次就可以。

毕世才：我是不是可以这么理解，因为这个杯是用中药材做的，那么它倒入酒以后，酒和药又产生了一种药物反应，然后这种酒就起药物作用了，喝了以后就能治病健身。

刘怀军：对。

四、多措并举　保护传承

毕世才：刘所长，非遗保护主要是靠传承，您如何传承这些疗法？请您谈一谈您带的徒弟，以及有些什么成就。

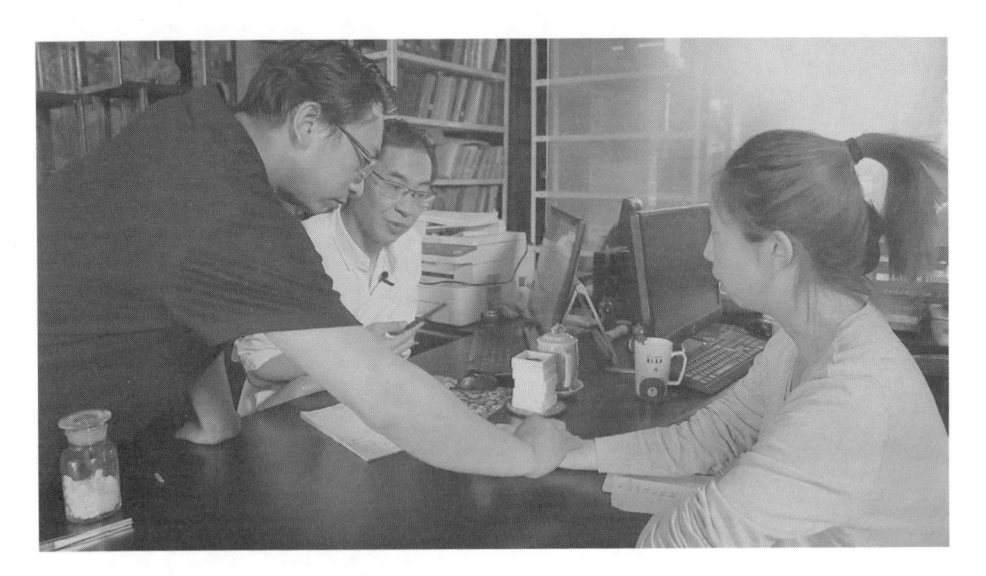

图 10　刘怀军（左二）与徒弟为患者切脉

图 11　2013 年，刘怀军（前排中）与部分徒弟合影

刘怀军：我已经做了大概十几年，也在选徒弟。我有一个徒弟张兴东，他已经跟了我20年了。现在能掌握这五种疗法的徒弟一共有十个人。他们的业务水平、文化水平比较高，在对传统医药的发展弘扬方面，也很有能力。比如顾亚丽，她擅长取嚏疗法。他们也都能开很多的方子，也能治很多的病，他们也都在写著作。

毕世才：您有这么多优秀的疗法，打算怎么宣传推广出去？

刘怀军：其实还有很多疗法，按疗法分类，大概有个三四百种，我们也在努力想办法恢复和挖掘。几年前就在考虑要把这些东西做一部介绍中医和蒙医传统疗法的宣传片，我们计划把它做成动漫的形式，目前做了一集。此外，我们可能要更多地去做面对群众的传承，就是把这些好东西、这些即将失传的东西宣传出去。

毕世才：对，通过您的保护，把它传承下去，让中医药真正成为国家的财富。

刘怀军：我们想把这些放进博物馆，我们还要做一些非遗的传承馆，展示好多的疗法、器具，这些工作都在计划中。我们现在很少治病了，因为我们想挖掘的东西特别多，这些东西都是耗费时间的，更主要的精力用在医药的研究上。

毕世才：看了您这些非常珍贵的东西，特别是中蒙医药即将失传的一些技艺，我希望通过"赤峰记忆"这个栏目，让大家都知道中蒙医药的宝贵。在这三十多年当中，您一直在为中蒙医药文化的传承保护、挖掘开发做贡献，也希望您今后继续为弘扬中蒙医药的优秀传统文化做出更多的贡献。

刘怀军：谢谢。

蒋得水

妙语连珠话古今

采访时间：2019年4月4日
初稿时间：2022年4月21日
定稿时间：2022年6月1日
采访地点：赤峰市图书馆"赤峰记忆"拍摄现场
版　　本：文字版

蒋得水速写

　　蒋得水　汉族，1972年4月出生。毕业于辽宁大学，中共党员，国家三级演员。中国曲艺家协会会员，内蒙古曲艺家协会会员。2003年加入林西县乌兰牧骑，曾任县乌兰牧骑副队长、县文体局文化股股长、县图书馆馆长、书记等职。现任林西县文旅体局非遗办公室主任、县戏剧曲艺家协会主席。2018年，被评为赤峰市非物质文化遗产林西评书代表性传承人。

　　2016年，表演的评书《没有硝烟的战争》获内蒙古文联优秀表演奖，评书《孤胆英雄》获内蒙古曲艺家协会优秀奖。录制的50回评书《乌兰夫》在赤峰、兴安盟、巴彦淖尔和呼和浩特等广播电台隆重播出。2019年，20回评书《北疆烽火》在内蒙古评书曲艺广播播出，并获得中国广播电视协会二等文艺创优节目奖。

　　《东风又绿南沙窝》《时代楷模》《穿越国境线》等评书在喜马拉雅和中国曲艺

网发表播出，产生了广泛而深远的影响。

刘锦山：各位朋友，大家好！今天是2019年4月4日，我们在赤峰市图书馆"赤峰记忆"拍摄现场。今天我们邀请到的嘉宾是赤峰市非物质文化遗产项目传承人蒋得水老师。蒋老师您好。

蒋得水：您好。

一、兴趣为师　乐学为伴

刘锦山：林西评书是林西县群众喜闻乐见的一种曲艺形式，有100多年的传承历史，在当地影响非常大，我们今天请蒋老师就林西评书这个项目给大家做一些介绍。首先请您给大家谈谈您的个人成长经历。

蒋得水：我是1972年4月出生，老家是赤峰市宁城县。父亲的爱好比较广泛，不太谦虚地说，我父亲也比较聪明。农村的那些技术活，瓦房子、做

图1　蒋得水（左）接受"赤峰记忆"采访

豆腐、擀双响①他都能干。最主要的是，他是一个业余文艺爱好者，我今天走上文艺道路，能够从事曲艺、评书表演工作，跟他业余从事文艺有着直接的关系。

当时父亲虽然爱好文艺，但他不愿意让我去做文艺工作，他认为搞文艺的人没有社会地位，他对我说："你将来得读书，要去干其他的事情。"他虽然是业余搞文艺，但他也深深地知道这里面的利害，所以主张让我念书。但是我没有听他的，因为我当时就爱好文艺。

我小的时候就喜欢听评书，那个时候没有电视，就在广播上听。每天早晨中午晚上都要听，非常喜欢。用我父亲的话说，有时候听评书听得入了迷都影响了学习。在学校念初中的时候，每年都要搞一场元旦晚会，那时候老师也知道我是文艺骨干，于是经常让我组织一些文艺活动，也说些评书。

初中毕业之后，我就进了我们乡镇的文艺队，开始搞文艺，在乡镇文艺队也没少说评书。再后来就进了林西县乌兰牧骑，进了乌兰牧骑之后，舞台就更广阔了。

刘锦山：您是哪一年进入乌兰牧骑的？

蒋得水：我是2003年11月进入林西县乌兰牧骑的，后来经过一些老艺人的不断指导，在艺术上进步很大。

图2　23岁时的蒋得水

① 双响：炮仗的一种，俗称二踢脚。擀双响，制作双响。

图 3　2004 年，蒋得水在林西影剧院表演评书《半拉山的故事》

刘锦山：您是从什么时候开始学习评书的？

蒋得水：县里有一位评书老艺人张企千老师，小的时候我就经常到他的茶馆里去听书，那时候对评书印象就很深了，自己也立志将来一定要在评书上干出一番事业，像那些评书大家一样。当时因为年龄小，可能也没有更多的追求，总是感觉自己热爱文艺，将来就要干出一番事业，这是我最大的愿望。

在茶馆里头听张企千老先生说书，非常火爆，有时候是一票难求，去晚了连座都没有。这也激励我要干评书这行，后来我在辽宁又拜了一位老师，这位老师叫许同贵，他是著名评书表演艺术家刘兰芳老师的徒弟。我又从许老师那儿学了好多的东西。在传统大书的表演、创作方面都进一步得到了提升。

刘锦山：请您谈谈您跟张老师和辽宁许同贵老师学艺的一些情况。

蒋得水：我跟张老先生学评书的时候还是小孩儿，开始的时候就是练绕口令，因为说评书也好，说相声演小品也好，演员要口齿清晰，所以经常练一练绕口令。有时候张老先生先教点小故事，让我把这个故事背下来，不但熟练还要求声情并茂，但因为我还是个小孩子，他要求得不是那么严。

后来跟着许同贵老师学习的时候，就更多地学习一些评书表演里头的行话、技巧性的东西，像刻画人物怎么刻画了，怎么样铺平垫稳等。这期间我了解了评书是一种什么艺术。他告诉我的第一句话就是，评书是关于谜底的艺术，总是设置悬念，总是有扣子。介绍一个人物的时候，这个人物出场之前可能要制造各种悬念，假如说这个人物是张飞式的人物，那胡须什么样，脸什么样，举止行为什么样都要做。这些说了一大圈下来后，观众就知道这个人物是谁。艺术成长经历基本上就是这样的。

刘锦山：您是念完初中然后就去了乌兰牧骑了，还是自己跟着演出队演出了？

蒋得水：念完初中后在乡镇文艺队待了有二年。后来在社会上搞了几年业余演出，艺术水平这一块还是能过得去，后来经人介绍就进了林西县乌兰牧骑了。当时乌兰牧骑也很不好进，不但要看你的才艺，而且各个方面都要看。

刘锦山：那您在乌兰牧骑主要是以说评书为主还是其他？

蒋得水：在乌兰牧骑期间，我的工作范围也比较广。评书是其中一项，平时我们下乡演出的时候，说大段落很少，就说小段。另外有时候我还要说快板书，还要演小品说相声。我进入林西县乌兰牧骑后那几年，林西乌兰牧骑创作这一块处于断档的局面，老创作员、老编剧们基本要退休了，年轻人又没有人愿意干，因为搞文字工作、搞创作比较枯燥。后来我看到这点之后，就主动地往这方面使劲。

后来的几年也编辑出了一些作品，自己也出了一本书，叫《献身这方热土》，书名取自一首歌的歌词。这几年在创作方面，无论是歌词、相声小品、评书快板、表演唱及一些诗朗诵，上传下达的一些材料，都没少写，基本是曲艺表演和创作两条腿走路。

刘锦山：乌兰牧骑的队员都是一专多能、多才多艺的，您也是。

蒋得水：因为这个单位就是这样，必须得一专多能，只会一样是吃不开的，

图4　2006年,蒋得水（左）与万青民（右）、张少杰（中）一同观看乌兰牧骑彩排

图5　2006年,蒋得水（中）与麻利民（左）、刘玉艳（右）表演小品《大海与"二奶"》

图 6　2011 年，蒋得水在广场舞台上表演评书《抗洪骄子》

图 7　2012 年，全区乌兰牧骑（剧团）小戏小品创作培训班合影（后排右一为蒋得水）

所以进乌兰牧骑的队员，招的时候就是招一专多能的，进去之后，也是一专多能地发展。

刘锦山：那您现在还在乌兰牧骑工作吗？

蒋得水：我2018年7月就调到林西县文体局了。

刘锦山：那在局里面具体做什么工作呢？

蒋得水：我现在是林西县文体局的文化股股长，但是刚调去时，乌兰牧骑的有些工作、有些演出还仍然要兼着。

二、百年传承　自成一派

刘锦山：蒋老师，林西评书有100多年的发展传承历史了，在林西影响非常大，群众也非常喜闻乐见，接下来请您给大家介绍一下林西评书产生、发展、传承的历史。

蒋得水：我就先从我的老师张企千老先生说起。张企千老先生家也不是林西的，他的老家是河北承德的，十四五岁就跟着他的父亲到了林西。开始他也没说评书，十四五岁的一个孩子，就是爱好评书，他属于无师自通，但是这个人特别聪明，像《三国演义》《水浒传》《杨家将》《岳飞传》《烈火金刚》《平原枪声》这些评书他都经常说，长篇大书看过几遍之后，基本上故事梗概他就记住了，自己就能说了。

后来他在林西老电影院附近开了一家茶馆。现在这个电影院已经没了，这个茶馆我小的时候去过，听书的人也很多，而且非常叫座，这老先生说书那是声情并茂，说得非常棒，大伙儿都很爱听。有时候一票难求，去晚了就没有座了。我小的时候在现场听过几次，也在收音机上听，之后对评书产生了浓厚的兴趣，经人介绍，拜张企千老先生为师。

刘锦山：您拜了张企千为师，后来又拜了许同贵为师？

蒋得水：是的。许同贵老师也是非常厉害的，他是刘兰芳老师的徒弟，他是得到真传的。因为我离辽宁远，只去了几次，他把一些技巧性的东西都教给了我。

刘锦山：蒋老师，您刚才讲了张企千老师，那张企千老师之前，林西评书还有没有其他的代表性人物？

蒋得水：林西评书，基本就算是从张企千老先生开始的，即便有更早的，那也基本上是没有考证了，据老人们说也有其他的说书艺人，但是没留下名字，也可能是有些江湖艺人来这说过。在过去的时候，这个地区也比较贫困，这些艺人一般都是往比较富裕的地方去，这样挣钱比较多。有一些艺人也就是一走一过，到一个地方发现生意不好，挣不了几个钱，所以就走了。有记忆的应该是张企千老先生，他在林西说的时间比较长。

刘锦山：评书这种艺术形式，除了林西评书，是不是还有其他类型的？

蒋得水：林西评书，可以说是北京评书在林西这一块的传承。一些大家，像刘兰芳、田连元、袁阔成、单田芳几位老师，他们基本属于北京评书派，北京和天津地区是曲艺窝。

刘锦山：除了北京评书，还有什么大的流派吗？

蒋得水：南方也有。南方不叫评书，叫评话，比如苏州评话，实际都是评书。我的理解是，南方评话、苏州评话，基本上是用地方语言去说讲，所以它也很难推广，但是在人家当地很受欢迎，就像有一些地方戏剧，虽然很难推广，但是当地人一看就乐，就喜欢得不得了。

三、灵活演绎　声情并茂

刘锦山：我记得小的时候听刘兰芳说《说岳全传》《岳飞传》，还听山东快书，听《西游记》，打着竹板在说美猴王，当时就像您描述的那情况，特别喜欢听，因为那时候也没有电视，广播是最便捷地获取文化的一种方式，所以听得特别入迷。好奇在哪儿呢？像评书《说岳全传》，说七八十回，甚至一百回，这都是很常见的，一说连着说好几个月到大半年。评书艺术家是怎么会把那么长一部书记得那么清清楚楚呢？肯定不能现场想，现想这现场肯定就中断了。

说评书肯定有一个本子吧，是不是自己还可以在这个本子的基础上进行演绎？像内蒙古或者西藏地区的说唱艺人一样，在说唱的中间加入自己对这个故事的演绎，那么评书有没有这方面的情况呢？请您介绍一下怎么样把这一部书记住，最后变成自己的东西又说出来。

蒋得水：有，在我看来评书基本是分两种，一种就是评书演员一字不落地随着本走随着本说，就是硬背词，这样的可能是比较正规一些，但是学习起来费时比较多，而且在我看来比较死板。

另一种评书就是唱戏上讲的"梁子"。像您刚才说的这一部长篇评书，要说几个月才能说完，怎么样去记下来？它都有提纲，哪一个人物发生了几件事，下边又一个人物发生几件事，或者是这一部评书就说这一个人物，总计说了多少件事。说书艺人记这个提纲，这就是梁子，每一件事情不是死记硬背，当然这是格外一种能力，就像咱们俩坐着说话一样，你给我一个题目，我就可以围绕这个题目去说，实际这样更考验演员的功力。如果没有点口才，肚子里没有点积蓄，没有点提炼能力，那肯定就说不好。我认为长篇评书基本就是这两种状况。

刘锦山：您就是第二种方式多一点，是吧？记住大纲记住主线，然后细节局部上自己有发挥。

蒋得水：对，有时候现场说评书还可以"现挂"，比如社会上的小人物来了，说起他大伙儿可能很高兴很兴奋。这个人物来了，艺人随时把他就放到舞台上，对他进行一番描述。这叫现挂，现挂我不擅长，下面我就现场说一段评书。这段评书也是刘兰芳老师表演过的一个段子，叫《张飞请诸葛》：

折扇长，醒木方，穿长衫，站桌旁。祖宗留下一瑰宝，我辈发扬放光芒。

刘备两次到隆中去请诸葛亮，诸葛亮没露面，为什么呢？人才难求啊，刘备着急了，这不第三次带着关羽张飞又来到了隆中，这回见到了诸葛亮，刘备再三请求诸葛亮出山，诸葛亮就是不表态，弄个大扇子在那儿扇哪、扇哪、一个劲地扇。

诸葛亮心说，论他兄弟的为人我早有耳闻，他兄弟义薄云天，单凭一个义字，我可以出山辅保于他，但是君臣合作讲究的是默契，单凭一个义字远远不够，我得考考他。

想到这儿诸葛亮说道，啊，皇叔叫我出山倒也不难，不过在下有一个条件不知皇叔能否答应。

啊，先生有话请讲。

我想跟皇叔对个哑对，不知皇叔意下如何。

啊这个，刘备心说对哑对，出诗、对对、打灯谜、行酒令我都会，可对哑对，这玩意儿怎么对啊。刘备没置可否，脸"腾"一下子红了，张飞在旁边一看大哥为难了，张飞心说这有什么，不就是对哑对吗？不行我来。

不过这张飞是个大老粗，是个杀猪卖肉的出身，您记准了，他使枪打仗还行，干别的不行，不过这样也好，张飞心说我要答对了，你诸葛亮得乖乖地跟我走；我要答错了，也没人笑话。想到这儿张飞说道，大哥我来对上一对，你看怎样？

刘备摆了摆手，啊，三弟不可鲁莽。那意思不要得罪贤士。张飞说，咳，大哥，我从小跟我姥姥就学过打哑谜，我来对，你就瞧好吧。张飞转头又问诸葛亮，先生我来对上一对，你看怎样。诸葛亮点点头，随后诸葛亮把大扇子就插在脑后脖领子里面。诸葛亮啪一指天，张飞一看你指天，我指地；诸葛亮伸出一个手指，张飞伸出三个手指；诸葛亮啪啪啪拍了三下，张飞啪啪啪啪拍了九下；诸葛亮一呼啦前心，张飞一拍脑门，哑对结束。诸葛亮佩服得五体投地，哎呀呀，三将军博学多读真乃大才也，好好好，我跟你们走，诸葛亮就来到刘备的军中。

刘备对诸葛亮非常重用，诸葛亮更是如鱼得水，不过刘备总感觉那天军师和三弟对哑对是一个谜，这一天闲暇无事他就问军师，啊，先生，那天您跟我三弟你们二人对哑对，究竟怎么回事儿啊，你再给我回放一下。诸葛亮说，三将军真乃大才也。刘备说，行行行，你可别替他吹了，你就说说那天你说的是什么，他答的是什么，您再给我讲上一讲。诸葛亮说，我一指天意思是上知天文，他指地答的是下晓地理，天文对地理正合适啊。我伸出一个手指，意思是一统天下；他伸出三个手指，答的是三足鼎立，他能知道三分天下这多厉害呀。我拍了三下，来了一个三三归汉；他拍了九下，答的是九九归一。我一呼啦前心，意思是胸藏锦绣；他一拍脑门，答了个头顶乾坤，他赢了。

刘备将信将疑，又来问张飞，三弟啊，那天你跟军师你们二人对哑对谁赢了？我赢了呗，我不赢他能来吗。那好，那你就把那天军师说的是什么，你答的是什么，你再给我讲上一讲。那好啊，他一指天，意思是今天天儿挺好，我指地，我说我正好下地去抓猪；他问我一天就杀一口啊，我说，俺老张能干，一天能杀三口。他问我一口猪是不是三十斤，我心说他太外行了，三十斤那是猪崽子，怎么也得九十斤。他一呼啦前心，问我心肝肺卖不卖，我一拍脑门，我说俺老张连猪头都卖给你了！

四、发展传承　前景广阔

刘锦山：林西县说评书的艺术家现在大约有多少人？林西评书现在的传承情况怎样？

蒋得水：现在林西评书传承很有难度，从业人员太少，基本上有点模样的就是我自己，我现在还带了两个学生，一个是我儿子，还有一个十几岁的小徒弟，这两个孩子我想重点培养培养。国家现在重视传统文化，对非遗都非常重视，评书的发展前景也不错。这些年我除了说一些评书小段，长篇大书基本上不怎么说了，因为市场也很窄，这几年我基本上就是搞录制。

我去年搞了20回反映林西县抗日题材的评书，叫《北疆烽火》。1933年之后，林西县这个地方属于伪满洲国统治，那个时候林西县有一个叫张才的人，可以说是民族英雄吧，外号"北霸天"，他组织了一帮人对日伪军进行了反击，而且发生了不少可歌可泣波澜壮阔的故事。这段历史经过我们林西的一个老作家老编剧创作之后，我又进行了二度创作。

这个评书在赤峰广播电视台和内蒙古广播电视台都播了，人们反映还是非常不错的，就是说前景和发展不错。但是说到传承这一块，说实在不是太理想，一个是我们工作做得不够，再一个就是现在评书艺术受电视剧、电影，以及娱乐频道的冲击，这个冲击力太大了。过去咱们小的时候，在电视上要是看田连元老师讲《瓦岗寨》《杨家将》，或者是刘兰芳老师、单田芳老师讲《天京血泪》《千古功臣张学良》，每天晚上都会守着去听。现在时代在变化，一些电视剧咱们都不喜欢看了，电视评书就更不占优势了，所以评书现在渐渐在电视上淡出了。我想林西评书要占领广播市场和网络市场，因为广播和网络这一块还有一大批听众喜欢评书。

再一个就是搞评书还是有一定难度的，在外行人看来，那不就是说话吗，实际则不然。就像搞节目也是一样，虽然咱们两个人坐这儿唠嗑，但一些不专业的人，如果把他叫到这儿来，摄像机往这一架，他可能就哆嗦了。评书实际也不那么简单，还是有一定技术含量的。

再一个就是缺少资金，这几年赤峰市的非遗中心及林西县的文体局，对林西评书扶持力度都很大。我说的扶持基本是精神方面的，虽然政府资金缺乏，但是对文化还是大力支持的，这个态度我感觉很重要。

我2018年搞评书《北疆烽火》的时候，林西文体局新调了一个胡局长，他对这个非常认可，节目录制、播出产生的一些费用，他都积极给予支持，目的就是让我们好好地发展这项事业，他认为这是一个挺好的事情。

刘锦山：《北疆烽火》录制以后在什么地方播出了？

蒋得水：在赤峰广播电视台播了，它也是全国首播，第二次就是内蒙古评书曲艺广播也播了，反响都挺好的。

刘锦山：您除了这部作品还创作过一些什么样的作品？

蒋得水：这几年我又创作了一部50回的长篇评书《乌兰夫》（二度创作），2019年5月就要录制完成，我现在正在紧锣密鼓地准备，因为2019年是新中国成立70周年，这部评书要向新中国成立70周年献礼，这个也是很精彩的，反映咱们内蒙古自治区首任主席乌兰夫，这位革命家波澜壮阔的一生。

刘锦山：这个故事也很好。

蒋得水：按照习近平总书记说的，讲好中国故事，传播好中国声音，要凸显

图8　2017年，蒋得水在县乌兰牧骑阅读《乌兰夫传》

革命文化。我感觉我就按照这个要求做，这个路子是对的，重点就是要放在红色评书上。评书既是一种艺术，同时又是一种传播手段，观众听完之后，既得到艺术享受了，同时又没忘了那段历史，没忘了那一段波澜壮阔辉煌的红色文化，我觉得，这更有意义。

刘锦山：那您录完了之后是不是同时也要出书、印出来？

蒋得水：这本书有30多万字，但是不准备出了，这个故事也是一个老作者写的，我进行了二度创作，录完了之后到时候就在广播电台播一下，我们的想法是想往中央台推一推，看看有没有机会在那边播一播，至少在内蒙古台肯定要播一播。

刘锦山：您刚才讲您现在收了两个学生，一个是您儿子，现在他多大了？

蒋得水：我那个小徒弟今年是15岁，儿子今年20岁，儿子也是在林西乌兰牧骑，长得细高挑的。舞蹈这一块缺人，他一方面是跳舞蹈，一方面是我教他一些评书和曲艺节目。

刘锦山：他现在自己也能说吗？

蒋得水：自己也能说几个小段吧。

刘锦山：那小徒弟呢？

蒋得水：小徒弟今年15岁。

刘锦山：那还在上学是吧。

蒋得水：对，这个孩子也是爱好挺广泛，有时候学葫芦丝，还想学琴，还想演小品。因为我自己搞长篇，有时候单位还有其他的一些事情，就顾不上教学生，都是定期地把他们叫到跟前教一教，传承就是面临这个问题，老艺人逐渐地都老化了，年轻的从业人员很少。

刘锦山：所以这方面还要加强工作。

蒋得水：对。

刘锦山：蒋老师，非常感谢您接受我们的采访，祝愿林西评书发扬光大。

蒋得水：谢谢您。

刘锦山：谢谢。

王浩

千锤百炼一滴香

采访时间：2019 年 4 月 4 日
初稿时间：2022 年 4 月 24 日
定稿时间：2022 年 4 月 28 日
采访地点：赤峰市图书馆"赤峰记忆"拍摄现场
版　　本：文字版

王浩速写

  王浩　非物质文化遗产项目锤打麻油传承人。王浩出生在油匠家，儿时的经历让他对古法榨油的味道始终无法忘怀，在经过多种职业选择后，最终仍然回到传承古法榨油的道路上。千锤百炼榨出的麻油别有一番风味，传统手工艺最大限度地保留了麻油的色香味，在传统手工艺的基础上，王浩还积极探索机器榨油的技术，努力开拓地方特色农产品销售的出路，为当地的脱贫工作贡献力量。

  克什克腾旗古法锤榨麻油技艺，基本保留了元代《王祯农书》记载的基本技法，这种榨油方法在中国北方地区非常少见。古法榨油对原材料的要求较高，其工序更是多达 20 多道，正是好工好料好油匠的共同作用，才使得古法锤榨的麻油色香味俱全，香飘十里。锤打麻油是工艺，是历史，是文化，是传承，是克什克腾名片。克什克腾锤打麻油技艺已被列入内蒙古自治区第六批非物质文化遗产项目名录，并由赤峰市非物质文化遗产保护中心和克什克腾旗文化旅游体育局挂牌成立"克什克腾锤打麻油技艺"传习所。

刘锦山：各位朋友，大家好！今天是2019年4月4日，我们在赤峰市图书馆"赤峰记忆"拍摄现场。今天我们邀请到的嘉宾是内蒙古自治区非物质文化遗产传承项目锤打麻油的传承人、呼德艾勒农牧业合作社总经理王浩。王总，您好！

王浩：您好！

一、儿时味道　回味无穷

刘锦山：首先请您给观众朋友介绍下您个人的职业生涯和成长经历。

王浩：我1967年出生在赤峰市克什克腾旗经棚镇常善村九组，我继父孟昭岐就是油匠。生在油匠家有一个好处，午饭炸油条能剩一点油，那时候我们就在家里等着炸油条。当时经济情况也不好，但我一直就记得这个味道。1983年，

图1　王浩（左）接受"赤峰记忆"采访

我在克什克腾旗的新庙中学毕业，毕业后就从事个体经营。在20世纪80年代，既没有人愿意吃亚麻籽油，也没有人愿意从事古法榨油业。因为机器榨的出油率又高、人工成本又低，古法榨油不挣钱，人就不愿意做古法榨油了。但机器榨和锤打的味道不一样，机器榨有一种呛味，人们就不喜欢吃。那时候我在经棚镇做个体经营挣了点钱，而且一直想锤打麻油的味道，于是逐渐恢复手工锤打麻油工艺，等到2014年成立了合作社。

二、千锤百炼 十里飘香

刘锦山：文献记载的锤打麻油的历史比较早，我想请您介绍一下锤打麻油的发展过程。

王浩：元代《王祯农书》就有记载锤打麻油，锤打麻油距今已经有700多年历史了。最早这项工艺在山东发展比较迅速，明清两代才陆续进入内蒙古地区。

我老家是山东的，山东人逃荒逃到内蒙古，就把这个技艺也带到内蒙古了。那个年代各地锤打麻油不是说多稀奇，因为当时没有机器压榨，这就是一个工艺，大伙吃油就得按照这个方法做。

刘锦山：锤打麻油使用哪些工具？制作程序是什么样的？

王浩：首先就是风车除杂，就是选料，选料特别关键，不是说所有的原材料都能拿来榨油的，要用风车除去杂质。第二步就是炒料，炒完料然后就是磨，过去都是驴拉磨，现在用机器磨；然后火炕焙料，上锅蒸。蒸完以后装包、倒包、摆垛子、放垛子，然后放排、架楔、锤打，最后出油，有20多道工序。

刘锦山：第一道工序您说选料也很重要，选料上有什么讲究？

王浩：首先种子必须是用原始的种子，用原始的种子种出来的亚麻籽榨出来的油味道就好。古法榨油主要是讲究味道，味道不好就和原材料选择有关。原材料好，首先得种子好，其次种植环境要好。我们现在合作社种的亚麻籽，种子都是选用我们当地原始种子，它出来的油味道就好。种植过程都是有机种植，是不打农药、不上化肥的，全是使用农家肥。

图2　风车除杂

刘锦山：炒料是怎么炒？

王浩：炒料也挺关键的，就是用平锅炒，锅底下是火，用一个大铲子推着炒，就是来回翻动，一般炒这玩意儿都是老手艺人。古法榨油是三分榨七分炒，炒得好坏对味道、出油率都有很大影响。炒料一直是我舅舅王玉海在做，他现在也70多岁了。这也是挺关键的一道工序，一直由他把着。现在我们榨油每道工序都有人专管，一个人只做一道工序，类似工业流水线生产，由于每个人只做一件事，就能把这道工序做好、做到极致。

刘锦山：我有个问题不明白，榨油为什么要炒呢？生的不能榨吗？

王浩：生的也能榨，生的榨就是冷榨，冷榨出油率比较低，出不来香味。现在人可以选择不同的工艺，也有选冷榨的，冷榨就不用炒了。

刘锦山：第三道工序呢？

王浩：磨料。用石磨转动把料碾碎，现在我们是用电磨，磨也是石头的，不过是用电力带动，代替过去的驴马动力。

接下来就是火炕焙料，把料铺在火炕上，火炕类似温床，能保持一定的温度，焙一段时间，就用耙子把磨好的料打碎、打细。这道工序就是为蒸做准备。

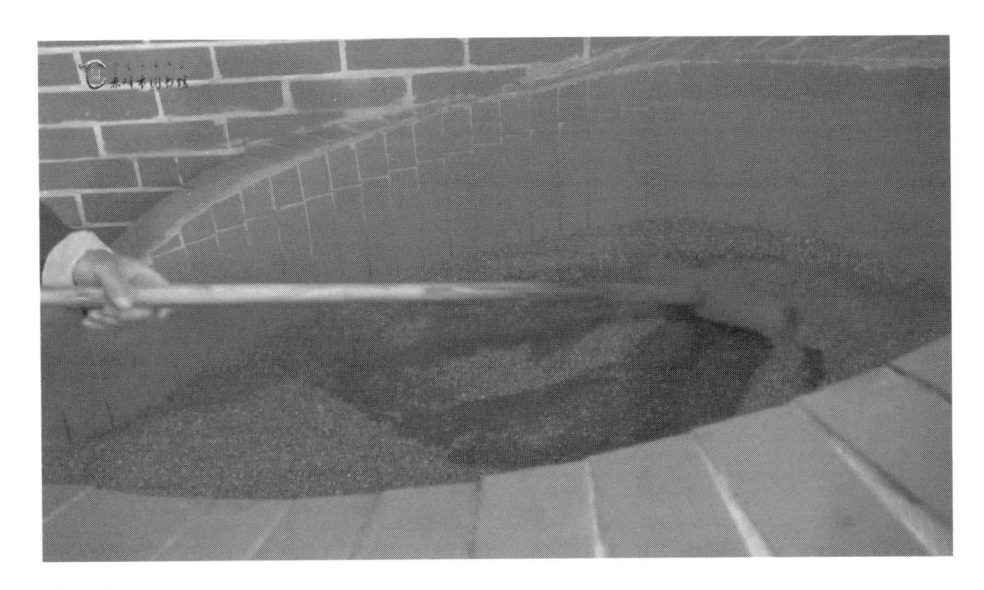

图3 炒料

图4 磨料

王浩：千锤百炼一滴香

图5 火炕焙料

蒸料就是把料搁在锅里蒸，提高温度，并使料里充满蒸汽。蒸料也非常讲究，上气严不严，什么地方上气，什么地方不上气，时间长短都要有严格的控制。然后接着装包。

刘锦山： 装包是用什么装？

王浩： 用我们自己织的麻包。因为咱们是卧式榨打，要把麻包摆到十二三个的时候，再把它放倒，那叫摆垛子、放垛子，放倒之后再放到油闸里头，再加排，排就是大块的板，排砸实之后再加油楔，一共三个油楔，用锤子砸，陆续砸进去。锤子有20斤、40斤、60斤、80斤的，刚砸的时候，排和楔比较松，就用20斤、40斤的锤子，砸一段时间控油，再用60斤、80斤的锤子砸，最后砸不进去了，就继续控油。

刘锦山： 这么用锤子砸油的话，一个垛子需要砸多长时间？

王浩： 它是随砸随控，得三个小时左右砸一个垛，砸砸就得歇歇，越砸越紧，到最后砸不动的时候再抡大锤子砸。

刘锦山： 后面的工序呢？

王浩： 就是撤楔、清包，把包拿出来，这时候料包已经被砸成一个一个的

图 6 摆垛子

图 7 加油楔

图 8　加好的油楔

油饼，最后把油饼从麻包里扒出来，就算一个工序完事了。油饼最后可以做饲料。

刘锦山：这饲料是不是还挺贵的？

王浩：现在我们卖得不贵，实际上它比豆腐还要便宜，在我们当地卖一块二，实际在多伦，胡麻饼都是卖到一块四、一块六。我们当地卖得还比较便宜，合作社成员买的话只要一块钱。

刘锦山：100斤胡麻籽最后能出多少油？

王浩：古法榨油出油率比较低，一斤料出油在二两半左右，就是四斤籽出一斤油。

刘锦山：最后油饼有多少？

王浩：一斤亚麻籽也就能砸出六两左右的油饼，籽在榨油过程中也有消耗的，也不是出完油剩下的都是油饼，这里的水分可能都蒸发了。

刘锦山：现在有多少人在榨油？

王浩：我们油坊里工人有十个人左右。

图9　正在工作的油坊工人

刘锦山：十个人一天能出多少油？榨油开工了是不是不能停，是三班倒？

王浩：两班倒，二十四小时出不到二百斤油，平均一个人差不多二十斤左右。

刘锦山：古法榨油除了味道好一点，它还有哪些特点？

王浩：第一是机器榨油都是绞得特别细，古法榨油不绞。第二就是味道，古法榨油的味道是机器永远做不到的。机械榨油效率高、出油率也高，但是把味道就做没了。就像做菜，材料不一样出来的味道也是不一样的，所以锤打麻油的产品主要是做礼品、特产，它能代表咱们地区的一个文化、一个味道、一个记忆。

三、古法传承　工艺改良

刘锦山：现在锤打麻油是咱们自治区级的非遗项目。

王浩：对。

刘锦山：据您了解国内有没有类似的手工制作麻油的工艺？

王浩：有悬梁榨、水榨、悠绳榨。南方都是悠绳榨，就是用绳绑着木头，人悠着木头横向撞击。这些在咱们北方特别少，咱们北方榨油是从山东过来的，那时候山东人比较有力气，也比较直接，就用锤子砸，锤榨法在全国好像目前就咱们一家。

刘锦山：您讲的锤榨法的二十几道工序，和元代《王祯农书》记载是一样的？

王浩：对，是一样的，只是有些工序用电做动力了。

刘锦山：《王祯农书》里面记载的这些工序，是古时候就分工作业，还是到了现代才分工作业？

王浩：最早炒料也是专门炒料的，和现在也基本相似，不过我们现在分得更细，每道工序都专门有一个人在做。我们现在对古法榨油也做了改良，过去榨完就完事了，现在我们榨完了还要用现代工艺提纯。原来都是沉淀法提纯，榨完了就自然沉淀，那底下的杂质提不出来。但榨出的油不能不提纯，因为里面的杂质提不出来，不符合现代人的消费和健康理念。我们在2016年用了提纯设备，就按照现在的工艺精炼提纯。但是亚麻籽油温度一高就会变味，得先水洗，然后再精炼提纯，挺多工序，但提出来的油味道变了。那年对我们打击特别大，后来我们又开始改进，尝试冷结晶法提纯，终于把那些杂质都提出来了。

刘锦山：提炼出来这些杂质做什么用？

王浩：这杂质没什么大用，都分给合作社成员了，大家分到以后就放到草料里头，当牲口料了，牛羊吃了毛发能亮一些。

刘锦山：现在锤榨法传承情况怎么样？

王浩：现在传承情况还可以。我们村有十多个人从事这个行业，因为每道工序都是专人负责，关键工序就是炒料，锤砸这些都是谁空着谁就干。

刘锦山：这十几个人年龄结构怎么样？

王浩：长期在做榨油的，年龄最小的是三十多岁，有两三个，不像原来就我们这五十多岁的人。

刘锦山：最大岁数呢？

王浩：最大岁数就我大舅了，我大舅现在是六十多将近七十岁，现在我继父都在家待着了，除了每年开工时候出来，剩下时间都不需要他过来。

图10　锤打麻油传承人员合影（二排左三为王浩）

四、合作经营　共同富裕

刘锦山：您是怎么想起成立合作社的？

王浩：现在跟我一块儿干的这些人，都是从小跟我一块儿玩的小朋友，我不做个体经营回村以后，他们就跟我一起干古法榨油，但当时一年也挣不了多少钱。味道是个关键因素，如果我们不自己去种亚麻籽，原材料供应问题解决不了，产油品质也保证不了。在我们的记忆里头，小时候没啥事儿就上油坊偷石磨磨完的油弹，回去放在咸菜里炖，这个味道特别香。后来我第一年榨油的时候，也是想着这味道，磨完之后我们就拿油弹来咕嘟咸菜，出来的咸菜就像糊了面糊一样，一点儿也不香，分析原因后，我们认为问题可能出在种子和土地上，于是我们一边找种子，一边找土地。锤打麻油生产原材料必须是两年以上没用过农药化肥的土地产出的亚麻籽，而且还得是原始种子，对种子要求特别高，不是说什么样品种都能种。因为种亚麻籽是需要轮茬的，一片土地今年种了明年要歇一年，就要种别的，这样播种面积也不够，为了保证一定的播种面积，我们就成立了合作社。

刘锦山：自己每年留种子，还是要购买？

王浩：主要是自己留种，我们也在当地培育种子，从外地选种回来之后，我们第一年种完以后看是不是能适合当地生长，第二年看油的味道、口感、产量各方面，试完之后我们再发给合作社成员。

刘锦山：种子一般都挺贵的吧？

王浩：是，亚麻种子一般都得超过其他种子的价格一倍或者两倍以上。种子都是每年春天免费发给社员，等到秋天的时候按量返还，你使100斤种子，你还我们100斤种子，这样大家伙也没有什么压力。

刘锦山：春天播种，到了秋天收购价格是怎样的？

王浩：现在亚麻籽的主要产区是多伦，我们收购亚麻籽的价格也比别人家高，这几年合作社内部人员，我们给他们的最低保证价是三块钱，如果你们家地

图11 合作社社员种植的亚麻田

是压青地，就是你第一年压青了，没打农药没用化肥，第二年收购价就是四块钱一斤，第三年收购价就是五块钱一斤，你要是三年以上没有打农药没用化肥，收购价就是六块钱一斤，就这样往回收。

刘锦山：这个地不施化肥的话，那产量是不是也低了？

王浩：对，原始种子，也就是当地小粒亚麻籽，这种种子的产量更低，一亩地都上不了一百斤。不用化肥可以使用农家肥，我们常善村养牧比较多，农家肥也挺多的，主要是以农家肥为主。再一个是土地休耕轮茬，种几年土地就不爱长了，就开始压青，压完青后第二年再种。我们地区种植亚麻籽条件是比较好的，克旗位于北纬45度亚麻籽黄金种植带上，而且我们常善村海拔比较高，离大兴安岭最高峰黄岗梁10千米，海拔1700米左右。海拔越高，昼夜温差越大，亚麻籽里面含的亚麻酸就特别高。另外我们这边是黑土地，土地肥力也好。

刘锦山：对合作社农户不用化肥、轮茬耕种等要求，您是怎么管理的？有没有人为了提高产量用了化肥？

王浩：我们都是分组管理，每个村都有组长监督。我们回收的时候也是按家回收，每个袋子上都标记每家的人名，收的时候就严格把控。我们炒料的时候再尝，如果一袋出现问题，这家的全部退回。另外每个村都不大，村民都知道每家每户田地的位置，你们家打没打农药，我们上山一看就知道了，因为打农药是不能耪地的，垄沟是有包的。用锄耪过的地是平的，耪过的地再干净也是有草的，用除草剂的地是没草的。

古法榨的油卖的价是比较高的，都是在68元、88元、128元，卖这么高的价格，就得保证这么高的品质，不能价格高质量还差，所以我们从播种这个源头就要求特别高。收回原材料以后要进行筛选，一等的用于锤打麻油，比它差一点的就会放在机械榨油。我们现在也有机械榨油，就是冷榨的亚麻籽油，因为锤打麻油这个品牌提升了，它的影响力带动了普通油，普通油虽然挣得少，一斤挣一块多钱，不过它能走量，就够养活合作社了。如果没有量，合作社没有收益，那大家的积极性就不高了。

刘锦山：机械榨油一斤油卖多少钱？

王浩：机械榨油一般都在12块钱左右1斤，锤打麻油是1斤68元、88元、128元。

刘锦山：合作社这十多个人，要给大家每个月发工资，还是到年底分红呢？

王浩：种地，按照播种面积补贴，榨油这块儿是发工资的，要是效益好还有二次分红，按照播种面积、收成情况分红。

刘锦山：合作社也有自己的注册商标吗？

王浩：我们合作社叫呼德艾勒农业合作社，呼德艾勒，汉语意为乡下的家。古法榨油的品牌是锤打麻油，另外杂粮杂豆、机械榨油，也都注册了商标。

刘锦山：您的产品还比较多。

王浩：对，现在也是尽可能地把农产品做得全面一点，因为现在农民只靠种地不挣钱，最怕种了很多，但客户不认可产品的价值，我们要提升农产品的附加值。锤打麻油这个品牌提高了知名度，带动了其他产品也卖得好，比如年底卖出的各种礼品，面、油、荞面、莜面这些东西，也都能借着锤打麻油的品牌卖出去。

图12　祭拜仪式

刘锦山：现在合作社一年下来销售额有多少？

王浩：销售额有七八十万元，工人也挣不少钱。

刘锦山：通过这种项目传承能产生经济效益，又能提高大家的收入，改善大家的生活，我觉得这个传承就比较好了。

王浩：现在都讲生态，我们有一个口号：麻油有魂魄，匠人自恭谦。做油是有魂魄的，它的魂就是原汁原味，没有任何添加，魄就是说它得有味道、有质量，我们要有恭谦，就是说有一颗执着的心，平平淡淡、稳稳重重去做这个事，把这个事做好。

五、打造品牌　扩宽市场

刘锦山：王总，下一步您对锤打麻油这个项目的传承、发展，包括合作社的发展，您这儿有哪些考虑？

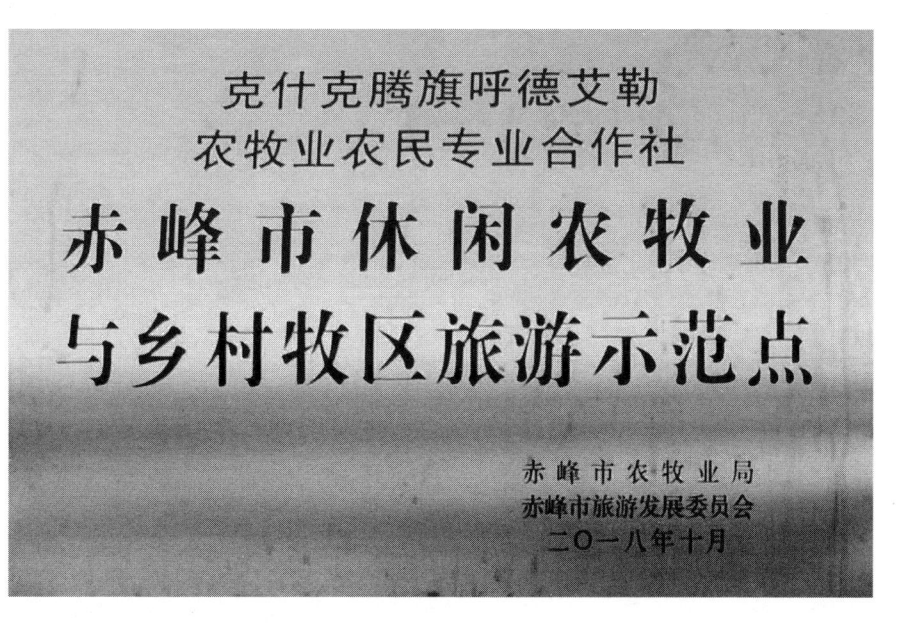

图13　2018年10月，赤峰市农牧业局和赤峰市旅游发展委员会向呼德艾勒农牧业农民专业合作社颁发赤峰市休闲农牧业与乡村牧区旅游示范点牌匾

王浩：我们下一步准备利用古法榨油"锤打麻油"这个品牌开展文旅融合项目。因为古法榨油是非物质文化遗产，克什克腾旗是旅游地区，在我们每年旅游季节，游客还能去看，还能学习我们榨油的过程。现在有不少学校年年组织孩子上门去参观、去学习，现在的孩子都是五谷不分，去了看什么叫亚麻籽、什么叫莜麦、什么叫荞麦，然后再观看榨油整个过程，跟他们说这个叫炒料、这个叫磨料，这个叫石磨、那个叫锤打，最后出油让他们去品尝。我们想通过锤打麻油这个品牌带动旅游，也是为我们家乡做一点贡献。我们这些油匠也想为乡村振兴、脱贫致富尽一点微薄之力。现在带动的贫困户也挺多的，我们每年免费给贫困户有机肥，免费给籽，收购价格还要比普通的高一点。

刘锦山：锤打麻油它怎么吃？

王浩：锤打麻油主要讲的是味道，一般可以拌馅、煲汤，还有做凉拌菜。咱们一般拌菜不就是用香油嘛，麻油也是一种香，跟香油的香还不一样。锤打麻油的亚油酸和亚麻酸高，是人体必需的营养，而且人体不能合成，除了深海鱼油、海藻有这种成分，陆上植物就是亚麻籽有，对人身体健康还是很有帮助的，可以说算保健食品了，过年的时候送给父母、送亲人。

图14　在呼德艾勒农牧业合作社亚麻田的游客

锤打麻油的保健作用，以及独特的风味，使它成为克什克腾旗这几年特别受大家伙儿欢迎的一个产品，也得到在外地的克什克腾旗人的认可，每年过年在外地的克什克腾旗人都要通过微信或者朋友买一点寄过去，尝一尝家乡的味道。

刘锦山：您现在产量能保证够销售，是不是有时候也有供不应求这种情况？

王浩：这几年暂时没有，因为资金不足，都是自产自销，也没做推广。反正就是靠自己口碑宣传，人传人，每年都是做得不太大，我们每年控制在10000斤左右，2018年就没做到10000斤，2018年特别干旱，遇到干旱原材料质量品质就不好，经过筛选材料最后才做了5000斤。

刘锦山：王总，非常感谢您接受我们的采访，也希望咱们锤打麻油发展越来越好，合作社发展越来越好。

王浩：谢谢。

李成艳

巧手折剪显神韵

采访时间：2019 年 4 月 5 日
初稿时间：2022 年 5 月 11 日
定稿时间：2022 年 5 月 18 日
采访地点：赤峰市图书馆"赤峰记忆"拍摄现场
版　　本：文字版

李成艳速写

　　李成艳　汉族，农民。赤峰市剪纸协会会员，内蒙古农牧民书画研究会会员，内蒙古剪纸协会会员，内蒙古民协会员、中国民协会员，翁牛特旗剪纸项目市级非遗代表性传承人。北京东方神州书画院院士、一级画师。

　　1969 年起在村里小学读书，1975 年起在家乡中学读书，1978 年起在大庆采油九厂工作，1982 年回乡创业做生意，1983 年从事照相业和理发，2003 年扩大营销规模，搞家具、建材等经营销售。代表作品包括《东方雄鸡》《开国大典》《百子图》《强国梦》《嫦娥奔月》《月明山记忆》等。

　　多年来，授徒传艺二十余人，培养团队骨干十人，传承足迹遍布大江南北，从赤峰到杭州、上海乃至新疆等地都有其学生。

赵文戈：各位朋友，大家好！今天是 2019 年 4 月 5 日，这里是"赤峰记忆"的拍摄现场。赤峰剪纸已有 200 年的历史，今天我们邀请到几位赤峰剪纸传人讲述一下赤峰剪纸的历史、发展、保护及传承的历程。首先为我们讲述的是翁牛特旗剪纸传人李成艳女士。李老师，您好！

李成艳：您好！

一、工匠世家　匠心独运

赵文戈：李老师，请您介绍您的家庭情况和学习经历。

李成艳：我叫李成艳，1959 年生于翁牛特旗五分地镇八分地村，从小就看姥姥剪纸。我姥姥就剪窗花，剪扫天婆、剪豆角丝。别人剪豆角丝能剪出三条来，我姥姥剪豆角丝就能剪出七条来。我姥姥就给我画图样，让我也跟着剪一些非常简单的剪纸，我就一点一点爱好上剪纸了。

图 1　李成艳（左）接受"赤峰记忆"采访

图2 李成艳的故乡——翁牛特旗五分地镇八分地村

赵文戈：一开始初学的时候多大年龄？

李成艳：那时候也就是四五岁，就看着我姥姥剪扫天婆，剪个挺大的疙瘩揪子，挺好看。那时候没纸，就攒香烟盒的金纸，掉了的对联也捡起来，留着不要扔。我姥姥给我画上，我就开始剪。现在就不用画稿了，有的时候大作必须得勾好、画好、设计好，小的拿过来就可以剪。

赵文戈：形象都在心里头是吧？

李成艳：都印在脑子里的。我妈也是手特别巧，在我姥姥剪纸的时候，她就到灶膛刮灰。旧时农村有灶膛，我妈就从灶膛里刮底子燎上的黑灰，把锅沿子灰刮上点来，再拿一个碗扣在炕上，把锅沿子灰搁在碗底中，拿着纳底子的锥子研磨，研好了之后搁上半滴水，撅断一根笤帚苗，蘸一点黑灰，然后在纸上画。那时候的孩子也看不着电视，什么娱乐都没有，我一看我妈在这纸上画花，就问我妈："您在那纸上画的花，怎么画得那么好啊！"我妈说："成艳，你记住：这个花是石榴掺佛手，用剪纸剪出来就是多子多孙的意思，要是用一针一线把它扎出来，那就是扎花。"给小孩做鞋就用这个花样，谁穿上谁就是"石榴掺佛手，活到九十九"，吉祥的意思。

我父亲是个皮匠，他会割皮梢，就是抽牛的皮鞭梢，他有时候就吩咐我："成艳你来给我拽着，我来割这个皮鞭梢。"我就给他拽着。边边棱棱他都割完好了，剩下大皮子，他就刻皮影人，教我怎么刻皮影人，怎么用传统的熏法熏皮影人。我跟我父亲也学了好多东西。

图 3　李成艳母亲的传统纹样手绘稿

开门红

跑旱船　　　　　五月剪刀

图 4　李成艳母亲 1978 年的剪纸作品

图5　李成艳母亲创作的枕头顶绣花图案

图6　年轻时的李成艳

二、玉龙之乡　龙腾万里

赵文戈：翁牛特旗的剪纸有什么特点？

李成艳：翁牛特旗是龙凤之乡，剪纸就是剪玉龙、玉凤，龙凤呈祥，这是翁牛特旗的特色。我什么都剪，我从来不用刀刻，用剪子剪得特别细腻。我姥姥、我妈跟我说："你不要刻，谁都可以刻，咱们就专用老剪子剪。"我就用剪子剪，不管是五十六个民族、一百单八将，还是天上飞的、地上跑的、水里游的，我能看着的、我能想到的，都剪下来了。

赵文戈：现在大的创作也得提前把稿子勾好，是吧？

李成艳：大作品不是说现在拿下来，一会儿就剪出来。大作品必须勾好，然后再用剪子剪，得几天能剪出来。比如说咱们现在剪个马，马上就剪出来，要是大作品必须得勾好，今天剪到哪个位置，明天接着那个位置再往下剪。

剪纸就是大体形象出现之后，细节爱咋剪咋剪。有一次我想剪一个黄河长江两条巨龙，可就是画不上，画不上我就着急，一直画画画画，笔就没墨了。我家开个小商店，我想上商店里把这个笔修一修，进了商店院里有一棵一人多高的树，树枝就碰了我一下子，那一刹那我就啥都不知道了，好半天才醒了，回来还是画不上，我就着急，吧嗒吧嗒，两滴眼泪掉在了纸上，就这么瞅瞅瞅，黄河、长江两条巨龙，中国地图的形象已经出来了，我赶紧拿笔勾勾勾，大体勾上了，这才剪出来。

赵文戈：您这个剪纸除了纯手工的剪子，材料一般都用什么呢？

李成艳：原来都是普通大红纸，3 毛钱一张的，现在条件好了，用 5 块钱一张的宣纸。

赵文戈：那么您现在能不能现场为观众朋友们剪一幅作品呢？

李成艳：可以，我给大家剪一幅。剪纸就是千剪不断、万剪不乱。直接拿剪子剪，这种剪法在剪纸艺术当中称为"冒铰"，我们这都是印在心里头了，这花都在心里头呢，拿过去就剪，也不用起稿。

赵文戈：心中起稿。

李成艳：这才是老祖宗留下的普通剪纸，看我这剪子，就是一把大黑剪子，这一对蝴蝶，很生动，我剪出这个东西都是活灵活现的。我剪这个剪纸，它就不会喘气，要会喘这口气，该飞的就飞了，该跑的就跑了，非常生动。我就老是舍不得老祖宗留下的这点好东西，舍不得给它扔了，我一定要把它传下去。

赵文戈：把您的代表作品也给观众们来展示一下。

李成艳：这是《毛主席诗词》，这是《穆桂英挂帅》。这都是剪子剪的，特别细腻。这是一家子人的属相，妈妈和女儿是属鸡的，爹是属猴的。这是《二龙戏珠》，这是《梁山伯与祝英台》。全都是用剪子剪的，从来不用刀子。这是《神舟上天》，在迎接神舟十一载人航天飞行成功中国当代书画名家精品展得了二等奖。这是《嫦娥奔月》。这是《五十六个民族》，一个民族一个人，各种花、帽子、服饰都不一样。这是《十二金钗》。这是《四季花》，菊花、梅花、兰花、竹子，把梅兰竹菊放在一个筐里了。这是《百子图》。这个是《断桥》。这是一个上山虎。这个是契丹小字、契丹人物。

图7 李成艳剪纸作品《嫦娥奔月》

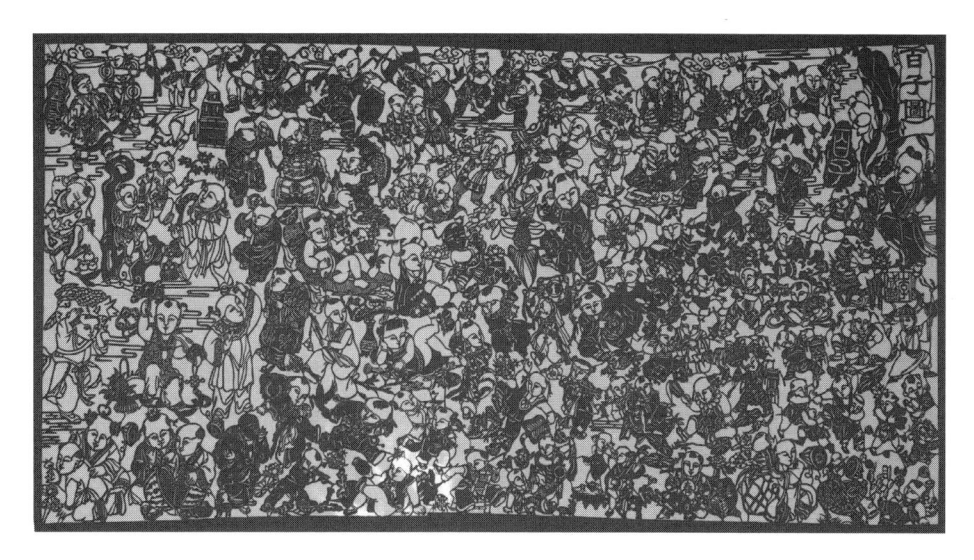

图 8 李成艳剪纸作品《百子图》

图 9 李成艳剪纸作品《石榴掺佛手》

赵文戈：李老师，您在剪纸过程中参加过哪些活动，获得过哪些奖励呢？

李成艳：在剪纸过程中，我参加过很多活动，也获得了一些荣誉。例如：1997年庆祝内蒙古自治区成立五十周年及香港回归，创作了剪纸作品《落叶归根》《妈妈我要回家》等，报送作品荣获时任自治区主席乌力吉签发的荣誉证书。1998年抗洪，创作了剪纸《救江珊》。2002年8月，在人民大会堂参加"促进祖国完全统一"海内外大型书画笔会，荣获千年和平金杯及《千年和平金奖》证书。2002年12月，在北京参加了"让世界充满绿"迎奥运全国书画联展，获优秀奖。2003年抗击非典，创作了主题作品《延燃生命之光》。2004年我因艺术成就评选入编《世界名人录》，同年还去了日本，随团搞艺术交流。2006年被评为赤峰市级农村牧区实用人才。2008年5月12日汶川地震，创作了作品《不知道你是谁》。2008年8月8日喜庆奥运开幕剪了系列作品《吉祥物》等。2016年8月参加了北京市妇联对口支援地区妇女手工技能提升培训班。2016年10月参加了中国非遗传承人群研修研习（内蒙古剪纸项目）培训。2016年在迎接神舟十一载人航天飞行成功中国当代书画名家精品展中，作品《强国梦》《嫦娥奔月》荣获银奖，作品已入编《飞天梦　强国梦　中国梦——中国当代书画剪纸名家精品大典》，同时荣获航天纪念章及收藏证书。2018年5月18日，在翁牛特旗博物馆举办个人剪纸展览。2019年2月21日，参加了赤峰市"非遗走进燕山、河畔社区，皮影剪纸拜大年"活动。

图 10　李成艳剪纸作品《李成艳》　　图 11　李成艳剪纸作品《落叶归根》

图12　1997年7月20日,"庆祝内蒙古自治区成立五十周年及香港回归书画联展"剪纸作品入展证书

图13　2002年8月,李成艳参加"促进祖国完全统一"海内外大型书画笔会,荣获《千年和平金奖》证书

李成艳:巧手折剪显神韵

图 14 《红山晚报》对李成艳参加"促进祖国完全统一"海内外大型书画笔会的报道

图 15 2004 年，李成艳（二排右三）随中国书画代表团赴日交流合影

三、传承有继　产业发展

赵文戈：您是怎么想到要把剪纸传承下去呢？

李成艳：有次生病痊愈后我就想人不能赤条条地来，再赤条条地走，我想要在这个世上留点东西。我们剪纸也可以传承下去，传流百年，我就想着往下传传。现在翁牛特旗剪纸的人越来越多，已经形成了很大的气候。

赵文戈：我听说翁牛特旗的剪纸已经进入校园了，您把这方面的情况给我们介绍一下。

李成艳：我的学生已经在翁牛特旗剪纸比赛中得一等奖了，学生非常爱学，非常喜欢。对于没有基础的学生，从画一个苹果、剪一个苹果开始学起，或者剪一片树叶或者是剪一个小碗，就这样一点一点地学。学校非常支持，各个学校都来请我，林东、林西、大板、克旗都给我来电话，我也非常高兴，在一个学校教几天，再去另一个学校。

赵文戈：现在您的剪纸艺术，不单纯是在翁牛特旗的学校了，而且已经走入周边的旗县了。

李成艳：对。

赵文戈：李老师，我听说您徒弟很多，现在有多少学生？

李成艳：有1000多个。教的学生多了，我自己也挺自豪的。学生作品也经常参加各种赛事，刘超凡、陈小涵在我们翁牛特旗剪纸比赛中得了一等奖，李文静考到哈尔滨铁道职业技术学院去了，进了学生会，办画报什么的。

赵文戈：除了学校，您还去哪些地方教剪纸？

李成艳：杭州老年公寓我也去过，我大女儿在杭州，小女儿在上海。一些关系不错的朋友，跳舞的、打太极的，看了我的证书，就说李成艳你教教我们剪纸吧，我就教她们。大家都是好朋友，谁想学我都教。一个5岁小孩上我们家去，我就哄他，给他买糖吃，让他好好学。

赵文戈：您有没有想过把剪纸变成产业呢？

李成艳：想过，具体想法我还不敢想，因为我剪了三四十年了，就是默默地

图16 李成艳在翁牛特剪纸传承基地工作室指导学员剪纸

图17 李成艳在乌丹第三小学教剪纸

图 18　李成艳在上海青浦区给小学生上剪纸课

图 19　李成艳向徒弟李静传授剪纸技艺

图 20　李成艳向徒弟李志文传授剪纸技艺

图 21　李成艳组织翁牛特兼职剪纸团队学习切磋剪纸技法

图 22　李成艳在上海青浦区老干部活动中心办剪纸学习班

剪，有一万多张剪纸，有人来要就送给他了。现在国家非常支持我们，对旅游业非常重视，剪纸艺术完全可以融入旅游里面去。

赵文戈：像您这十二生肖、五十六个民族这些剪纸，我觉得将来都可以考虑把它发展成产业。您把这个题材定下之后，发动学生，发动广大的剪纸爱好者去做这个题材，做这方面的内容，然后可以进入文化市场，让剪纸艺术走进千家万户，这岂不是更好。

李成艳：对，现在正想着。

赵文戈：今天采访咱们就到这儿，谢谢李老师。

倪淑丽

慧心巧出天下意

采访时间：2019 年 4 月 5 日
初稿时间：2022 年 6 月 1 日
定稿时间：2022 年 6 月 12 日
采访地点：赤峰市图书馆"赤峰记忆"演播厅
版　　本：文字版

倪淑丽速写

  倪淑丽　宁城非遗项目"宁城剪纸"第五代传承人，十六年始终坚守在农村美术教学一线。2013 年将"宁城剪纸"引入校园，创编三册剪纸校本教材，培养了 3000 多名能够掌握"宁城剪纸"基本技法的小民族技艺人才，创作了上万幅优秀剪纸作品。"宁城剪纸"进入新时代焕发新生机，青年人才成为推动民族技艺发展的强劲引擎，培养了一支奋发有为的传承生力军。倪淑丽不但在教育工作中创新思路，还积极承担起社会责任，在宁城县妇联的倡导下，在哈河社区组建了由 49 位留守妇女组成的剪纸研习所，利用业余时间对留守妇女进行公益培训，使得居家做饭带娃的留守妇女掌握了初级剪纸技艺，人均增收 1500 元，使"指尖技艺"转变为"指尖经济"。创作的宁城非遗剪纸代表作有：《十二金钗》《十二生肖》《清明上河图》《千里江山图》《丝路山水图》《百虎图》《辽中京大定府全景展示图》等巨幅长卷作品。

主要成绩：2012 年 4 月，被评为内蒙古自治区美术教育先进个人；2017 年，创编的非遗剪纸校本教材荣获赤峰市教育局校本教材一等奖；2018 年 11 月，学校的"非遗剪纸"工作坊和"非遗剪纸校园传承"案例在内蒙古自治区教育厅举办的"全国第六届中小学生艺术展演"活动中获得一等奖；2019 年 4 月，在教育部"全国第六届中小学生艺术展演"活动中，参与的"非遗剪纸"工作坊和"非遗剪纸校园传承"案例双双获得教育部二等奖。

赵文戈：各位朋友，大家好！今天是 2019 年 4 月 5 日，这里是"赤峰记忆"的拍摄现场。我们今天请来的嘉宾是宁城剪纸艺人倪淑丽老师。倪老师您好。

倪淑丽：您好。

一、家学溯源　五代纸艺

赵文戈：请您介绍一下您学习剪纸艺术的过程，以及您培养学生发展剪纸艺

图1　倪淑丽（左）接受"赤峰记忆"采访

术的过程。

倪淑丽：我从小的时候就开始喜欢剪纸，原因是受家庭环境影响。因为我们的家族，从我这一代往上数，四代之前全都是搞艺术的，比如说刺绣。一般就是妇女刺绣，还有一些扎花儿、剪纸。

提到剪纸，就得说到我太祖姥姥，她们那个时候的剪纸是完全用剪刀来剪，剪了以后贴在门楣上，也有贴在窗户上的。这就是我太祖姥姥时候的剪纸，大家可以看到，剪纸颜色已经褪去了，这是很老的照片了。这是太祖姥姥坐在当时的小院子里剪纸，小竹筐里盛着剪纸。

我太祖姥姥在的时候，就会去挂这个小筐。她把剪好的剪纸放在小筐里面，用自己的方头巾把它遮上，折成四方的，折四块，然后压在小筐里面，挎着小筐去集市上卖，也就能挣到几分钱、几角钱。我的太祖姥爷会刻皮影，唱皮影戏。皮影也是镂空艺术，我的祖祖辈辈都是在做剪纸艺术，我的剪纸技艺就是从我的太祖姥姥和姥姥这一代传承下来的。

当时的剪纸，在逢年过节的时候能够给人们带来喜庆，美化生活。从古代传下来的每一幅剪纸都有寓意，剪纸艺术后来运用到贴窗花、做花鞋、刺绣方面。

贴窗花是人们祈求平安幸福生活的一种装饰，美化生活的艺术。比如说过年的时候，贴剪纸是为了喜庆、吉祥。到了五月节（端午节）时，人们会剪五毒。什么是五毒呢？每个地区的五毒也不相同，宁城剪纸的五毒就有蜈蚣、蝎子、青蛙、蛇还有豆虫。因为五月节时，由于北方的夏季天气燥热，人容易生病，加上蛇虫繁殖，容易咬伤人。当时剪这些东西都要给孩子们贴在身上，贴在门楣上，原因就是让这些虫不钻进家里，不往小孩子们身上爬，以祈求平安。在门楣上还会贴什么呢？剪刀的剪纸，还有葫芦剪纸，因为剪刀的剪纸具有剪去不愉快的、不幸福的寓意。葫芦的谐音就是"福禄"，剪去不愉快、不和谐、不完美的，然后为人们留下福禄，这就是当时在五月节用的。

人们除了逢年过节用这些剪纸以外，还会在红白喜事上运用到剪纸，一般说谁家结婚了，谁家生宝宝了，谁家有白事了，都需要用到。它只是颜色不同，比如说，喜庆的或者生娃娃了都会用红色，像一些白事大家就会用一些白色、蓝色和黑色。颜色的变化和纸有关系，像黑色的纸一般是用草纸了，草纸接近棕色，所以黑色的剪纸就需要用墨来染，白色剪纸就是普通的白纸。

除了往窗户上贴还有门楣上去贴，再就运用到了绣花、刺绣上面。做花鞋要先把花鞋的样子用纸剪出来，然后贴在花鞋的鞋面上，再用纸当底，把它绣出来，这就是刺绣艺术。

刺绣可以在窗帘、门帘、半截门帘、鞋面上用，它又为人们带来了很多的经济收入，比如说谁家的娃娃出生了，我们送一个小肚兜去，这个肚兜绣有九个石榴，它也非常有寓意，石榴寓意多子多福。我们有句俗语：九个石榴一只手，阎王看了不敢瞅。它的意思就是说，这个小孩有九个石榴来保护，第一是多子多福的传承、人脉的传承；第二层意思是一把手抓住了你，你逃不出我的手心。就是我抓住了你，你不要走，要平平安安地过我们的生活，过我们的日子。这也是母亲和姥姥们、祖辈们对孩子们的一种期待。

到了我这一代，在我还没有锅台高的时候，就跟着姥姥还有奶奶她们学剪纸，因为我们奶奶姥姥家离得非常近，我就跟着她们去红白喜事做剪纸，绣肚兜，做老虎鞋。我当时跟着去可不是为了学艺术，有点儿蹭饭的意思。蹭饭的同时，耳濡目染中就不知不觉地爱上了剪纸这门艺术。于是我当时心里有这么一个想法，我如果能跟姥姥、奶奶、妈妈她们这样，能把剪纸剪得那么漂亮，让围观的人赞不绝口，那真是一件挺骄傲的事儿！

图2 2019年，倪淑丽（右）与姥姥（中）、妈妈（左）三代传承人交流非遗剪纸技艺

二、编撰教材　人人会剪

赵文戈：后来您又如何走上剪纸教学之路呢？

倪淑丽：后来，我在考大学的时候决定考美术教育专业，毕业于2002年，现在我是一名初中美术教师，至今参加工作已经16年了。在这16年里，剪纸艺术被我带到了校园里。

图3　倪淑丽工作照

在教学实践活动中，我们研究通过怎样的形式，才能把剪纸技艺做成系列活动，循序渐进地、有层次地把我们祖辈的东西一代一代传承下去，让剪纸艺术真正地在我们宁城大地上扎根发芽，开枝散叶。为了实现这个目的，我们以美术课程标准提出的开发乡土教材这一要求为指导思想，结合多年的剪纸教学经验，编辑了三本教材，分别是上、中、下三册。这个教材是改了又改，编了又编，我觉得现在它就是比较好的样子。

我现在拿一个例子给大家讲一下，我们的剪纸教材有什么特色。首先我们看第一册。第一册剪纸教材里面的每一个内容都是我们亲自编写的。随意翻开一页，第十三课，这讲的是折团花剪纸。现在是读图的时代，孩子不愿意看那么多的文字，这本教材真正地体现了以图说话的理念，这本教材发下去让学生们一看，一目了然。比如说，准备一块红纸，怎样去折第一步、第二步、第三步，一直到第四步，到第五步画出来。我们画出来一个蜻蜓，我们这样去剪，剪了以后展开第一步、第二步，到完全展开的效果图，这就是一个四折团花蜻蜓的剪纸。

图4　2017年，倪淑丽（中）在宁城县首届杏花节上现场指导学生剪纸

孩子们不能总是剪一些简简单单的东西，第二册教材就是到了剪纸的中级层次，就是以实物剪纸为主，我们也是随便翻开一页教材，比如第二十八课是鸡冠花，鸡冠花是一个五折团花的剪纸，从这个花朵剪的过程一直到展开它的过程，在书上都有详细的步骤介绍。

我们再看第三册，第三册不单单有实物剪纸，而且还和中国画相结合。根据祖辈传承下来的剪纸的阴刻阳刻的方法，把常见的茄子、西红柿的形象剪成剪纸，像这个茄子把儿就属于阴刻，茄子身体属于阳刻。阴刻阳刻一结合就剪出了剪纸。

孩子们除了做实物剪纸以外，还有人物剪纸、剪影。这三册剪纸教材应用后，我们学校已经有上千名学生都会剪纸，已经达到"生生爱剪纸，人人会剪纸"的状态。你到我们学校一去，别看多大点儿的娃娃，说你来给大家剪一个剪纸，那孩子就会欣然答应，拿起剪刀就迅速剪一个。学生有时候还会问你要简单点的还是复杂点的；要人物还是动物；要时事政治的，还是要有历史文化的。这么小的孩子，就能分出这么多种类来。

为什么我们从这一点抓起，说娃娃就要去学剪纸呢？这是源于传统文化要从娃娃抓起的观念。现在我们学校上千名学生会剪纸，而且我们获得了很多奖项，有国际的，有国家级的。我们在内蒙古自治区级的非遗剪纸中获得了一等奖，在整个赤峰市获得了一等奖。非遗剪纸进校园课程案例，已经上报到教育部了。当然我个人的奖项就不用提了，更是很多。我说这些奖项，并不是我们自豪自满的意思，而是更大地鼓励我们继续传承发扬宁城剪纸艺术。

图5 宁城非遗剪纸荣获了众多的奖励与荣誉

三、技法创新　别具一格

赵文戈：倪老师，您再讲一讲咱们宁城剪纸的特点，它的技法，它的工艺流程。

倪淑丽：宁城剪纸最初的剪纸样板，不是通过画的，是通过剪纸熏样形成的。剪纸熏样就是把煤油灯点着，然后把从窗户上揭下来的一些废旧的剪纸贴上去，用煤油灯去熏这个颜色，熏好了颜色后把它钉在纸上，用剪刀剪出来，这是剪纸熏样的一大特色。

另外，就是从技法上来说，除了传统的多样的剪法以外，我通过学习中国画发现，中国画的传统文化里面有一笔多色的彩色染法，然后我把它运用到了传统的剪纸上面。

现在宁城剪纸最大的特色就是彩色点染剪纸。它的彩色点染不同寻常，有一笔多色的特点，比如说看到这一朵牡丹花，这一片花瓣是从重到浅的色彩，而且是一笔完成的，我们首先用毛笔蘸上白的颜色，中间笔肚的地方蘸上粉色，笔尖蘸上红色，然后我们把这个毛笔均匀地放躺平擦，从这一头到那一头，一笔出来多个色彩，出现了一点点立体的变化，有了色彩的变化。

图6　倪淑丽12米剪纸长卷代表作《金陵十二钗》

宁城剪纸的特点不仅仅是技法上有变化，而且内容上也有变化。宁城有深厚的辽中京文化底蕴，我们根据辽中京文化去创作了一些作品，比如宁城大明塔、宁城道须沟，道须沟现在已经被列为国家4A级旅游景区。还有宁城的法轮寺，还有宁城的陪嫁牡丹，这些都属于宁城剪纸的内容特色，我们的剪纸文化底蕴就是跟辽中京文化相关，它有文化底蕴。

当然，我们除了宁城悠久的历史文化底蕴以外，还创作了很多当代题材的剪纸作品，比如说表达了"新时代、新思想、新征程"的一些剪纸，《我的中国梦》《清正廉洁》等。

《清正廉洁》，这个就是现代剪纸的内涵思想，结合了一些传统文化剪纸的剪法。比如这个荷花是有一定的寓意的，它出淤泥而不染，又代表和平、和善。上面的莲花，荷花的名字也叫莲，也就是廉洁。所以我们根据它的这个寓意，创作了《清正廉洁》这幅剪纸。

还有我们国家现在在大力宣传的"一带一路"倡议，这就是"一带一路"中间的一块截景，大家可以看到沙漠、古都还有骆驼，这是当年丝绸之路上的情景。

此外，宁城剪纸还有人物形象，这个就是根据现在绘画的构图方式来剪的，我们注重三庭五眼和整个人物的轮廓，抓住了人物的轮廓和表情去做剪纸，这是宁城剪纸最大的特点，也是最受人们欢迎的。有好多人，比如有结婚的小夫妻让我们根据他们的结婚照做一个剪纸；还有谁家的娃娃出生了、满月了，让做一个娃娃剪纸。

四、古今结合　文创新热

赵文戈：咱们宁城县是个历史古都，文化厚重，刚才您介绍的剪纸艺术的队伍也很庞大，特别是剪纸艺术进校园之后，深受广大同学的喜爱，另外创作的题材也非常丰富。

倪淑丽：对。

赵文戈：我想问您，咱们能不能以文旅融合为契机，把剪纸纳入文创产品和旅游产品，结合起来做一做。这方面，您谈一谈您的想法，以及您现在正在实践的一些做法。

倪淑丽：现在宁城剪纸受到地方政府和文化局的支持，我们的剪纸已经进入了文化产业创业园，同时也在宁城的各大景区销售。我相信通过上下齐心合力，一定会取得一些成绩的，会越做越好，让宁城剪纸真正地扎根在宁城，从而传承到各个角落，遍地开花。

图7　宁城剪纸六代传承人在交流技艺

图8　非遗剪纸进校园庆"六一"活动

图 9　宁城剪纸走进社区

图 10　培训留守妇女学习剪纸艺术

图 11　倪淑丽应邀参加宁城县图书馆举办的"小年纳福"剪纸活动

我们在宁城文创产业里开发了很多文创产品，例如摆台。摆台是非常受群众喜欢的，因为它们可以放在家里的茶几上或者古董架上。它既有传统文化的底蕴，又有现代文化的一些内容。比如说它的装饰形式是有传统文化元素的，而内容是表现廉洁的。这幅画里边还有莲花和鱼，有连年有余的美好寓意，所以特别受群众们喜欢。

这是我们为丁酉年（2017）杏花节所做的剪纸作品，在杏花节上出售，深受游客们喜欢。这是我们自己留的两幅，因为当时被抢购一空，只剩下几个我们自己保留。这个剪纸作品也非常受群众喜欢，因为它们的色彩非常艳丽，而且给人带来吉祥的寓意，是人们对美好幸福生活的一种追求和向往。

除此之外，我们的文创产品还有一大特点，就是人物剪纸。我们的人物剪纸很有特色，大家可以看到剪纸里是我和我的学生，也就是说把你的照片提供给我，我就通过你的照片可以去剪人物。当然你也可以坐在这儿，我们现场来做人物剪纸。

我们先通过画图捕捉人物的特点，再把它认认真真地剪出来。把它装裱放在家里，既时尚又有传统文化内涵。比如这一幅剪纸是我们家族的传承，这是我的姥姥，这是我妈妈和我。这样的剪纸展现在群众面前，大家非常的喜欢，说也给我剪一个。这个时候，我们的文创产品就真真正正地火起来了。也就是说我们不单单要继承传统的，还要有创新，去形成文化产业，让更多的人知道宁城剪纸，人人爱剪纸，去传承宁城剪纸。

赵文戈：您带来您的得意之作了吗？

倪淑丽：带了。

赵文戈：在这儿咱们也给观众朋友们展示一下，好吗？

倪淑丽：好，这幅作品就是我的代表作《千年古都辽中京大定府展示图》。辽中京遗址位于宁城县中东部，辽中京是契丹人于辽统和二十五年（1007），在奚王牙帐地建立的，号曰中京，府曰大定。中京城由外城、内城、皇城三重城组成，平面呈回字形，面积约15平方千米。大家可以看到，这是一个回字。

我们在做这幅图的时候查了千年古都辽中京的那些建筑的风格，都是经过翻阅历史书籍定下来的。像这个房子带着一点牛角，还有这个小院子的结构，以及大门口包括一些装饰。辽中京当时有牛、羊，这是它的特点。整幅剪纸的边缘花边的纹样，都是在辽代的青铜器上找下来的。

这是根据宋代王希孟的《千里江山图》而创作的剪纸作品。用的是中国传统国画用的宣纸，它的色彩是用了青花瓷色彩，我们因此用了蓝色，体现了中国传统文化的优雅。

赵文戈：感谢倪老师为我们讲述了宁城剪纸的故事，祝愿倪老师多出好作品，另外也祝您的文化产业越做越强，谢谢。

倪淑丽：好，谢谢赵老师，谢谢大家。

田惠莲

一剪之趣夺天工

采访时间：2019 年 4 月 5 日
初稿时间：2020 年 6 月 11 日
定稿时间：2020 年 6 月 13 日
采访地点：赤峰市图书馆"赤峰记忆"拍摄现场
版　　本：文字版

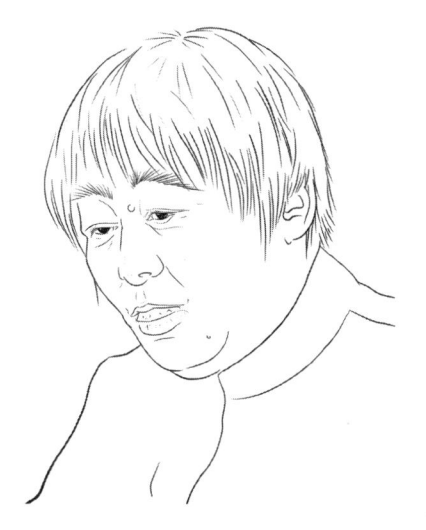

田惠莲速写

　　田惠莲　1970 年 2 月出生于赤峰市敖汉旗新惠镇，新惠第三小学高级教师。1994 年毕业于海拉尔师范专科学校美术系，敖汉旗美术学科带头人及旗级教学能手，赤峰市优秀教师。

　　自幼受母亲刘亚明的影响，酷爱民间剪纸等民间文化，被人们称为"能人"。担任敖汉民间文艺家协会副主席，赤峰民间文艺家协会理事，内蒙古民间文艺家协会会员，中国民间文艺家协会会员，敖汉旗剪纸协会会长，赤峰市剪纸协会副会长，内蒙古剪纸学会常务理事，中华文化促进会剪纸艺术委员会会员，赤峰市非物质文化遗产敖汉剪纸项目传承人。被内蒙古民间文艺家协会评为"内蒙古民间艺术家"。《永远跟党走》剪纸作品获自治区银奖。曾经参与内蒙古文化长廊重点项目《蒙古族传统美术·剪纸》的编辑工作。指导的曹越的《童心向党》获中华文化促进会剪纸艺术委员会全国少儿剪纸大赛一等奖，获全国优秀指导教师奖。2019年，由田惠莲执笔撰写申报方案，新惠第三小学被认定为第三批全国中小学中华优秀传统文化传承学校。

赵文戈：各位朋友，大家好！今天是2019年4月5日，这里是"赤峰记忆"的拍摄现场。我们今天请来了敖汉剪纸传承人田惠莲女士。田老师，您好。

田惠莲：您好。

一、耳濡目染

赵文戈：田老师，请您介绍一下您学习剪纸艺术的经历、敖汉剪纸风格特点及传承的情况。

田惠莲：我的名字叫田惠莲，出生在赤峰市敖汉旗新惠镇。敖汉旗位于内蒙古自治区东部赤峰市辖境的燕山山脉与辽河平原的过渡交接地带。自古以来，农耕、狩猎和游牧文化在境内交融发展，形成了举世闻名的以兴隆洼文化、赵宝沟

图1 田惠莲（左）接受"赤峰记忆"采访

文化、红山文化和小河沿文化为代表的史前文化聚落，深厚而独特的民族文化基因孕育了丰富的非物质文化遗存，其中最具代表性的便是敖汉剪纸。

我父母都是老师，我母亲刘亚明是美术老师。我从小喜欢画画，但是由于父母工作忙，最开始是我姥姥张永坤照顾我，我太姥姥潘氏会剪纸，我姥姥跟我太姥姥学会剪纸，经常剪些小猫、小狗、小蝴蝶哄我玩，都是随意剪的，不是特意想要学。我姥姥剪过一个"石榴开花红胜火，二八佳人就是我"，给我留下了非常深刻的印象。后来她去世了，我父母工作忙，就让一个民间老艺人照顾我，这个老太太闲来无事用烟纸剪些东西。有一次她没把剪子收起来，正好炕上有一片纸，我就剪了一个小人，这是我印象中的第一次剪纸。中午妈妈回家我就给她看，妈妈说剪得挺好，我听了心里非常高兴。看我的那个老太太经常在村子里剪纸，我就是看，也没特别当一回事。高中毕业后，我如愿地去了呼伦贝尔学院美术系深造，才知道剪纸是中国民间文化的瑰宝。那时候对剪纸比较感兴趣，但不是特别爱好，只知道国家很重视这门艺术。

2000年前后，我无意中看了内蒙古剪纸协会会长段建珺和张花女的一期春节节目，看完感触非常深，及时和协会取得了联系，讲到了我自己比较喜欢剪纸，协会教了我一些剪纸方法和挖掘民间剪纸文化的方法。

段老师问我小时候是否见过民间剪纸，我说看我那老太太就会。后来我就带上礼物到她家去，这个老太太看到我以后非常吃惊，这么多年了这个姑娘又回来了。我就让她给我剪了一些纸，我才知道这是真正的老艺人，也才知道剪纸里面有很多的学问。老艺人给我剪"葫芦生子"，她说这要在春节时贴在窗户上，祈求一年风调雨顺、国泰民安、人丁兴旺，我才知道原来敖汉的剪纸是这样的。后来我就陆续地让这位老艺人把她大脑里会剪的东西剪出来，并把这些剪纸拿到内蒙古剪纸协会段会长那里，段会长看了以后说非常好，让我按照这个思路学习民间剪纸，挖掘民间剪纸艺术。我又问我妈妈哪儿还有民间剪纸，我妈妈就说我姥姥那儿还有一些剪纸，就从箱子底找出来，我才知道我们家还有剪纸、刺绣，还有很多我姥姥的、太姥姥的东西。

二、技法特点

赵文戈：田老师，听您介绍，您的剪纸艺术传承有着较为完整的家族式传承链条。下面请您谈谈敖汉剪纸的特点和技法。

田惠莲：敖汉旗是农区，以前条件艰苦，民间艺人剪纸的工具和材料都是家庭情况决定的，不像现在可以把剪子磨得很尖，也不像现在什么纸好就买什么纸。敖汉剪纸主要是以剪为主，表现内容和形式非常丰富，有在节俗时令时张贴的窗花、墙花、顶棚花、挂钱儿，有在衣食住行中剪

图2 田惠莲剪纸作品《葫芦娃娃》

的日用的枕顶花儿、鞋花儿、袖口花儿、领口花儿等刺绣底样剪纸，也有在农村举行民间巫术时用的手拉手的人等。其中，敖汉剪纸《葫芦娃娃》在春节时要张贴在家中最显眼的纸窗中间，人们借此希望家族在新的一年中风调雨顺，人丁兴旺。《葫芦娃娃》剪纸所传承的正是在赤峰地区衍生的远古葫芦崇拜文化观念在民俗剪纸中的珍贵遗存；除此，在敖汉剪纸中，以各种动物纹样为主的作品中，如马、牛、羊、猪、骆驼、虎、狮子、狼、龙、鹿等，反映了在赤峰地区古代所崇奉的以祥瑞动物图腾为主体的文化观念的传承，融合了蒙古族民俗文化，是北方草原文化与农耕文化在剪纸民俗文化融合应用的宝贵孑遗。

敖汉剪纸的表现通常以冒铰为主，传承人在不描不画的情况下，运用大剪刀直接以纸造像，以剪传情，他们的剪纸从不追求过多地对物象的琐碎的细节描写，反而使得剪纸所蕴含的独特的民俗特征、地域特征和美学特征较为完整地保留下来，形成了一种以简约、粗放为特质的艺术气息和个性风格。我再说说敖汉的刻纸技法，20世纪六七十年代的刻纸，也不讲究线条流畅，表现的内容主要

是寿比南山、过年好、和睦家庭、富贵万年、"福""囍"这样的挂钱儿和窗花，不是太高超的技艺，花花绿绿地把心中的美好想法愿望刻出来贴到家门，迎迎新年的新气象，同时把最美好的祝福语表达出来，就非常高兴了。

现在个别从外地回来的也用刀子刻，但比较少，做工非常精细，重视工艺。剪是重视文化，我们抢救民间文化主要抢救的是剪的。在敖汉丰收乡一带还使用熏样，但他们不用厚的毛边纸，而是薄的毛边纸。完成一幅剪纸作品后，把

图3　田惠莲剪纸作品《牧羊图》

盖帘放在炕上，把剪的纸放在盖帘上，然后用手轻轻洒水，动作要轻，因为毛边纸比较薄，容易断裂；不能用糨糊粘，粘了以后无法揭开；如果某一处翘了或者坏了，就多洒水，让水流动起来，再吹一吹，这样就恢复了，这里充满了民间艺人的智慧；接下来是用烟熏，这样熏出来的熏样既不会焦也不会燃烧，底子是白色的，熏样是黑的，拿出来还是一个作品，而且对比鲜明。

赵文戈：现在这些办法还在沿用吗？

田惠莲：现在一般都是打印的方法，在20世纪80年代有用复写纸描上去的，也有用木板把要刻的图案刻到印板上，再用墨刷到纸上，再刻出来或者剪出来，熏是八九十岁的民间老艺人给我演示的，老艺人很少在世了，20世纪五六十年代的人主要是用复写纸描。或者是把作品放到窗户上再放一张白纸用光描下来，八九十年代的人主要是用扫描机扫完再印的方法，现在一直沿用这种方法，

如今网上随处可找，太多了，想用多大尺寸就能打出来。当然我不提倡这样搞文化，我们作为传承人应该把自己地方的非物质文化遗产传承好。

三、纹样题材

赵文戈：请您谈谈敖汉剪纸的纹样和题材。

田惠莲：民间艺人剪的纹样有表达吉祥如意的，题材包括植物、动物、衣食住行、社会生活等方面，剪纸作品多有装点、美化生活的作用。

过去人们生活比较困难，就把对美好生活的向往寄托在剪纸上。小时候看我的那个老太太经常剪小柿子，谐音表达"事事如意"，这个纹样就是我们敖汉当地的如意纹。鸡冠花是冠上加冠的意思。敖汉剪纸有万字纹，意为"万万年"，是预祝长年不断的寓意；老鞋样也有一种铜钱纹的花样，代表着富有。

老艺人的文化不是体现在书本中，而是体现在生活中。有些老艺人的作品里也有男女生殖器，意思是阴阳结合化生万物。寓意万物生生不息的"老鼠偷葡萄"图案中，葡萄和老鼠都是多子多福的意思。"葫芦开，生吾子"，葫芦多籽，是多子多福的意思。"石榴开，生吾子"的图案是头上顶着个"寿"字，手里拿个寿桃，预祝人长寿。手里拿着鱼的图样表示过上富裕的生活。类似图案还有"九个石榴一只手，抓着小孩不让走"，这个手是佛手花，佛手花抓着小孩不让走。"石榴开花红胜火，二八佳人就是我"图样里有一个石榴和一个十六岁的妙龄少女，石榴上还有一只老鼠，为什么要

图 4　田惠莲剪纸作品《九个石榴一只手，抓着小孩不让走》

图 5 田惠莲带领学生向民间艺人学习剪纸

把老鼠也剪到石榴上呢？因为老鼠和石榴都繁殖非常快，是多子多孙的意思。还有把铜钱纹放在老鼠身上的，预祝"有钱花"。

敖汉的剪纸里面还有表现马、牛、羊、猪、狗等动物图案的。有个蒙古族老头，他的名字叫白音仓，在敖汉的北面敖润苏莫苏木，喜欢剪蒙古族题材的剪纸，他用笨笨拙拙的大剪刀剪了四五百种各种姿态的马、牛、羊。每次去他家，看见他从没有几件衣服的柜子里拿出厚重层叠的剪纸时，我内心就有一种说不出来的滋味，也

图 6 田惠莲剪纸作品《石榴开花红胜火，二八佳人就是我》

很想学他，虽然清贫，却剪了这么好的剪纸，把文化传承了下来，他们这种精神才是我学习的榜样。例如，有幅作品是一只在栅栏里面的狗看着外面自由的小鸟，狗是忠于主人的，但狗的内心是渴望自由的，这里有一种鲜明的对比。我觉得这些都是好的作品。在敖汉剪纸中，有些动物嘴里是叼仙草的，民间有一种顺口溜，"嘴里叼根草，命里神人保"，还有在动物身上剪个铜钱，在剪纸的时候嘴里还念叨，"搁了钱，套三环，五谷丰登拜个家"，比如牛的肚子里面有一头小牛，表示母爱非常神圣，这头牛嘴里叼着草往天空中瞅，两只小鸟也是同时往天空中瞅，天空中到底发生了什么事，给了观者想象的空间。

老百姓还剪了一些农民题材的东西，比如"回娘家"，坐小车回娘家，表现的是两个人在一起交流谈话，马还在回头瞅，猜发生了什么事。

有一位老艺人，她的名字叫靳秀英，能剪出来二三十个品种的"王祥卧鱼"，

图7 2009年3月21日，田惠莲在考察敖汉民间剪纸

她是没事儿就剪，今天剪的和明天剪的自然就不一样。她和我常说的一句话就是"眼熟，不如手熟，手熟不如常鼓捣"，她给我最深的印象就是有一次，我看她剪纸，突然她就把剪的纸给撕掉了，我正在一愣中没缓过神来时，她说剪错了，就不能要了，我被她的严谨态度深深地感动，这种精神不正是我们这代人应该学习的吗？

敖汉还有一种名为"过家家"的剪纸游戏，现在五六十岁的人也会剪。据他们回忆，先做一个纸平面的炕，像过家家似的剪一个老婆婆抱孩子去别人家唠嗑，问你家今年一亩地打了多少粮食，再剪一个小人回答我们家一亩地打多少粮食，然后剪个老婆婆问你男人干什么去了，剪个小人回答我男人干什么去了。话里还唠叨一亩地用多少化肥和粪。

剪纸和刺绣是姐妹艺术，敖汉旗的剪纸花样还可以成为刺绣的花样，像帽子花、袖口花、剪套花、枕顶花。帽花，即帽子上的花；袖口花就是衣服袖口上绣的花。鞋面上的花样有"脚踩平安"或"一生平安"，就是脚上画个瓶子插上一朵花。以前生活困难，墙面是纸糊的，老百姓就剪一些灯花挂在灯的四角上，剪灯花经常剪云纹类图案。

四、挖掘保护

赵文戈：您是如何挖掘民间剪纸文化的？

田惠莲：我问我的学生，谁的姥姥、奶奶会剪纸，把她们的剪纸拿到学校来，咱们一起学。一个孩子说他的姥姥剪纸剪得可好了，但妈妈怕耽误他学习，把姥姥的剪纸都烧了。我说老师给你纸，你再让你姥姥剪。这个孩子说姥姥去年已经去世了。这个事情给我的感触特别深，人去世了文化传承就没了，作为一名国家培养的美术教师，我应该去做点事情。我利用星期六、星期日到农村去，拿上纸让民间老艺人剪，隔两三个星期再收回来。民间老艺人给我讲剪纸的故事，我都记在大脑里面，通过这种方式抢救民间文化。但有时候我做得不好，比如民间老艺人跟我说，你过来取剪纸吧，我可能这个星期比较忙就没去，过了几个

图 8　田惠莲向民间艺人学习剪纸

图 9　2017 年 8 月 31 日，田惠莲（右一）与段建珺（左一）拜访剪纸大师康枝儿（右二）

图 10　敖汉老一代传承人代表邢素珍向田惠莲传授敖汉本地域最古老的剪纸《葫芦娃娃》

图 11　田惠莲在贴窗花

星期去的时候，这个老太太已经不在了。她的亲戚觉得人已经去世了，要留个纪念，就把这些剪纸拿走了，再跟他要他就不给了。但那些剪纸的价值在他们的手里未必能发挥出来。这件事情给我感触很深，这是我在民间搞剪纸最大的一个失误，后来民间老艺人不管什么时候喊我，我请假也要去。很多时候有一些老艺人跟口述的一些东西，我没有及时地记录下来，后来我买了录音笔，才知道应该怎么抢救。这些老艺人跟我讲故事的时候，我真佩服他们，我才知道原来有这么多人都比我强，他们是我真正的老师，是我真正学习的对象，他们给我带来了很多学习材料。我从民间艺人的身上，学习到很多做人做事的方法。

2004年，敖汉旗教育局让我给全旗的中小学美术教师讲一周剪纸课，讲我收藏、挖掘民间剪纸的过程，让全旗的中小学美术老师为剪纸做一些事情。我们有很多老师都在剪纸，2008年我们成立了敖汉旗剪纸协会，去年我们又把十二三位老师推荐到赤峰市剪纸协会。

图12　2008年，敖汉旗剪纸协会成立，田惠莲（前排左一）当选会长

五、传承发展

赵文戈：学校传承是非遗传承的重要方式之一，敖汉剪纸在学校的传承情况如何？

田惠莲：现在国家对文化非常重视，搞各种各样的社团，我们学校也有自己的社团，学校也给了我们一个活动室，我们经常就在这里面搞一些剪纸活动。

我在课上告诉学生，从民间老艺人那里学完以后，把民间文化传承到学校，这样才能真正和民间老艺人直接沟通。有时候我也带着学生到民间老艺人家去，跟民间老艺人交流，回来以后让学生谈从民间老艺人那儿学会了什么，有的学生就说民间老艺人的作品都是有故事情节的。

学生剪纸有学生的味道，新手学生剪之前还会画一下，有些学生就直接剪，有时候我把他们的作品装裱起来；孩子们根据自己的生活构思剪纸内容，比如蝴蝶、房子、人物、龙凤、下课跳皮筋等。一名学生剪了两个人饮酒作乐和一个火把，我问他是什么寓意，他说他心灰意冷。这名学生是留守儿童，父母都在外地打工，他觉得有些同学在歧视他。我倒是没觉得他心冷，从另外一个角度我觉得他的精神是富足的，他的剪纸是值得学生们学习的。

在听了内蒙古剪纸协会会长段老师及中国民间文艺家协会主席潘鲁生的讲课后，我在学校搞起了冒铰，不让学生画，发现这些学生剪得也挺好，现在这些学生基本不画了。学生用的剪子都是普通的剪子，就是小塑料剪子，还不如民间老艺人。我不要求学生剪大的，因为他们驾驭不了，也没必要剪大的，只要在方寸之间把内容表现出来就可以了。

通过剪纸可以知道这些孩子都是什么性格，剪纸对孩子是一种锻炼，让浮躁的心一点点静下来，有些学生刚开始剪，就剪得粗枝大叶，一点都不细，一点都不圆润，一点也不饱满，剪多了就有所改变。

我一般让学生重复剪一个题材的，直到这个题材在他心里扎根，这时他自己就会剪另外一个题材，我们只要让他不停地去剪就可以。学生剪了四五十幅后，就可以自己排个节目，第一幅作品怎么回事，第二幅作品怎么回事，第三幅作品

图13　20多年前，新惠第三小学的学生在田惠莲的带领下学习敖汉地区的剪纸艺术

图14　2016年，田惠莲在内蒙古全区非遗剪纸传承班上介绍敖汉民间剪纸

图 15　老中少三代传承人共同切磋敖汉剪纸艺术

图 16　田惠莲与内蒙古剪纸协会会长同台，为日本、韩国、俄罗斯、蒙古国等多国青少年讲授剪纸

田惠莲：一剪之趣夺天工

怎么回事，都讲得头头是道，能把自己脑子里想的表达出来，直扣主题。

赵文戈：田老师，2008年敖汉旗剪纸协会成立以后，涌现出以您和阮淑芳为代表的一大批剪纸代表性传承人和优秀剪纸作品，产生了广泛的社会影响。多年来，敖汉旗剪纸协会发现了白音仓、薄彩枝等一大批老一辈民间传承人，并且把剪纸引进课堂教学，使剪纸在学校里得到新的传承和发展。在这方面，您作为敖汉旗剪纸协会会长做出了突出贡献。感谢田老师接受我们的采访，祝敖汉剪纸艺术发展越来越好。

赵守杰

神剪尽现古今情

采访时间：2019年4月5日
初稿时间：2022年5月16日
定稿时间：2022年6月11日
采访地点：赤峰市图书馆"赤峰记忆"拍摄现场
版　　本：文字版

赵守杰速写

　　赵守杰　1967年出生于赤峰市松山区。8岁时受母亲的影响喜欢上了刻纸艺术，从此在母亲的指导下开始了长达十几年的学习，掌握了刻纸的技艺。

　　青少年时，每逢农历腊月，乡亲们到集市上买年货的时候总会看到他把自己的作品——挂钱儿（方言，贴在门楣、房檐上的一种传统剪纸）、窗花作为年货拿到集市上卖，由于刻制精细得到乡亲们的认可，这是对他最好的奖励——鼓舞了他勤奋、刻苦学习刻纸技艺。

　　赵守杰是一位学养全面的教师，在素描、速写、油画、国画、书法、篆刻等方面均有涉猎。这些素养，使得他的刻纸作品吸收了大量的艺术元素：如西方绘画的透视、明暗、结构；工笔国画的线条；装饰画的简练、夸张、色彩对比强烈；书法、篆刻的气韵，朱白关系的运用使他的作品有很好的效果。赵守杰的刻纸作品，纤细优美，刀法精妙，线条整齐流畅，在方寸之地表现大千世界。正是这些成果使赵守杰成长为元宝山细纹刻纸代表性传承人。

1987年毕业后，他走上三尺讲台，开始了30多年的坚守和传承之路……利用课上、课间、节假日、午休等时间将自己所学无偿传授给孩子们。建立校园传承基地，设置专业的刻纸训练教室和作品展示室，分低、中、高年级段对学生进行刻纸训练，让刻纸技艺走进全校课堂。为了更好地传承刻纸，他还在五家镇村民文化室、平庄西城如意社区、平庄东城银河社区定期进行传习活动，让更多的人认识、体验并投身到学习、传承队伍中来，现已培养了500多人，基本掌握了刻纸的技法。

这些年来，赵守杰和学生们共同完成了700多幅作品，作品内容涵盖了多个题材：中国革命历史、中国古典名著、京剧脸谱、团花、吉祥图案、民俗、风景、花鸟、生肖、仕女图等。

元宝山细纹刻纸被列为内蒙古自治区级非遗保护项目后，备受社会关注。元宝山区行政大厅、喀喇沁旗乃林镇文化馆、元宝山区五家镇文化馆、赤峰市非物质文化遗产保护中心永久陈列和展示了刻纸作品。

在赵守杰的带动下，元宝山区教育局将刻纸列为特色教学课程。2018年，社区网络春晚上，赵守杰和10名小学生的现场细纹刻纸展演被中国社区网选用播出，从而助推了2018年元宝山区国家级特色艺术教育示范县的申报。元宝山细纹刻纸成为元宝山区中、小学生校外综合实践研学课程。

2017年6月《赤峰日报》、2018年6月中国网海外版对赵守杰的传承活动进行报道。2018年11月，赵守杰和学生们参加自治区第六届中小学生艺术节并获得艺术工作坊展演一等奖。2018年12月，元宝山区人民政府、赤峰市委宣传部在赤峰美术馆举办"元宝山区纪念改革开放四十周年——内蒙古非遗项目细纹刻纸作品展"。2019年4月，赵守杰和学生们参加全国第六届中小学生艺术节并获得艺术工作坊展演二等奖。

元宝山细纹刻纸历经几百年的传承，形成了自己的风格，具有较高艺术境界。令人欣慰的是，赵守杰四十多年的学习和坚守，让元宝山细纹刻纸传承人队伍不断壮大。

赵文戈：各位朋友，大家好！今天是 2019 年 4 月 5 日，这里是"赤峰记忆"的拍摄现场。我们今天请来的嘉宾是元宝山细纹刻纸传承人赵守杰先生。您好，赵老师！

赵守杰：您好！

一、艺术经历

赵文戈：请谈一谈您学习刻纸的经历。

赵守杰：最早接触刻纸那是 40 多年前的事，我学习刻纸属于家族传承。我 8 岁的时候开始跟着我的母亲学习刻纸技艺，当时还是孩子，也并没有把这个作为一个专业来做，只是个人的爱好。那个时候家里比较穷，过年时候每家用的挂钱儿、窗花都需要自己来刻制，所以就跟着母亲学习，一直学习了七八年的时间。这个过程当中，自己的技艺逐渐有所提高，得到了父老乡亲们的认可，到过年时候，我都会把自己的作品赠送出去，还可以把这个作品拿到生产队里挂，给

图 1 赵守杰（左）接受"赤峰记忆"采访

赵守杰：神剪尽现古今情

记一些工分，这在当时也算是对自己最大的一个鼓励了。

后来到了师范学校之后，进行专业学习的同时，刻纸技艺也没有扔掉，而是将其作为自己的爱好，但不是说把刻纸作为吃饭的营生。1987年毕业之后，我被分到了平庄矿务局五家矿中学任美术教师，这么多年一直在从事这项工作。

二、艺术特色

赵文戈：请您谈谈细纹刻纸的艺术特色。

赵守杰：元宝山细纹刻纸从它的艺术表现特色上来看，主要有这样四个方面：第一个方面就是线条结构精细流畅；第二个方面阳刻、阴刻、剪相结合；第三个特点就是表现的题材和内容丰富多彩；第四个特点就是大幅作品多，因为它是放在案子上进行刻纸，所以能刻出大幅的作品，甚至能同时刻出很多作品。

赵文戈：您能不能再谈一谈细纹刻纸的整个工艺流程，就是怎么完成一件细纹刻纸作品。

赵守杰：细纹刻纸的工艺流程主要分这几部分：第一部分首先要有设计稿，过去就用普通的薄的白纸把这个稿画好，标记出哪些地方需要有留空的，哪些地方是要留下的。这个设计稿经过反复修改之后，再把它放在彩纸、宣纸或者是绒纸上，按照这个稿进行严格的刻制，这是第一个流程。第二部分，刻制完了之后，要对刻制的初稿进行适当的修改。第三部分就是作品完成了之后，要对作品进行装裱。

装裱工艺有传统的工艺，也有现代的工艺，想快一点装裱出来，就用现代工艺，如果是想永久收藏这幅作品，就必须用传统的工艺。细纹刻纸在用纸上，20世纪五六十年代咱们基本上都用的是彩纸，还有这种蜡光纸，极少人能使到绒纸，因为绒纸很贵。现在很多人都用多彩宣纸，或者是彩色宣纸来完成这个作品，作品有单色的和套色的，还有衬色的。

元宝山细纹刻纸经过一代代民间艺人的传承，也表现出了这些艺人的智慧，它的表现题材由原来的吉祥图案，家庭过年的年货、窗花、挂钱儿，发展到现在成了一套完完整整的表现题材。表现题材可以说是丰富多彩了，比如说人物系列包括仕女图，这是传统的人物系列，还有现在的人物，比如说伟人像；还有历史题材的故事，比如说我们去年承办的这个展览当中，就有一个《艰苦的岁月》，表现的就是中国共产党领导中国人民进行艰苦卓绝的斗争，最后才能建立起人民当家作主的新中国，这样一个重大的历史当中，我们就选择了遵义会议、红军长征、会宁会师、三大战役、和平解放北平、开国大典等这样一些重大的历史事件，作为表现的题材。

另外传统的题材还有花鸟、人物、风景，现在细纹刻纸已经发展成可以刻制风景作品，风景作品刻制也便于教育孩子去亲近自然，去热爱自然，去保护自然，因为人类生活离不开自然美、社会美，还有咱们的生活美。只有人和自然的和谐，咱们才能生活得更好。

图2　赵守杰细纹刻纸作品《龙》

所以通过开发这样一些题材，使得作品内容更加丰富了。当然咱们传统文化当中的名著，比如说像《红楼梦》《西游记》《三国演义》《水浒传》等，也是我们现在挖掘和创作的题材。《水浒传》《三国演义》《西游记》这三大题材已经完成了，现在正在着手创作，或者是跟别人合作来完成《红楼梦》这个系列的作品。

三、作品展示

赵文戈：您提到您创作了不少大型作品，您今天带来您细纹刻纸的得意作品了吗？

赵守杰：今天我带了 15 幅作品，在这儿展示给赵老师还有咱们赤峰市的父老乡亲们，希望得到大家的指点。

赵文戈：好。您谈一谈您创作这幅巨作的过程和基本思路。

赵守杰：这个要说是我们独立创作谈不上，算是再加工，这幅作品在创作当中，借鉴了中国国画、篆刻还有书法，也就是说集国画、书法、篆刻于一体，用连环画的形式展现出来。整幅作品通过 162 个故事情节，把整个《西游记》当中的内容表现出来，比如说第一幅作品《石猴出世》，就是孙悟空出世。

在这个作品中，有些部分属于阳刻的部分，有些部分就属于阴刻的部分，所以说整个作品从刻制表现技法上来讲，是阴刻阳刻相结合。

赵文戈：这个作品全长有多少米？

赵守杰：这个作品全长 30 米，分上卷和下卷两部分，这一卷是 15 米。

赵守杰：这个情节是收服白龙马，这是《西游记》当中的一个故事，三藏在取经路上收了白龙马做自己的坐骑，让白龙马跟随着自己到西天去取经。但是这幅作品遗憾之处是，由于当时刻制的时候没有想那么多，这个作品的标签没有刻出来，而是用纸做了这个标签，写了一下，这个是最大的遗憾。

这里面我通过这两件篆刻作品来揭示《西游记》的一个主题，万事皆空善不空，上善若水，这是我个人对《西游记》的理解。

赵文戈：赵老师，您介绍一下《盛世牡丹》这件作品的特点。

赵守杰：这幅作品是《盛世牡丹》，是用传统国画中的题材，就是用牡丹花作为题材来创作的。2019年是中华人民共和国成立70周年，这幅作品是为祝愿祖国繁荣富强而创作的。

赵文戈：您再把这个的刻制技法给大家讲一讲。

赵守杰：这幅作品的刻制技法就是完全用阳刻来刻制的，类似于画国画留下的是线，把面的地方全部都刻掉了。

赵文戈：您再把《群芳图》的刻制技法给大家讲一讲。

赵守杰：这张作品是《群芳图》，取材于《红楼梦》大观园里面的故事，其实这一张作品是取材于20多年前的一幅国画，这里面主要是表现了28个人物，刻制技法是完全的阴阳结合，到了边缘的地方不镂空，不剔边，这是刻制的手法。它是属于传统的仕女图题材，也是把书法、篆刻和人物相结合，这也是我搞细纹刻纸创作的一个大胆尝试。

四、传承培养

赵文戈：对于细纹刻纸的传承发展，您做了哪些工作？

赵守杰：我在平庄矿务局五家矿中学任美术教师期间，除了完成国家统编教材的课程教学以外，又开发了自己的校外课程，就是说适当地把刻纸技艺加在课堂上，让孩子们来学。由于孩子每一节课就可以完成一小幅作品，所以孩子们就有很多的成就感，这就提高了孩子们学习美术的积极性。

后期五家矿的中学撤并了，我就调到五家镇的中心校区，仍旧从事美术教学工作。这些年来，我教过的孩子有1000多人。经过严格训练，也就是学习3年到5年以上的，基本上掌握了元宝山细纹刻纸技艺的，到现在为止大约有500人。这30多年当中总共完成了1000多幅作品的刻制，当然这里面有好多都是老师和学生来共同完成的。由于是老师和学生共同完成，就等于老师对学生认可，对学生也算是一种无形的奖励，激励了孩子学习刻纸技艺的热情。

赵文戈：您这个学校有自己的乡土教材，已经把细纹刻纸纳入咱们的课程当中。

赵守杰：对，在学校领导和教育局的大力支持之下，我们开发了自己的校本课程，分为两个年级段，一个是低年级阶段1—3年级，一个是高年级阶段4—6年级。每一个年级阶段，每学期都有16节细纹刻纸课。我们还有一个农村少年宫，每周二、周四都要进行两节课的专业训练。另外因为我们学校是属于寄宿制的，中午孩子们是在学校的，这样老师牺牲点业余时间，孩子又感兴趣，我们还在每天中午训练一个小时到一个半小时，所以这些孩子学习刻纸技艺提高的速度很快。

五、文化转型

赵文戈：您作为元宝山区的细纹刻纸传承人，有没有考虑过把细纹刻纸进行产业化的发展，让细纹刻纸走进千家万户？

赵守杰：这个问题我也想过，从细纹刻纸现状来看，虽然赤峰刻纸技艺有悠久的历史，最早可以追溯到元代，一直到中华人民共和国成立后，都有刻纸技艺的传承，到了现在终于迎来了发展的春天，但是随着改革开放的发展，人们的价值取向产生了变化，由于刻纸养活不了自己，很多老的艺人都纷纷地转行，甚至有好多艺人没有把自己的技艺传承给自己的徒弟。所以元宝山细纹刻纸这门技艺，现在快到了失传的地步。

我个人也想过如何能让这个东西传下去。我实事求是地讲，如果要是让我用刻纸养活自己，我可能也养活不了，所以我作为一名教师，几十年对它的热衷在于去教学，我也想让孩子们学会它，把它变成自己的一种艺术修养，把先民们的这种智慧、这种艺术结晶学到手。我也未必希望我这些孩子以后都是从事这个教学工作或者是从事刻纸事业，但是可以作为一个爱好，把民族文化的东西传下去。

赵文戈：如何承传它呢？

图3 2018年，元宝山区庆祝改革开放四十周年——内蒙古非遗项目细纹刻纸作品展

图4 观众在观看内蒙古非遗项目细纹刻纸作品展

赵守杰：作为一个非物质文化遗产，得到了国家政府的重视，特别是市政府文化局非遗中心、教育局、元宝山区委宣传部、元宝山区区政府，对细纹刻纸的传承做了很大的贡献，也支持我们把它带进了课堂，让传统文化进入了课堂。

但这就涉及一个问题，不管我们刻制出了多少作品，它走不到千家万户，人们看不到这个作品，那怎么能产生影响，怎么能让现在学会的这些孩子继续学下去，不要忘记这个手艺，从而继续传下去呢？那就考虑到把它产业化，我想可能要根据咱们本地区的特点，跟旅游产品结合起来，集合赤峰市这些民间剪纸艺人们坐到一起搞创作。

比如说赤峰地区，原有的一些有历史渊源的东西，咱们都把它刻制成一套作品，像克什克腾旗、宁城、喀喇沁旗，它都有很多特色的文化遗迹遗址，比如说王府家庙。那么关于王府家庙这个题材，咱们能不能创作出一套剪刻纸作品来。再经过考古研究把一些文化的东西，还有人物的东西，用剪刻纸的形式把它表现出来，让人们看到这个东西能回忆这一段历史；或者是外地人到咱们这儿旅游观光的时候，能看到有关的旅游品或者是旅游纪念品，有可能对细纹刻纸的传承和发展起到推动作用。如果要是这么做的话，我觉得细纹刻纸产业化也是极有可能的。

赵文戈：感谢赵老师今天详细地把元宝山细纹刻纸的艺术特点及创作手法向广大的朋友们介绍，感谢您。

赵守杰：谢谢。

萨仁

纸间经纬韵悠长

采访时间：2019 年 4 月 5 日
初稿时间：2019 年 7 月 4 日
定稿时间：2019 年 8 月 4 日
采访地点：赤峰市图书馆"赤峰记忆"拍摄现场
版　　本：文字版

萨仁速写

　　萨仁　蒙古族，无党派人士，副教授。1967 年 5 月出生于通辽市扎鲁特旗，1986 年至 1990 年就读于内蒙古师范大学美术学院，1990 年至 1995 年任教于赤峰三中，1996 年至今任教于赤峰学院。2006 年，参加中央美院主办的首届非物质文化保护与传承培训班。中国民间文艺家协会会员，中华文化促进会剪纸艺术专业委员会会员，中国剪纸艺术家学会会员，内蒙古民间文艺家协会会员，内蒙古剪纸学会副会长，赤峰民间文艺家协会和赤峰工艺美术家协会副主席，赤峰市剪纸协会和赤峰市剪纸研究会副会长兼秘书长，赤峰市红山区民间文艺家协会主席，荣获"内蒙古民间工艺美术大师"称号，内蒙古红山蒙古族纸艺代表性传承人。

　　主要获奖作品：2007 年 12 月，剪纸《蒙古婚礼》在第二届内蒙古自治区民间文化"阿尔丁"奖评选中获优秀成果奖（内蒙古文联、内蒙古民间文化家协会）；2008年9月，剪纸《十二生肖》获第四届（中国·宁夏）国际剪纸艺术展铜奖（中国人民对外友好协会，宁夏文化厅、财政厅、教育厅等）；2009年9月29日，剪纸《故乡情》在第五届（中国·金坛）国际剪纸艺术展中获优秀奖（中国人民对外友好协会、中国非物质文化遗产保护中心、中国乡土艺术协会、江苏省文化厅）；2012年8月，剪纸《蒙古族烟荷包》系列在"教场坪能源杯"中国"四花"剪纸大赛获银奖（山西省右玉县政府、中华文化促进会剪纸艺术委员会）；2013年7月8日，剪纸《美丽的内蒙古》系列在第四届中国剪纸艺术节暨"王老赏"评奖活动中荣获银奖（中国文联、中国民协等）；2014年6月，剪纸《一堂禁毒课》在2014年"全区优秀禁毒题材书画摄影等艺术作品征集评选活动"中荣获其他类优秀奖（内蒙古教育厅、文化厅、妇联、文联等）；2014年11月18日，剪纸《吉祥草原》荣获"中国梦·草原情"剪纸艺术作品展一等奖（内蒙古文联、内蒙古美术馆、内蒙古民协）；2015年10月10日，剪纸《吉祥草原》在第二届内蒙古自治区工艺美术品"飞马奖"评选中获铜奖（内蒙古自治区经济和信息化委员会、内蒙古工艺美术协会）；2018年9月26日，剪纸《丝绸草原》在中华剪纸巡回展香港站展览中获一等奖（中华文化促进会剪纸艺术委员会、香港中华传统艺术会）；2019年3月7日，剪纸《扎鲁特》系列在中华剪纸巡回展（泰国站）展览中获一等奖（中华文化促进会剪纸艺术委员会）。

赵文戈：各位朋友，大家好！今天是2019年4月5日，这里是"赤峰记忆"的拍摄现场。今天我们请到的嘉宾是红山蒙古族纸艺传承人萨仁老师，下面请萨仁老师介绍一下蒙古族纸艺的特点及她学习蒙古族纸艺的过程。萨老师，您好。

萨仁：您好。

一、探索创新

赵文戈：萨老师，请您先介绍一下您个人的情况，以及是如何学习蒙古族纸

图1 萨仁（左）接受"赤峰记忆"采访

艺的。

萨仁：好的，赵老师。各位观众好，我叫萨仁，出生在扎鲁特旗鲁北镇。我从小就喜欢美术，小时候师从扎鲁特版画家照日格图，1986年考上内蒙古师范大学，师从蒙古族著名学者、著名剪纸艺术家、内蒙古师范大学教授阿木尔巴图学习剪纸，从此开始了剪纸生涯。

蒙古族纸艺不像咱们普通说的那种剪纸，它主要是剪皮、剪布、绣花，最主要的是绣花底样。因为我母亲剪花、绣花的技艺特别好，在当地也有名，所以我从小也受到了母亲的熏陶。我从小就特别喜欢剪纸，上了大学以后开始跟随阿木尔巴图老师学习，阿木尔巴图老师是内蒙古剪纸协会的原会长，已经退休了，现在年龄80多岁了。

赵文戈：萨仁老师，您再介绍一下蒙古族纸艺，它的基本特点是什么？它的艺术形式是什么？它跟一般的剪纸又有什么不同？

萨仁：蒙古族纸艺和其他的剪纸相比，最大的特点是蒙古族纸艺主要是反映蒙古族的生活、风情、民俗文化、宗教信仰等，这是蒙古族纸艺在题材上跟其他剪纸的区别。我一开始也是学习的传统剪纸，在学习传统剪纸的过程中，因为当

图 2　母亲（前排右二）和萨仁（前排左二）五姐妹合影

图 3　萨仁和阿木尔巴图老师（左）

时认识得比较浅，我特别喜欢那种细腻的风格。比如1990年我特意去山东威海和河北秦皇岛学习，跟随老师参加全国的剪纸会议，在开会的时候就有一些专家和民间艺人现场表演，当时特别喜欢这种细腻的风格。回来以后我开始自己剪，也学习这样的风格，那时候剪的主要是表现蒙古族生活、蒙古族文化这方面的内容。后来我觉得，这样的剪纸跟全国其他地方像山西、陕西、山东或者是南方的剪纸区分不开，我认为剪纸应该具有自己的地方特色，需要把地域性的特点表现得更好一些，后来我就开始发展蒙古族剪纸技艺。

蒙古族纸艺粗犷、奔放、大气、热情，之前这种细腻的表现手法不适合蒙古族纸艺，我就开始不断地探索。后来开始用撕纸的形式展现，先做了一段撕纸，之后我发现在吉林通化就有一批老师用撕纸的方法创作，做得特别好，在全国也很有名。我觉得我这个东西跟人家的区别不大，还是有点区分不开。然后我就想

图4　2007年12月，萨仁剪纸作品《蒙古婚礼》在第二届内蒙古自治区民间文化"阿尔丁"奖评选中获优秀成果奖

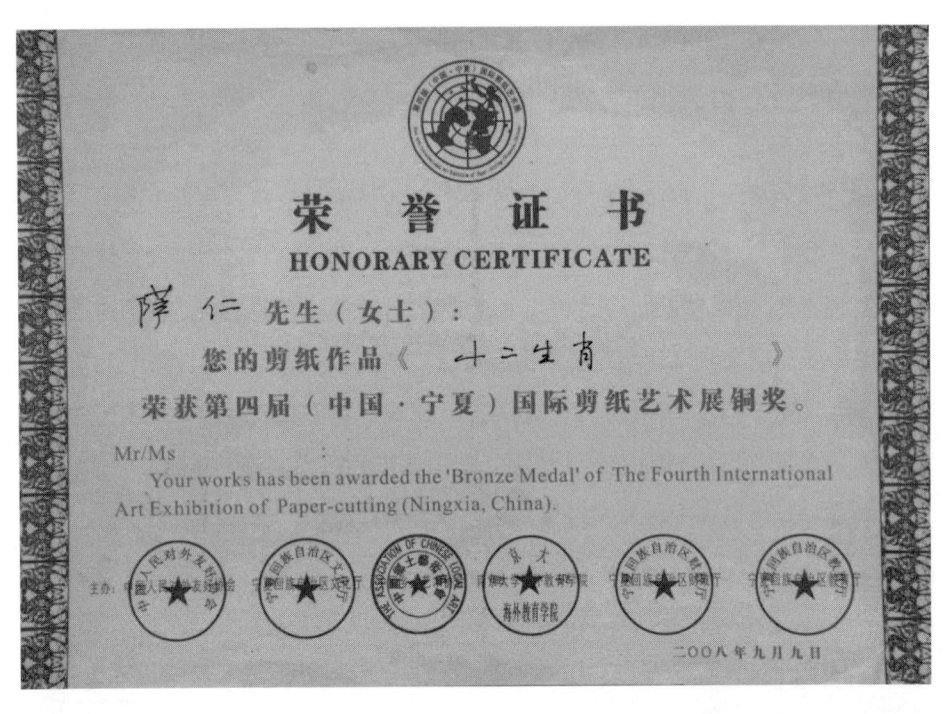

图5 2008年9月，萨仁剪纸作品《十二生肖》获第四届（中国·宁夏）国际剪纸艺术展铜奖

在皮子上做一些染色或者是拼色，皮子是咱们内蒙古的特色材质，我就想在这上面尝试一下，但是皮子剪起来非常困难、不容易，做了一段时间后觉得它虽然是有了地域性，但是它在方便性、快捷性、便于携带性等方面又带来了很多新的困扰。然后我又开始进行拼贴，我觉得蒙古族的颜色特别鲜艳，在草原上五颜六色很鲜艳，蒙古族人崇拜的颜色也是红、绿、黄、蓝，五彩缤纷的，很漂亮。我觉得这些应该在剪纸上体现出来，就开始拼颜色。最早时候就是做出来一个撕纸拼贴，我做完这个撕纸拼贴以后，2014年带它参加了一个内蒙古自治区的剪纸大赛，获得了一等奖。当时中央美院的乔晓光老师也来了，他现场就说这个作品非常好，对我表示了肯定。他说以后你就朝着这个路往下继续走，因为你这个撕纸很粗犷，既体现了蒙古族这种豪放的性格，颜色又是这种民间色，非常好。后来我就一直做这个撕纸拼贴。

图 6 2014 年 6 月，萨仁的作品在"全区优秀禁毒题材书画摄影等艺术作品征集评选活动"中获其他类优秀奖

　　但是从 2014 年一直到现在，觉得自己还不是那么特别满意，因为一件事情做了三四年以后，还是原来的样子，不能总是不发展。然后我就觉得应该再进一步地继续发展，又做了一些尝试。今年有了一点突破，就是撕起来更随意了，可能拼起来也更随意、更大胆、更放手了，跟原来的作品相比又有了一点儿变化。去年我的作品在中华剪纸巡回展香港站获得了一等奖，今年 3 月又在泰国获得了一等奖，得到了中华剪纸学会会长的认可。他最近又约我做一张关于廉政剪纸方面的作品，今天我刚给他发过去，发过去以后他说觉得这张可以。原来我做过一次，做了一张荷花的，他说这个做的人太多，让我再做就做个别的，然后我又做了一张"廌"这个神兽的，它是象征着正义，代表着正能量的一个神兽。做出来以后，他觉得构思、画面效果都挺好，挺新颖。

　　赵文戈：萨仁老师，您研习蒙古族纸艺已经很多年了，也取得了不菲的成绩，您如何让这种蒙古族纸艺传承下去？有没有一些办法和措施？

　　萨仁：我也是赤峰学院的老师，在传承方面，我们学校就有这个课，每年我都要上几周的这种剪纸课，我也特别希望把蒙古族剪纸技艺传承下去，能够代代

图7 2019年3月7日，萨仁剪纸作品《扎鲁特》系列在中华剪纸巡回展（泰国站）展览中获一等奖

图8 2019年3月7日，萨仁参加颁奖仪式

相传。其他方面也在做，这几个月都会去社区，已经走访了六个社区，有赤峰市非遗中心组织的，有红山区文化馆组织的，还有就是一些社区自己组织然后来邀请我的。皇家帝苑社区跟我说了，说萨老师可能清明前没时间了，清明节过后你要来我们社区讲课，我说没问题，就是这样的，社区、幼儿园、小学都去过。每年还会参加一些"国培计划"，就是培训幼儿园教师，前年去东四盟的各个旗县，赤峰市的所有旗县都会去参加"国培计划"，在国培的课堂上，因为也是给幼儿园教师培训，正好有个手工课程，我就给他们讲剪纸。

二、作品展示

赵文戈：蒙古族纸艺是在传统剪纸的基础上发展起来的一种，应该说既有传统精神，又有现代的表现手法，是一种新的剪纸艺术。祝愿您在这个方面做出更大的成绩，今天带没带您得意的作品？

萨仁：带了几张，赵老师。

赵文戈：那咱们给观众展示一下。

萨仁：好。

赵文戈：萨老师，请您介绍一下这件作品的创作过程及它的创作思路。

萨仁：这件作品是去参加中华剪纸巡回展香港站展览时做的，创作的时候想的是内蒙古的文化，整张纸艺都是展现的内蒙古的风情，描述的是去集市赶集的场景，因为蒙古人每隔一段时间可能就需要去集市买东西。这是一家人，这是一对夫妻，上边还坐着一个小孩儿，它们是骆

图9 萨仁撕纸拼贴作品《赛马》

图 10　萨仁撕纸拼贴作品《国家的孩子》

驼，正行走在沙漠上，就像赤峰地区乌丹那种沙漠，他拉着骆驼，骆驼拉好多东西，行程也走得特别远，因为他去集市赶集。也是一种什么呢？就是草原丝绸之路，这个也参加过草原丝绸之路，你看这上边也是说到草原丝绸之路。

赵文戈：这表现的是一个蒙古族赶集的场面，这色彩很艳丽，很鲜艳。

萨仁：对，因为当时觉得我是学画画的，搞美术的，要跟民间的纸艺有区别，所以在色彩上也做了一些大胆的尝试，都是一些补色，强调补色关系。

赵文戈：所以说色彩会感觉非常丰富。

萨仁：这张是2019年新做的，在手法上我觉得应该比那一张要更好一些，那张在颜色上感觉有点花，这张在颜色上更整齐一些。我想让纸艺表现在具象与抽象之间，我画的是赛马，你仔细看的时候它就是赛马。

赵文戈：这还是看出来了。

萨仁：细看的时候还是能看出来，但是远看呢？当我在拼颜色的时候我就想到，它就是点、线、面、黑、白、灰，它哪儿需要红我就放哪儿，你看这也是两对补色，一黑一白，然后一红一绿，绿为主，红为辅，然后黑为主，白为辅，这样，黑、白、灰、点、线、面。

赵文戈：这些绘画的元素都用上了，这个色彩也非常大胆。

萨仁：对，但是它还有一个剪纸的特色，就是镂空，然后相关联，这个在泰国展览上获得了一等奖。

这张小的是什么呢？我一个同学在微信群里边发了一首《我在扎鲁特等你》这样一首蒙古歌曲，就是扎鲁特歌曲，歌颂扎鲁特的，我的家乡在扎鲁特，这首

《我在扎鲁特等你》把扎鲁特描绘得特别美，在山杏花儿开的时候，我觉得我画的就是山杏花儿；然后敖包相会的时候，就是十五月亮，这是十五月亮，这是敖包，这是在相会的时候。《我在扎鲁特等你》做了两幅小幅的，这个也是刚才那个系列，一个系列做了两张。这个也是扎鲁特，那首歌里边还说，奶香飘来的时候，敖包的炊烟升起，我觉得这个时候在扎鲁特等你很美，所以我画了一对老年夫妻，从颜色上看，刚才那张特别的艳丽，那个是青年，这个是老年。

赵文戈：这张色彩比较深沉。

萨仁：对，这个就是蒙古族祭敖包，这张就是我最早的时候想尝试、改革的，这张是彩绘，就是在剪纸上套色完成以后又彩绘，这张在内蒙古自治区获得了一等奖。

赵文戈：获了一等奖的作品。

萨仁：从这张以后，乔老师问我为什么非得要画呢？剪纸么，把它贴上不就完了吗？从那以后，我就开始贴，贴出来的纸艺我觉得不好看，我干脆就撕。你看这原来是剪出来的，这还是剪的，到后来我就开始撕。

三、制作过程

赵文戈：萨仁老师您介绍一下蒙古族纸艺的制作过程。

萨仁：首先起稿，大概地起一下轮廓，然后就开始像剪纸一样，但是剪纸是用剪子剪，我是用手撕的，把这个镂空都撕下来，撕完以后这是第一版，就是主版。撕完之后再开始拼色，第二次再把它拼上颜色，这些颜色是一层一层地贴上去的，在贴的时候，里边都是直接把胶膜粘到纸艺下面，像裱中国画似的。

赵文戈：这纸都带胶膜的吗？

萨仁：对，带胶膜，粘胶膜或者是在纸艺下面喷上这种胶。

赵文戈：感谢萨仁老师今天带来的这几件精美的蒙古族纸艺作品，同时我们也通过您的讲述知道了什么是蒙古族纸艺及蒙古族纸艺的制作方法和艺术特点，再次感谢萨仁老师。

萨仁：谢谢赵老师。

杨万年

玲珑剔透纸艺奇

采访时间：2019 年 4 月 5 日
初稿时间：2020 年 6 月 16 日
定稿时间：2020 年 6 月 18 日
采访地点：赤峰市图书馆"赤峰记忆"拍摄现场
版　　本：文字版

杨万年速写

  杨万年　赤峰市剪纸协会主席。赤峰著名剪纸艺术大师邢逊的大弟子，赤峰市宫廷剪纸的代表人物。2014 年 7 月，被评为自治区级非物质文化遗产代表性传承人。

  剪纸是我国最古老的民间艺术之一，在视觉上给人以古代建筑透雕艺术的感觉和强烈的感染力。2006 年，剪纸艺术列入第一批国家级非物质文化遗产名录。2011 年，赤峰红山剪纸列入第二批内蒙古非物质文化遗产名录，红山剪纸有百年的历史，五代传承，它的艺术内涵就在于包容多元文化，不断创新。杨万年从 9 岁跟邢逊老先生学习剪纸，多年来勤学苦练，成绩斐然。

赵文戈：各位朋友，大家好！今天是 2019 年 4 月 5 日，这里是"赤峰记忆"的拍摄现场。今天我们请来的嘉宾是红山剪纸传人杨万年老师。杨老师您好。

杨万年：您好。

一、学习经历

赵文戈：今天请您来主要是介绍一下红山剪纸的历史渊源、发展，以及它的特色，同时再把您学习剪纸艺术的历程给大家介绍一下。

杨万年：今天我来到"赤峰记忆"接受采访，能够在这里分享我的故事和经历，我感到无比荣幸。

我的艺术之旅始于一个偶然的机会。能与邢逊先生结缘，还得从头说起。当年我只有 9 岁，和邢逊先生的孙子是学校里的同桌好友。

我们一起去文化馆玩耍，那里正在展出邢逊先生的剪纸作品。当我第一次看到那些精美绝伦的剪纸时，我被深深吸引，仿佛被一种神奇的力量牵引。我对这

图1 杨万年（左）接受"赤峰记忆"采访

杨万年：玲珑剔透纸艺奇　　**129**

些作品爱不释手，从那一刻起，我就深深地感受到了剪纸艺术的独特魅力。

被这门艺术深深打动后，我决定学习剪纸艺术。于是，我有幸拜邢逊先生为师，开始了我七年的剪纸学习之路。每当我有空闲时间，我就会去文化馆，跟随邢逊先生学习剪纸的构图技巧，以及如何欣赏和理解剪纸艺术的深层美。

邢逊先生不仅在赤峰市家喻户晓，更是在整个内蒙古自治区享有盛誉。他的剪纸作品深受人们的喜爱。

在老师的指导下，我逐渐掌握了剪纸的技巧，并开始尝试创作自己的作品。每一次剪下纸张，都是对技艺的挑战，也是对创意的激发。我在这个过程中不断成长，对剪纸艺术的热爱也日益浓厚。

邢逊先生的剪纸技艺非常超群而细腻，他剪的花草鱼虫活灵活现，历史人物生动美观，艺术图腾特别新颖，剪子功夫也非常精湛。我自幼喜欢书法美术，学习剪纸以后，从邢逊的剪纸艺术构思得到启发，也跟着学了不少图样设计。他的图样设计非常新颖独特、古朴典雅，吸取了古建筑、寺庙、佛教艺术、古代木雕石刻艺术，纹缕和镂空的技艺非常玄妙，尤其是他把古建筑雕龙画凤的图形塑造在剪纸艺术上，感染力非常大。

二、技法特点

赵文戈：邢逊先生的剪纸有什么风格特点？

杨万年：邢逊的剪纸艺术，以其独特的风格和鲜明的宫廷艺术表现手法，与其他地域的剪纸作品形成了鲜明的对比。这种艺术形式的特色，不仅在国内独树一帜，在全世界范围内也具有无可比拟的独特性。

邢逊剪纸的特点，体现在其精湛的技艺、丰富的文化内涵及独特的审美观念上。这些剪纸作品，不仅仅是视觉上的享受，更是一种文化和精神的传承。他的剪纸技巧细腻、线条均匀、图形独特新颖，黑白布局合理，给人一种非常清新艺术的感觉。突出主题，四周的花边图案有丰富的变化和深刻的构思内涵、巧夺天工的细腻和花边的构图，活灵活现，惟妙惟肖。

邢逊先生的剪纸很小巧，纸张是原来的老16开，在这么小的纸张上，剪出的花边千变万化，神韵天成，是他从心里剪出那种艺术的感觉。做到了人纸合一、心神交汇、心意相通的地步，实际上有一些艺术是用语言说不清楚的，也说不透。剪纸艺术就是这样。邢逊先生的剪纸艺术具有感染力，倾注了他一辈子的热爱与执着，更是一种匠心守护，用尽毕生精力来奉献，是真正把剪纸文化融进了骨子里的艺人。

邢逊的套色剪纸艺术通过花蕊、毛毛、小锯锯齿，非常独有的技巧特点，细腻精致、线条细如发丝，以精致的图案来达到较高的艺术效果，通过一层层的叠加、一层层渲染、一层层升华来提升作品的艺术感染力。

邢逊剪纸套色的特点，就是一个花套出多种颜色，花是从花蕊中间鼓出来的，颜色的变化非常绚丽，它不是跟现在的渲染一样，不那么平淡，缺少活力，他利用套色使画面有点立体感，且浑然天成。

三、代表作品

赵文戈：请您谈谈赤峰红山剪纸的代表性作品。

杨万年：我在前年编了一本书，名叫《赤峰红山剪纸》，这本书汇集了整个赤峰地区的剪纸优秀作品，汇总收集了三年间大量的优秀作品和资料，收纳了赤峰市剪纸协会、能工巧匠及老一辈艺人的作品，包罗万象，色彩纷呈，内容丰富，但仍有一部分作品没有收入，我准备通过这种形式，使得赤峰剪纸艺术更好地深入人心，更好地发展下去。

邢逊的作品《农业学大寨》剪出了农村大丰收的场面，剪出了农业的不断进步和变化；他剪的《海水江崖》，红日周围又配上万字长寿锦，简直是精美绝伦，馆阁用梅花的枝梢还有树叶的搭配，使鸟藏在树荫下；《白菜蝈蝈》的寓意是"百财蝈蝈"，菊花寿，还有万字边，还像一个花篮的边，梅花是卷着萼的，花瓣是搂起来的，一般的剪纸是没有的，在其他的报纸杂志上也看不到，所以说邢逊剪纸艺术别具匠心，与众不同。

我的《我心飞翔》，曾刊登在《百柳》上，这幅作品长80厘米，宽60厘米，当时也是随心而起，我在脑海里就构了个图，构图有了我就剪，摩托车这两个轱辘都不那么圆，就是这种意境，女同胞在后背就这种姿态，还有飞奔的、梦想放飞的感觉。

四、传承谱系

赵文戈：请您谈谈赤峰剪纸的传承情况。

杨万年：邢逊很早跟他婶娘李氏学习剪纸，学的图样都是雕龙画凤、鱼草花虫，这种剪法都是古代窗花技艺，非常细腻、非常高超、纹缕多样。据说每年春节期间，他婶娘就被请到皇宫内院给达官贵族、皇家亲属剪窗花，剪的窗花都是比较古朴，寓意长寿、富贵吉祥。

逢年过节的窗花，都是那种特别粗犷、特别小的，贴在窗棂上增添喜气，为过年点缀了红火的气氛。

赤峰市剪纸协会于2012年成立，各个旗县都成立了剪纸协会分会。协会培养了不少像韩海梅、倪淑丽、高丽娟等剪纸艺人，现协会有90多人，很多艺人在全国和内蒙古自治区都获得过各类大奖与各种殊荣，不胜枚举。

赤峰剪纸传承脉络具有百年历史，传承至今天是五代：李氏—邢逊—我（杨万年）—韩海梅—白玉双，越来越多的传承人在接力，希望后来者能够青出于蓝而胜于蓝，把剪纸这项传统文化发扬光大。

五、丰硕成果

赵文戈：您在传承剪纸技艺、弘扬传统文化方面做了哪些工作，取得了哪些成绩？

杨万年：我们十九年来坚持剪纸进校园、进社区、办展览等活动。剪纸进校园有：赤峰九中，93名学员。赤峰职工技术学院，两个国学班60人。赤峰三小，一个班 57 人。赤峰九小，一个班 51 名。松山六中，一个班 49 名学生。昭乌达小学，一个班 54 名。赤峰回族小学，一个班 50 名。赤峰学院，一个剪纸艺术班 67 名。赤峰国际二中实验小学，一个班 54 名。

赤峰职工技术学院都有国学班，原来是我徒弟在那儿教，后来他走了，我又接着把这两个班送到毕业，现在他们参加剪纸赛，我一看剪得都挺出彩，而且他们现在才学了一个学期就能参赛。现在我还在少年宫教孩子硬笔书法和软笔书法，也义务教剪纸，从娃娃抓起，他们才是传承路上的接班人。

赤峰市剪纸协会及我们的老师们，先后在 13 个单位开展活动，每人每周义务讲一节课。六西街、老爷庙社区，教学生有 100 多人次。搞展览两次。昭乌达社区，每周活动一次。学员每一次 10 人左右，共 170 多人次。

我们还到农村、学校、部队送剪纸、送窗花，比如三眼井、西水地、红庙子乡等农村地区。这些活动也吸引并培养了不少孩子，他们都非常热爱这项古老的艺术，我们的艺术传承有了新的血液、新的动力，使我们红山剪纸传承有了极大的发展。现在我的学生共有 30 多名，真正拜师的有 17 名。

我们搞了一些小型的区域展览。我曾组织了三次红山剪纸展览。我们每年还在文化节举行大型展览，大型展览有时候是自筹经费，有时候是文化馆或者是文联给一些经费，使我们非物质文化遗产传承有了一些起色。

有关部门对非物质文化遗产非常重视，去年组织了大赛，我们剪纸协会也派选手参加，得了一等奖和三等奖。协会里出类拔萃的剪纸艺人每年都在内蒙古自治区及全国的剪纸比赛中获奖，每次比赛及获奖的相关资料，我都搜集保存下来，打算以后再出一本集子，比《赤峰红山剪纸》色彩还要好。同时《赤峰红山剪纸》这本书得到了画家刘宝玉的赞赏，他说这本书非常好，给赤峰书画界与美术界带来了福音，这些图样是很多人原来都没看过的，这本书给书画界一些启发，丰富了绘画素材。

我们下一步的工作主要是挖掘老一代剪纸艺术高超的技艺，让新一代的剪纸血液充实我们的剪纸队伍，使我们剪纸艺术的内容和门类更加丰富多彩，使赤峰剪纸传承后继有人，更好地发扬红山剪纸艺术。

赤峰红山剪纸走到现在离不开这些老艺术家和有关领导的关怀，赤峰市文联、红山区文化馆、红山区文联给予我们的鼓励支持，激励我们在艺术领域里更好地贡献自己的一份力量。

六、剪纸过程

赵文戈：感谢杨老师今天给大家详细地介绍了什么是红山剪纸、红山剪纸的文化内涵及它的技法。您今天能不能现场为我们的广大观众制作一件作品，在制作的过程中讲解红山剪纸的特色。

杨万年：可以。我们在各个社区讲剪纸的入门、怎样使剪子、怎么样叠纸、剪出效果是什么样的内容。剪纸艺术就是镂空艺术、黑白对比，剪纸就是通过剪子尖扎下去以后，使你的食指和剪子尖的接触有一个很好的感觉，使画面、剪子和大脑配合起来，使剪子非常准确、非常光洁地把你所要剪的东西剪好。

下面我就用一个寓意吉祥的蝴蝶图案来说明剪纸。第一先把蝴蝶的肚子剪出来，第二是把蝴蝶的大小翅分配均匀，第三是把蝴蝶的须子剪出来。剪纸就是长期演练，不用画，都在心里，下手就直接有了。这是胸部，头部加上眼睛，眼睛剪得快转得快，才能特别圆，须子上边要细、边缘要粗，把它须子剪得惟妙惟肖，大翅需要剪几个窟窿，通过这几个窟窿增加蝴蝶的色彩，剪子可以从上边剪也可以从下边剪。翅膀骨架实际上是一个透明翅膀，上面有一条线是骨架，通过大锯齿来体现，锯齿要剪得光泽、细腻和均匀，通过这些锯齿把翅膀和身体脱离开来，把线提炼出来。为了使蝴蝶色彩丰富，咱们就铰几个大块，不要太细，底下这块也是，通过一个符号来表现，转得快剪得快。这四只蝴蝶连在一起，要是中间剪朵牡丹花就漂亮了。线不能太多，太多使蝴蝶不那么透气，最后把连接的线剪掉，这四只蝴蝶就看出来完整性了。

剪纸给我的艺术生活、艺术生涯带来了无尽的惊喜和乐趣，带来很多意想不到的乐趣，尤其是当我看到孩子们聚精会神地剪出各式各样的花样时，我的心中便充满了难以言喻的欣慰。他们的小手虽然还不够灵巧，但他们对剪纸艺术的热爱和专注，让我看到了这门艺术未来的希望和生机。每当他们兴奋地向我展示他们的作品时，我都会感受到一种深深的成就感，仿佛自己的努力和坚持都得到了最好的回报。

我愿意投入更多的时间和精力，去探索剪纸的更多可能性，去创作更多有深度、有温度的作品。我也希望剪纸能够激发更多人的兴趣，让他们加入这个大家庭中来，一起享受剪纸带来的快乐，一起为这门艺术的传承和发展贡献自己的力量。

赵文戈：感谢杨老师现场为观众们制作精美的剪纸作品。赤峰剪纸有的粗犷质朴、有的细密精微，共同构成了赤峰剪纸的整体面貌，再次谢谢杨老师。

杨万年：谢谢。

鲍秀荣

流光溢彩凝仙品*

采访时间：2019 年 4 月 6 日
初稿时间：2022 年 5 月 18 日
定稿时间：2022 年 5 月 25 日
采访地点：赤峰市图书馆"赤峰记忆"拍摄现场
版　　本：文字版

鲍秀荣速写

  鲍秀荣 蒙古族，初中文化，赤峰市巴林右旗西拉沐沦苏木迫毛都嘎查人，现住巴林右旗大板镇。自治区非物质文化遗产代表性传承人、技师教师。

  从小喜爱蒙古服饰绣花、做蒙古靴子。中学毕业回家帮助父母干家务活，父母是民办教师，母亲的手很巧，闲暇时间制作蒙古传统手工刺绣和蒙古靴子、婚礼蒙古袍、烟口袋等；跟姥姥和妈妈学刺绣，做蒙古靴子、烟口袋等技术。

  1993 年末，到大板镇民族缝纫店系统学习了各种缝纫技术，六个月后回到西拉沐沦苏木开办了新潮缝纫店。2014 年 8 月，在巴林右旗大板镇创立巴林右旗鲍秀荣民族手工工艺店。多次获得旗、市、自治区二等奖、三等奖、优秀奖，现在有国家二级职业资格证书。2016 年 12 月开始收徒弟，传授民族服饰的剪裁、

---

* 蒙古语采访。

缝纫技术。2018年3月20日，旗妇联和西拉沐沦苏木妇联邀请69位西拉沐沦苏木的剪裁、缝纫等技术授课人讲述蒙古族服饰服装，鲍秀荣在其中。2018年5月28日，在西拉沐沦中学为庆祝儿童节讲述了民族服饰服装课，家长和学生共700多人参加。2019年4月5日，在赤峰参加了赤峰市电视台和赤峰市非物质文化遗产保护中心联合主办的座谈会。

乌云高娃：各位朋友，大家好！今天是2019年4月6日，我们现在在赤峰市图书馆"赤峰记忆"拍摄现场。我们今天要采访巴林右旗非物质文化遗产传承人鲍秀荣。您好，鲍老师。

鲍秀荣：您好。

一、兴趣引领

乌云高娃：首先请您给我们介绍一下自己的个人经历。

图1 鲍秀荣（左）接受"赤峰记忆"采访

鲍秀荣：好的。我来自巴林右旗，很高兴来到拍摄现场。我出生在西拉沐沦苏木迫毛都嘎查，从小就喜欢手工艺，跟着妈妈缝东西，很喜欢我妈妈的针线，虽然自己不会缝但是很喜欢。到10岁之后，我开始用剩下的布头针线缝东西，开始学着做鞋底、缝花纹。在我10岁的时候，家里买了台缝纫机，我开始改衣服。1993年我来到巴林右旗大板镇里，我嫂子说你既然这么喜欢缝纫，就系统地学吧，于是我学起了缝纫。

学了一段时间之后，我直接在苏木开了一家服饰店，做起了西装，就这样我开始做衣服，中间也成了家，就到镇上做生意了。除了这些还做了很多东西，其间巴林右旗政府给了我们一个机会。2014年，政府集合所有会缝制蒙古族服饰的人成立了一家公司，这给了我们很大的机会，趁这次机会，我成为公司的员工。这样，我从2014年重新开始做起了蒙古族服装，算是开始传承了巴林传统服饰。2015年我就开始招收学员，教授他们蒙古族服饰文化，培养了很多学生，现在应该有一二百名学生。

二、服饰特色

乌云高娃：下面请您向大家介绍一下巴林蒙古族服饰的基本样式和风格特点。

鲍秀荣：巴林传统蒙古族服饰包括四个方面：长袍、腰带、头饰、靴子，其中腰带是必须有的。

乌云高娃：下面请您梳理一下巴林蒙古族服饰的发展历程。

鲍秀荣：从古代开始就有了蒙古族服饰，当时做的服饰是非常简单的，只能用树皮、树叶做服饰，之后巴林蒙古族开始用动物皮来制作衣服，再后来跟汉族人有来往，开始用丝绸做蒙古族服饰，现在正是蒙古族服饰文化兴盛的时期。以前物质条件不好的时候服饰文化没能发展，随着社会的发展，物质水平的提高，现在绸缎也琳琅满目，蒙古族服饰近些年也发展得特别好，做工也变得更细致、精致。

乌云高娃：我们来看一下传统的巴林蒙古族服饰。

鲍秀荣：这个是我父母那个年代穿的衣服，这些都是手工缝制的，纯手工做的衣服，这个是我妈妈穿的。我们巴林人做蒙古族服饰必须有领子，而且领子必须是立领，领子下方的余留，蒙古语叫"阿米斯嘎"（意为气口），我们的阿米斯嘎跟其他地方不一样，不会留太多，留一寸就行了。以前的前襟内衬都这样做一半，这个是以前的做法。

乌云高娃：这种做法持续多少年了？

鲍秀荣：这个应该有100年了，我爸爸也89岁了。这个是用黑丝绸做的马甲，在包边上纹上花纹，这个也是有领子的。

乌云高娃：这个穿在蒙古袍外面？

鲍秀荣：对。这个套在蒙古袍外面穿。这个是巴林马甲，真正的巴林特色服饰，是男士穿的。巴林蒙古族服饰的传统做法就是阿米斯嘎大概留两个手指宽。这个包边是一宽两细，前襟的内衬必须是短一点儿，蒙古族服饰一般会做得宽松一些，袖子必须做得合适。这个是真正的巴林传统服饰，从古代开始就是这个款式。

皮袍也是用布料包边儿的，王公贵族会在外面套马甲穿。这个是巴林王的衣服，在长袍外面穿马甲，非常好看。这是四只蝙蝠，象征长命百岁。这个是女士的，女士袍子系腰带，女孩儿可以穿长袍但是不能穿马甲，黑色的马甲是结婚之后才能穿的。这个里头是半衬，这个是带刺绣巴林蒙古袍，具有巴林传统特色的蒙古袍。

女士袍子的领子下方也是一样的，扣子在右侧前襟，内衬也是短一截。这个就是女士的服装，颜色自己搭配。

这个是腰带，这个是巴林头饰，这个必须跟长袍在一起，这个是巴林妇女婚礼节日作为头饰来戴的，这是五个簪子，这个叫发髻，这两个是坠子，这两个是额头的装饰，头发盘上戴这些，这个是巴林妇女头饰，这就是简单的模型，为了方便说明我做了帽子一样的模型带来了，如果在现场盘头做展示太麻烦，拿这个做展示比较清楚、直观。这个是五个簪子、坠子，这些都戴在头发上，现在会盘头的人也少了，我妈会这个，小时候教过我们，那时候会给别人盘，不会给自己盘。

这个是巴林刺绣蒙古靴，它由十个元素组成：四个鞋帮、四个鞋面、两个鞋底，这个底子是用胶把布一层一层粘起来，再用麻线一针一针扎起来的。这个叫勒，这个叫夹。这个也都需要技术，这块儿会系上流苏，用很多方式去装饰它，这个是女士的绣花靴，这个是男士的靴子。男士的靴子也是一样的，底子必须粘得厚一点。这个叫盘花，可以用绿色来绣，也可以用蓝色的线。

乌云高娃：做靴子大概用多长时间？

鲍秀荣：如果每天做的话，用三四个月的时间，如果用空闲时间做，那得半年才能做完，要花很多时间，这种细活必须得认真做。以前是从这里往上绣半截花，那时这些材料也没那么充裕，现在什么都不缺了，所以都绣通体的盘花。

乌云高娃：巴林蒙古族服饰上还有很多精美的刺绣。

鲍秀荣：是的。这个是巴林蒙古族刺绣，这个是巴林粘绣。巴林刺绣分很多

图2　蒙古族服饰

种：刺绣、粘绣、压线、绕线等。这个是用绕着压线的针法绣的，这个是粘绣，做的是一个包，比较现代。用现代做法做的还有烟荷包，可以挂在家里。刺绣是用布线绣的，这个是荷花，这个飘带的数量必须是单数，我们蒙古族从古代开始就习惯做单数。

这个是刺绣，这个是用丝线做的刺绣，这个叫融绣，这个是并排的针绣出来的。这是女士们戴的针包，把顶针针线放在这里不会丢，直接戴起来。这个也是配饰，上面带刺绣。这个是并排的针法，这个是雕花的工艺，也是巴林传统技艺。这个也是刺绣，也是并排的针法绣出来的。这个也是有装饰的针包，针线放里面，挂在前襟，这个女士可以拿来当装饰。

三、社会影响

乌云高娃：您做的蒙古服饰得过什么奖项吗？

鲍秀荣：得过。我在2014年成为博物馆馆员，2015年开始获了很多奖项，有旗级的、市级的、自治区级的。

乌云高娃：下面请谈一谈您在传承这个技艺方面做的一些工作。

鲍秀荣：我会告诉他们这个以前是什么样子的，现在又是什么样的，以后会怎么发展。我希望徒弟能好好学，并继续传承，这样的话这门手艺不会失传。巴林服饰现在也很有名了，在其他国家也展示过，比如日本、俄罗斯，也在好多国家销售过，人们都很喜欢巴林服饰，赞不绝口，别的民族的人也会过来买，现在发展得特别好。

乌云高娃：其他国家的人应该是买来当作纪念吧？

鲍秀荣：对。我们作为非物质文化遗产传承人，今后做服饰的时候我们会更仔细，将巴林传统服饰做得更华丽、夺目，就是一边发展一边传承，不能只是发展，一定要传承这个文化，给晚辈们传承，不让它失传，不让这个文化遗失。

乌云高娃：下面聊一聊目前巴林蒙古族服饰在社会上的影响如何，这些技艺的传承情况如何，政府、社会及您个人为保护这项技艺做了哪些努力。

图3 2017年1月，鲍秀荣荣获内蒙古第七届冬季蒙古族服装服饰艺术节暨蒙古族服装服饰大赛民族饰品二等奖

图4 2019年1月，鲍秀荣荣获内蒙古自治区非物质文化遗产项目蒙古族服饰代表性传承人证书

鲍秀荣：现在政府很扶持我们，不仅给我们翻新了博物馆，也把我们这个公司带领得非常有凝聚力，将巴林服饰文化保护得很好，做到有效传承保护传统技艺和文化，虽然也加了很多新的元素，但以前的手法绝对不能丢，在这个基础上继续创新，虽然创新了很多东西，但是领子必须是立领，还是要保留传统，这样文化才不会丢失。现在生活水平提高之后，各种装饰也多了起来，服饰变得更好看更新潮，但是不能丢弃自己的特色，领子袖子的花纹，两侧的开衩，这些传统做法一定要保留。我们教的时候也说不能忘记传统文化，一定要珍惜，虽然会加新的装饰，但是不能忘记巴林服饰的特色。博物馆珍藏着很多旧时的服饰。旗政府对我们很好，给我们免费提供场所，四五年来一直给我们提供帮助和支持。

巴拉嘎日玛

四季盛装美牧野*

采访时间：2019 年 4 月 6 日
初稿时间：2022 年 5 月 30 日
定稿时间：2022 年 6 月 30 日
采访地点：赤峰市图书馆"赤峰记忆"拍摄现场
版　　本：文字版

巴拉嘎日玛速写

  巴拉嘎日玛　蒙古族，1959 年 7 月出生。赤峰市阿鲁科尔沁旗巴拉奇如德苏木敦达诺尔嘎查人。1966 年 9 月至 1976 年 7 月，在敦达诺尔小学、查干诺尔初级中学和高级中学读书。1976 年 8 月至 1984 年 11 月，在敦达诺尔嘎查参加劳动。1984 年 12 月至 1987 年 3 月，在阿鲁科尔沁旗巴拉奇如德苏木毛盖图嘎查村劳动。1987 年 4 月至 2000 年 9 月，在阿鲁科尔沁旗巴拉奇如德苏木达兰花嘎查做缝纫活儿。

  外祖母和母亲都是当地有名的民间缝纫艺人。巴拉嘎日玛受到她们的影响，十二三岁时学会了缝纫技巧。十七八岁时，就能完整地缝制蒙古族传统服饰了。1998 年，巴拉奇如德苏木召开那达慕大会，让巴拉嘎日玛制作了 15 套蒙古长袍。

---

* 蒙古语采访。本文由阿鲁科尔沁旗文化馆原馆长宝力道审阅。

1999年和2000年，坤都镇召开那达慕，让她制作了蒙古袍。看到民族服饰市场前景良好，2000年10月，巴拉嘎日玛搬迁至旗政府所在地天山镇，专门从事制作蒙古族服饰事业。2014年8月，在天山镇开办了阿鲁科尔沁旗巴拉嘎日玛蒙古服饰有限公司。四十多年来，巴拉嘎日玛和她的公司共计制作了近3万件蒙古族服饰。她所制作的服饰，遍布全国蒙古族地区，甚至还远销到美国、澳大利亚、日本和蒙古国。她还为通辽市博物馆和内蒙古博物馆制作了蒙古诸部落传统服饰。这期间，有100多人向她学习了蒙古族服饰制作技艺。她的徒弟不但遍布阿鲁科尔沁旗，还有邻近旗县甚至通辽和呼伦贝尔市的缝纫爱好者，也慕名前来拜师学艺。

巴拉嘎日玛制作的蒙古族服饰，设计合理、做工精细，富有鲜明的地方特色。为了防止他人模仿自己的作品，巴拉嘎日玛对新式蒙古族服饰不断更新，每年都推出新的设计款式，在市场竞争中处于主动地位。民族服饰图案的设计和制作，是巴拉嘎日玛今后的主攻方向。

2010年5月，巴拉嘎日玛制作的蒙古族服饰代表内蒙古自治区参加了上海世博会。2011年4月，巴拉嘎日玛的蒙古族刺绣作品参加第二届西部非物质文化遗产项目展演暨西安文化遗产博览会展示活动。2011年6月，巴拉嘎日玛制作的蒙古族服饰代表内蒙古自治区参加了澳门"根与魂——中国非物质文化遗产展演"。2013年10月，巴拉嘎日玛的蒙古族服饰还漂洋过海到非洲，参加了毛里求斯内蒙古文化周活动。2015年9月，巴拉嘎日玛的蒙古族服饰参加2015中国（沈阳）非物质文化遗产传统技艺大展。

2014年8月，巴拉嘎日玛被评定为自治区级非物质文化遗产项目蒙古族服饰代表性传承人。2018年5月8日，又被评定为第五批国家级非物质文化遗产代表性项目蒙古族服饰代表性传承人。2017年3月，荣获赤峰市三八红旗手荣誉称号。

乌云高娃：各位朋友，大家好！今天是 2019 年 4 月 6 日，这里是赤峰市图书馆"赤峰记忆"录制现场。今天我采访的是来自阿鲁科尔沁旗的巴拉嘎日玛。您好！

巴拉嘎日玛：您好！

一、学习传承　创新发展

乌云高娃：请您给大家讲一讲，您缝制阿鲁科尔沁旗蒙古族服饰的经历。

巴拉嘎日玛：大家好，我来自阿鲁科尔沁旗巴拉奇如德苏木敦达诺尔嘎查。我的父亲叫诺日布，母亲叫白西拉玛，感谢父母给了我生命才有了学习手工艺的机会。

我从小就对缝纫感兴趣，8 岁开始上学，9 岁就开始拿起了针线，从那时候起真心喜欢上了缝纫，边上学边跟着母亲、姑姑们和自己的两个姐姐学习了初步

图 1　巴拉嘎日玛（左）接受"赤峰记忆"采访

的缝纫技术，学起了绗针、缲针、缉针。那时候还没有现卖的鞋子，鞋子都是自己手工缝制的，就算旧了也是自己翻新了再穿，布料针线也都很稀有。当时，我兄弟姐妹人数也多，我也比较要强，特别喜欢缝纫，后续还学了贴花、绣花、雕花等，就这样跟着自己的兴趣一点一点学，快19岁时已经学会所有缝纫了，例如生活中经常用的鞋子、靴子、烟荷包，以及各种衣服都缝制过。同样的烟荷包我就缝过十几个，谁想让我缝东西我都会帮忙，那时候都没什么钱，但因为真喜欢，别人不说我也会主动去给他们缝，就这么喜欢，那时候的颜色搭配在现在看来也很符合现代的审美。

19岁高中毕业以后开始用缝纫机，缝制西服、长袍子、短外套、长裤、大衣、摩托护膝等。那时候用什么就缝什么，比如那时候用绿布缝制军大衣，一开始不懂怎么缝，就照着现买的去摸索。要是没什么活儿了，我就会对姐妹们说，你们把布料拿过来，我给你们缝，就这样直到1998年，西服和中山服都会缝制了。

在1998年以后又开始缝制蒙古族服饰了，比如缝制那达慕上穿的民族服饰。那时候不管会还是不会缝制蒙古族服饰，我永远都不说"不会"这句话。不管什么样的东西，只要别人拿过来让我缝，我都不说"不会"或者"不知道"。只要拿过来了，我一定要会。

在2001年我开始绣花了，当时我在呼和浩特当教师的侄女快要结婚了，我就想给我的侄女做一套漂亮的婚服，手工缝了一套边角都绣满花朵的红绸布绣花蒙古袍。后来又缝了一个一尺二寸长的烟荷包，上面还有蒙古族五畜的图案，然后我就把这个烟荷包藏起来了，藏了快两年，两年后有人来让我画张图，来人说是有人跟她说"想画杏子就去找巴拉嘎日玛"，那时候我就开心地拿我的烟荷包给她看了，从那以后人们就开始缝大的烟荷包了。

2001年，各式各样的衣服开始流行，渐渐开始互相模仿，花卉的样式越来越多。蒙古族服饰也开始发展起来，在这种情况下别人也开始更频繁地找我了，什么都想让我缝。比如说有人想做个高跟靴，就找我在帮子上绣个花，这种在现成的鞋子上绣花让我有点犯难，我就去找了做鞋的人，从他那儿得到了制鞋样本，这样艰难的事情最后也做成功了。因为是第一次在现成的鞋子上绣花，我没有经验，就按照传统的方法靠边绣，结果绣得太靠边了，绣在上面的花被绱进底子里了。客人穿上那双鞋那天，就有人来找我拿样本图了，我把样本给了别人后，有人就说我为什么直接就给别人了，我说当然要给了，她们又不是不认识别的做鞋的人，又不是只有我一个人会做鞋。

渐渐地我的缝绣设计就都变得很成功，2008年内蒙古举办草原文化节，内蒙古博物馆让我缝制各旗县的传统服饰，这些服饰的设计图都是呼和浩特市那边提供的，比如敖其等著名的研究蒙古族服饰、蒙古族传统文化的人，给了我设计图。第一次开始缝制各旗县的传统服饰时，颜色搭配什么的就很一般，加上我也没看过原本的实物，重做了几次最后才成功。

在缝完各旗县传统服饰的情况下，上级就安排我去了上海世博会，去了之后我也有了些自信和骄傲。2010年后参加了很多展览，例如在西安的展览等各种活动。就这样参加各种比赛，我的技术也一次比一次好，后来我被确定为旗级传承人，之后是赤峰市市级传承人，然后又被确定为自治区级的传承人，直到现在被确定为国家级传承人。回想起这些经历和进步，着实也有很多的艰辛，在没有

图2　2010年5月，巴拉嘎日玛（左一）与参加上海世博会的部分代表留影

任何人要求我的情况下，我非常严格地要求自己，开始我还真不太看重出名，一直以来只为了生计去努力，却在无形中传承了蒙古族的缝纫技艺和文化。虽然在我看来一开始可能是为了生计，但仔细想来我是尽全力把传统的文化挖掘了出

图3　2010年4月，巴拉嘎日玛（中）参加内蒙古电视台"游牧世博"节目

图4　2014年8月，巴拉嘎日玛荣获内蒙古自治区非物质文化遗产项目蒙古族服饰代表性传承人证书

巴拉嘎日玛：四季盛装美牧野　　**149**

图5 2017年3月，巴拉嘎日玛荣获赤峰市三八红旗手荣誉称号

图6 2018年5月，巴拉嘎日玛荣获国家级非物质文化遗产代表性项目蒙古族服饰的代表性传承人证书

来。不只是我一个人，所谓人外有人、天外有天，有时候只要我有点想法，那些协助我的人做得比我想象的还要好。

就这样，我们蒙古族的文化、刺绣、服饰开始被世界认识。人们开始用自己的传统服饰装扮，这点可以说是产生了很大的影响。在每个婚礼、那达慕宴会上都会穿自己的民族服饰，那是又欢乐又耀眼。现在想来这也是非常令人开心的，我今天特别骄傲，把这个文化传承到了现在，也是绝不能中途放弃的。有那么多的事情要一步一步传承下去，而且现在的晚辈们也热衷于此，所以我觉得我们这个文化只会继续发展，不会衰败，所以今天我既开心又骄傲。

二、蒙古服饰　特色风俗

乌云高娃：我们阿鲁科尔沁旗蒙古族服饰都有哪些样式呢，您给大家说说吧。

巴拉嘎日玛：好的，今天既然有这么好的机会来介绍阿鲁科尔沁旗蒙古族服饰，那我就尽力介绍一下。在党和政府的关怀下，能有这么好的机会去传扬我们蒙古族的服饰文化，我也想说说我的真实想法。

现在各地的蒙古族服饰都有各地的特点，各旗、县、盟、市等都有自己的特色，我们阿鲁科尔沁旗的蒙古族服饰文化历史悠久，一直以来跟别人不同的一点是，领口下方的余留比较短。还有就是领子是圆的，袍身两侧开衩高。为什么开衩高呢？因为阿鲁科尔沁旗是纯牧区，人们要骑马放牧，开衩高的话就方便骑马。阿鲁科尔沁旗蒙古族服饰的下摆不像展览品一样那么宽大，以不宽不窄为宜。

夏天穿的叫单袍，它是没有内衬的，缝制单袍的时候要在腋下做内镶边。说内镶边你们可能不懂。如果单袍用单层布缝的话有裂开的可能，所以需要做内镶边缝腋下部分，就这样在里面缝些边角。这是圆领、立领的单袍。

这种单袍现在是最便宜的一个，但是穿起来好看，谁穿出去都合适，跟别的衣服比起来有不同的特点。这种衣服开衩高，在以前侧衩要开四拃高，现在变得更高了，内搭要露得很长，所以现在开衩要高于两尺七寸。总之，阿鲁科尔沁旗的民族服饰特点在于开衩高，领口下方余留短。

夹袍是有内衬的袍子，在天气比较凉的时候穿，每个季节的衣服缝制方式都是一样的，冬季比秋季的厚一点，或者缝夹棉，棉袍或皮袍，有很多种，最少有四五种，而且特点都不一样。除此之外还有为装饰而穿的，比如婚服等，里面套夹袍穿；还有跳舞唱歌时，女人们在里面穿夹袍、外面套外搭。还有日常干活穿的，比如接生羊羔时穿的。这些男女都有，但每种又都不一样。

这是古代的样式，这是旧式马甲，这件马甲的边绣了满满的密密麻麻的老式花。我是把原先那件的花印出来再照着绣。传承下来的这些老东西，如果继续照着绣的话也很漂亮，比如这个老式花卉，这就是老式袖子上的，我现在模仿的这些，原先的花卉是什么样的，我就绣得跟它一模一样，就是这么绣的。这个花式是老式的佛教七宝八供，七宝八供上都配了个蝙蝠，这些都是老式衣服的边，我是怎么缝的呢？老式的样式就在这里，我就是这样模仿着来的。我的传承工作就是这样的，把老的作为依据来模仿着绣，现在距离完成还有点距离，还得费很多时间。

这是阿鲁科尔沁旗传统的靴子，一双男靴，在这双靴子上有十六只蝙蝠，加上中间的四只，一共有二十只。以前绣蝙蝠的就很多，有人说蝙蝠是代表吉祥的，也有人说蝙蝠是一种长寿的动物。这双靴子是两个靴底、四个靴帮，加四个靴筒一共十个组成部分，这就是从我们祖辈流传下来的蒙古族的靴子，在正式场合穿，平常生活也可以穿。

这是我们阿鲁科尔沁旗传承下来的靴子，这是女式的靴子，靴尖是朝前的，这是老式绣法的靴子，靴尖朝前。这是以前嫁姑娘时穿的，在日常穿的话就没那么结实，所以每个靴子的特点都不一样。此外还有尖头的靴子、尖头的鞋子。这个看起来小但很多人都能穿，这不是童靴，只是看起来小。

在过去我们每一件衣服缝的都不一样，那时候刺绣、贴花也都有，这是我们蒙古族很久以来就有的，而且每个人绣的都不一样。这也取决于生活条件，富裕点的人家会多绣些花。如果我的家庭条件比较差，买不到好的布料，就会缝一个

图 7　巴拉嘎日玛（左）用传统方法给顾客量身高（宝力道摄影）

图 8　巴拉嘎日玛用传统方法量蒙古袍开衩长度（宝力道摄影）

图 9 巴拉嘎日玛给蒙古袍的身子和袖筒对花（宝力道摄影）

图 10 巴拉嘎日玛在准备裁剪蒙古袍的衬里（宝力道摄影）

图 11　巴拉嘎日玛在缝纫蒙古袍大襟下摆加宽斜边（宝力道摄影）

图 12　巴拉嘎日玛在裁剪蒙古袍镶边布料（宝力道摄影）

图13 巴拉嘎日玛在缝纫接合蒙古袍镶边布条（宝力道摄影）

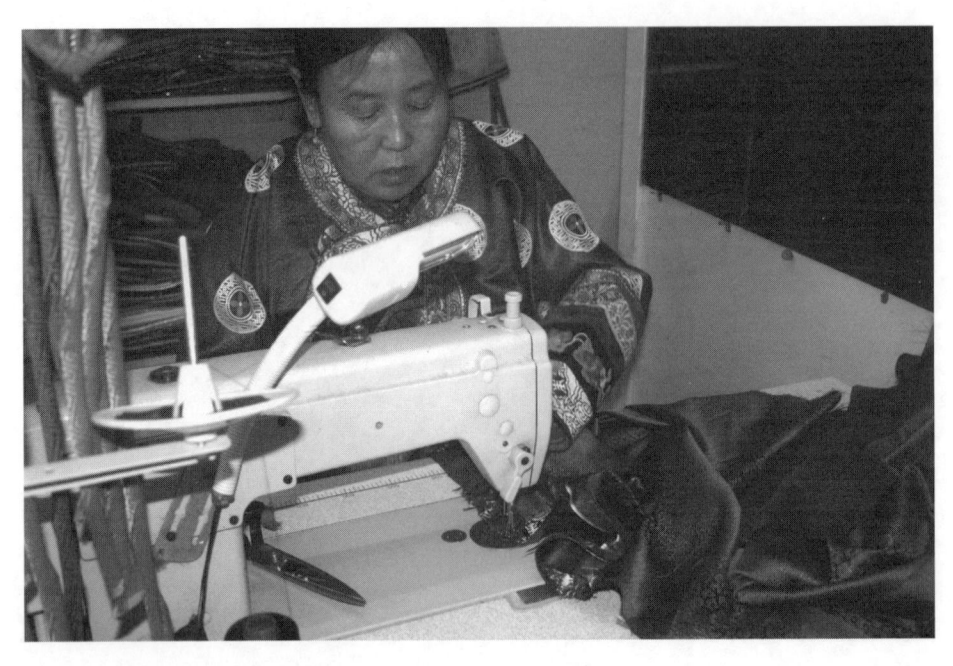

图14 巴拉嘎日玛给蒙古袍大襟开衩处缝纫镶边（宝力道摄影）

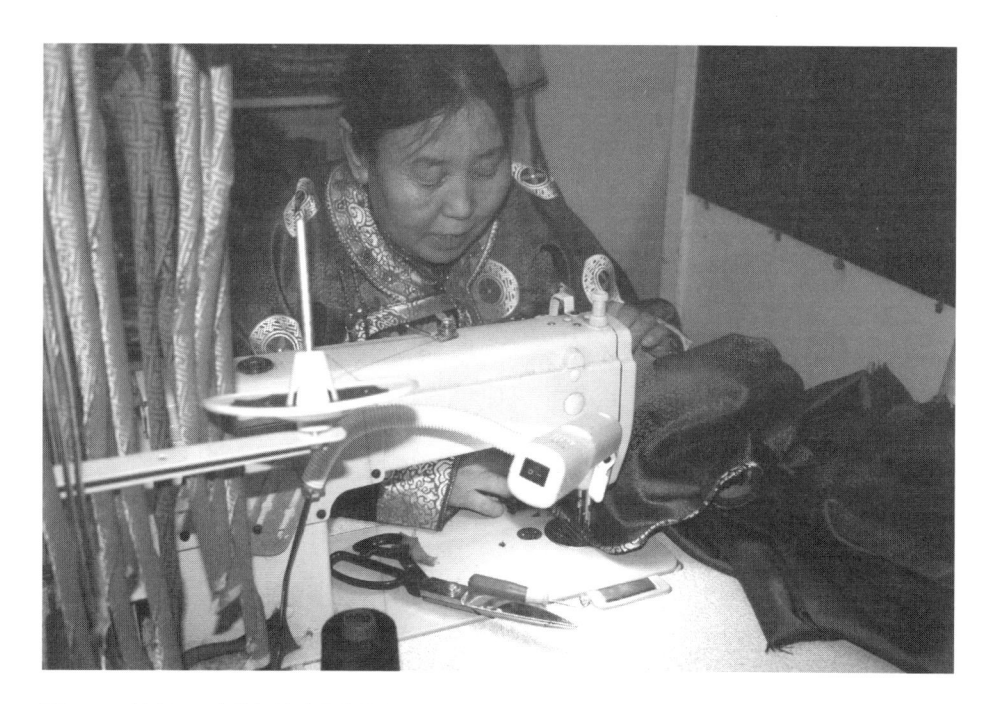

图 15　巴拉嘎日玛在缝纫镶边蒙古袍的斜襟处（宝力道摄影）

图 16　巴拉嘎日玛绾扣步骤：由松到紧的样子（宝力道摄影）

巴拉嘎日玛：四季盛装美牧野

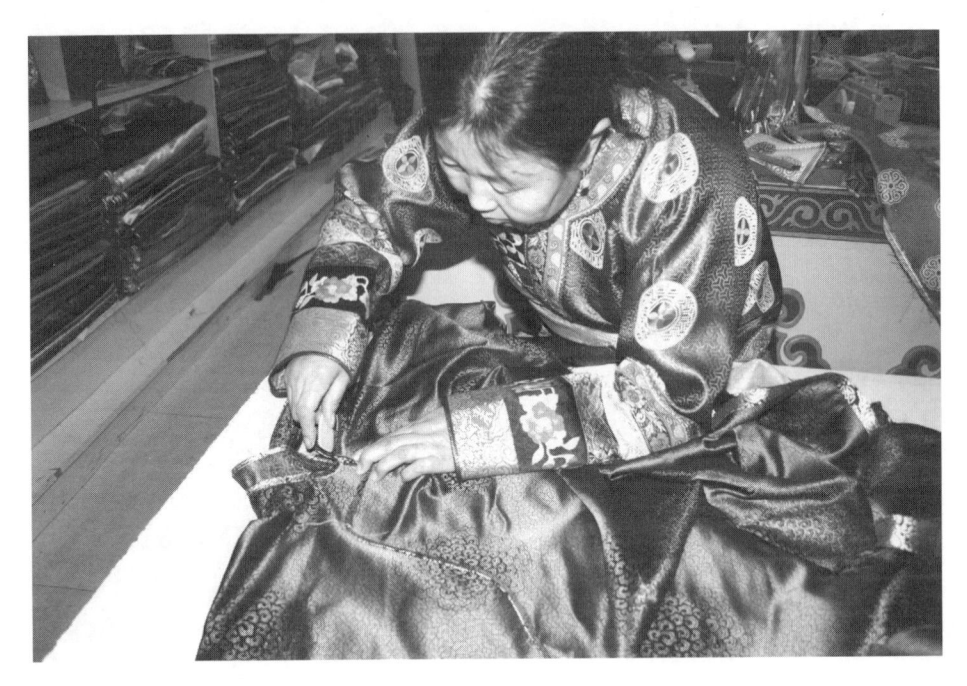

图17　巴拉嘎日玛在画蒙古袍钉扣处（宝力道摄影）

简单点的样子，绣的花会比较简单点，比如普通的黑袍、白袍、绿绸袍等，都有不同的档次。但那时候颜色就搭配得非常好看，比现在还漂亮，所以不同时期各有各的特点。

乌云高娃：那您今天把自己带来的作品给大家看一下吧。

巴拉嘎日玛：这个马甲是我们穿的最平常的衣服，无论穷人富人都会穿这个，花式不一样的话会是另一个样子，缝边不一样的也会变成另一个款式。

这个是我们传承下来的黑绸外搭，有的会把内里做成红色的，有的会做成白色的，也有的会搭配绿色。内缝绿色也是有历史原因的，我们阿鲁科尔沁旗王娶妻的时候，夫人里面会穿件白色单袍，然后套件绿绸夹袍，外面穿件黑绸外搭，下面配双蒙古靴，戴着用珊瑚和绿松石点缀的头饰，因为有这样一个故事，所以我们才这样搭配。

刚讲的是外搭，除了外搭还有内搭。为了内搭外穿，内搭也会绣满花朵，围着边绣上花，这些花都是坚持老样式绣的，花叶多意思是子孙后代多，都是有寓意的。总之，我们的阿鲁科尔沁旗服饰的特点是开衩高、花卉是自己搭配的。

还有一种花式，就比如这种花，那儿还有一个牡丹花，这个花式是收藏在我们阿鲁科尔沁旗博物馆的，跟整套衣服一起，就是原原本本的老样式，这个阿鲁科尔沁旗传统服饰是我们内蒙古的敖其老师安排到内蒙古博物院展示的。这一件是有水纹下摆的，水里开着莲花，花卉以四季的花为主。这是衣襟和领子，这是我们阿鲁科尔沁旗传统服饰的样式，这些都是专家们提供的。

这件衣服被敖其老师看作扎鲁特旗的传统服饰，我们阿鲁科尔沁旗也有人在穿，这个就是老样式，我们把这个叫作石榴花，这是代表一个旗县的传统服饰。这个是边，也是绣着四季的花，那时候两朵花之间会绣一个蝴蝶，就像这个，这是四季的花。这些都是我缝绣过的传统服饰，成品都有人带走了，这些是还没完成的一部分，这些衣服也不能事先缝好绣好，要看谁穿，去量尺寸才能做好。

我们要保护好自己的文化，传扬自己的文化。我们传统的服饰现在不分民族的在穿，在婚礼或宴会上，大家都会穿起蒙古袍，将这个当成一种幸福，让婚礼和宴会更有仪式感。阿鲁科尔沁旗的毗邻旗县，比如巴林左旗、巴林右旗、翁牛特旗，或者扎鲁特旗、乌珠穆沁旗，它们那儿的蒙古族服饰也有很多。

三、求同存异　继往开来

乌云高娃：阿鲁科尔沁旗蒙古族服饰和其他地区蒙古族服饰有哪些区别？

巴拉嘎日玛：阿鲁科尔沁旗、巴林、翁牛特旗，这三个地方的服饰有点难以分辨，比如这件绣牡丹花的，我们阿鲁科尔沁旗的在穿，巴林的也穿，翁牛特旗的也在穿。如果阿鲁科尔沁旗的女人嫁到巴林，在巴林穿就成了巴林的衣服，巴林的姑娘嫁到翁牛特旗，她穿的那件衣服又成了翁牛特旗的样式，所以我们传承下来的服饰总的也没有太大的差别。

阿鲁科尔沁服饰和其他地方最突出的不同点主要是在绣花方面。在盘绣、刺绣特别是绣花方面，我觉得阿鲁科尔沁旗的是最好的，但是近两年巴林和翁牛特旗的蒙古族服饰，跟阿鲁科尔沁旗步调一致地在发展，我们绣花他们也绣花，他们绣的花我们也会借鉴，有时候巴林的会让阿鲁科尔沁旗的缝衣服，或者阿鲁科尔沁旗的找巴林的做衣服，在这种情况下，翁牛特旗、巴林、阿鲁科尔沁旗的服饰基本上没什么区别。

说绣花的话，比如扎鲁特旗、锡林郭勒盟、乌珠穆沁旗就不太绣花，绣法也不一样，它们是绣彩虹边、开衩也低，以棉袍、皮袍为主。缝制的特点不一样，搭配的饰品也不一样，阿鲁科尔沁旗、翁牛特旗和巴林没有太大的区别。扎鲁特旗的绣法就跟我们的不同，我们是把花卉绣得又细又密，而他们绣得就很稀。

在刺绣上，巴林、翁牛特旗哪个都比不上我们阿鲁科尔沁旗。我也缝过扎鲁特旗的传统服饰，内搭的袍子是浅色系的，外搭是深色的马甲，也有梅色的，他们是把外搭做成了别的颜色，边上没有绣满花卉，没有那么细致的花纹，就有这种特点。但日常穿的也跟我们这儿的挺像的，没那种特别的不同。敖汉旗、喀喇沁旗也都有自己的传统服饰，跟我们的就有一点点的不同，区别就在刺绣花卉上。

还有这个边和水纹下摆，是我们阿鲁科尔沁旗传统服饰的衣边花卉和下摆。这个边上绣的是四季的花，这四类花有兰花，兰花是长在山石间的。还有春天最早开的杏花，夏季的还有莲花，莲花是长在水里的。可见旧式的衣服是有特点的，讲究绣水中的花、四季的花等。中间这段是按自己的喜好绣四季的花，兰花、莲花、菊花等，自己做主绣些代表吉祥的花卉，所以不能凭任何一点元素就能分辨这些衣服是哪个地方的。

服饰的样子又有一点不同，他们的下摆是比较修身的，不像我们的下摆一样大。科尔沁右旗前旗的衣服跟我们阿鲁科尔沁旗和巴林的衣服就有点相似，比如他们演过一个剧，里面的衣服就像是从阿鲁科尔沁旗和巴林拿过去穿的一样，但在刺绣上跟我们的有区别。

乌云高娃：您作为阿鲁科尔沁旗的蒙古族服饰非物质文化遗产传承人，给大家讲讲您是怎么传承阿鲁科尔沁旗的蒙古族服饰的，您现在将这个技艺传授给了几个人。

巴拉嘎日玛：我现在作为国家级非物质文化遗产的传承人，也在要求着自己努力把这个文化传给阿鲁科尔沁旗的后辈们，也在持续地开培训班，这个培训班有很多家庭妇女还有待业的人参加，我们在尽全力教她们。她们在家都是裁缝，缝纫是自学来的，或者跟上一辈学的，然后继续传承给别人。缝纫就是这样的，只要知道原理就行了，还有可能会绣得比我还好。这只鸟我是按老方法绣的，但她们用新方法比我绣得还好看。

我现在会专门去找那些旧照片，去模仿缝制，做得比原先的更好。有的人会说，你们的衣服有点满族的风格，我说满族的服饰会影响其他民族的服饰。清朝有些富裕的蒙古族人家也会穿当时的高档衣服，而且现在我们收集的衣服也是从蒙古族手里收集来的，有的跟满族的衣服一模一样，但主人说是当时结婚时候穿的，跟头饰一起搭配着穿，这些衣服大概的风格不会有变化，但花卉的样式上保留传统做法的基本很少。我们也收集到了一定数量的老照片，所以参考照片里的衣服旧时的样子，从边角开始到整体缝制，在点缀上会有一点点不同。

文化这个东西传承下来也有点难，开办一个培训班或者来一个大项目，这

图18　2015年9月，巴拉嘎日玛（右）在"草原文化遗产日暨全区非物质文化遗产展"向参观者介绍自己的作品

图19 2013年10月，巴拉嘎日玛的弟媳孟根娜布其（后排右六）带着巴拉嘎日玛的作品，参加毛里求斯内蒙古文化周活动

图20 2015年9月，巴拉嘎日玛参加中国（沈阳）非物质文化遗产传统技艺大展

时候学习的人就很多，所以我们的文化在大范围地流传着。每个缝法、绣法、刺绣、贴花都在传承。依托每个人的技艺，我们的文化在很好地流传着。

乌云高娃：现在有多少人在学习呢？

巴拉嘎日玛：这个得用数以千计来说，在扶贫政策下有很多人自发地在学习，所以在大范围地传承着。我们的蒙古刺绣、服饰被评价得很高，所以如果有人来向我请教的话，我都会教他；谁想要哪种花卉样子的话，我都会提供给他。我一直在全力帮助别人，想绣什么我就告诉他什么，所以在传承方面是没有问题的。我的徒弟不单单只有我们阿鲁科尔沁旗的，兴安盟、翁牛特旗、巴林等地的也很多。所以我很自豪，希望大家做得比我还好。

娜仁其其格

描龙绣凤踏红绸*

采访时间：2019 年 4 月 6 日
初稿时间：2022 年 6 月 5 日
定稿时间：2022 年 6 月 8 日
采访地点：赤峰市图书馆"赤峰记忆"拍摄现场
版　　本：文字版

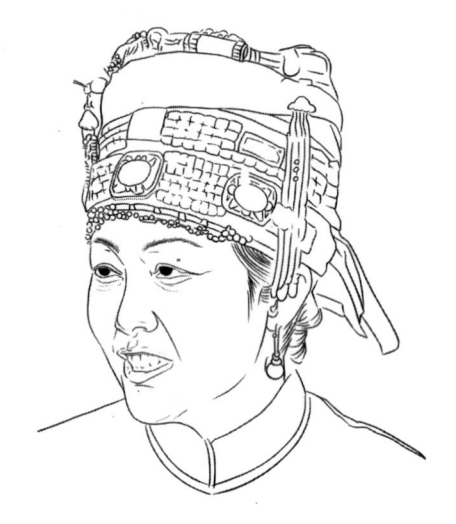

娜仁其其格速写

　　娜仁其其格　蒙古族，中共党员，1975 年 2 月 12 日出生于翁牛特旗布力彦苏木查干希热嘎查。自幼喜欢做针线活及刺绣。曾在呼和浩特市的学校学习做蒙古族服饰，后在呼和浩特市开了一家蒙古族服饰店，之后又回到故乡跟着前辈们学刺绣。2006 年，在翁牛特旗开了一家安达蒙古族服饰店，2016 年创立汗达民族服饰制作有限公司。2014 年成为旗级的非物质文化遗产传承人，2016 年成为蒙古族刺绣自治区级的非物质文化遗产传承人。曾在赤峰学院美术系教授蒙古族服饰和蒙古族刺绣等一系列课程。

---

* 蒙古语采访。

乌云高娃：各位朋友，大家好！今天是 2019 年 4 月 6 日，我们现在在赤峰市图书馆"赤峰记忆"的拍摄现场。今天我们采访的对象是来自翁牛特旗的娜仁其其格，您好！

娜仁其其格：您好！

一、学习经历

乌云高娃：首先请您给大家介绍一下自己及您学习翁牛特旗蒙古族服饰、蒙古族刺绣的经历，怎么开始做蒙古族服饰及以后会怎么发展蒙古族服饰。

娜仁其其格：好的。我来自赤峰市翁牛特旗布力彦苏木，1975 年出生，有一个姐姐、两个妹妹和一个弟弟，家里一共有 7 口人。我的小学及中学都是在布力彦苏木的学校上的，高中是在翁牛特旗上的，因为家里经济状况不好，家里孩子也多，所以没念大学，高中毕业就回家了。虽然回家干活了，但是心里很想学一门技术，所以几年之后我去呼和浩特市的学校学习做蒙古族服饰。学这个也是有目的的，因为我从小就开始跟着妈妈学做针线活，我很喜欢做针线活及刺绣。我

图 1　娜仁其其格（左）接受"赤峰记忆"采访

们小时候都没有现成的衣服卖，只能自己做。如果做鞋子的话会在上面绣一朵花，因为我很喜欢刺绣，所以学了这个。学完了之后我在呼和浩特市开了一家蒙古族服饰店，开了一年。后来我发现做蒙古族服饰是离不开刺绣的，所以又回到故乡跟着前辈们学刺绣，学的过程中觉得蒙古族的刺绣真的很美，发现了我们这个民族优秀的传统文化，所以在这个基础上，边学边跟自己的经验结合。

2006年的时候我在翁牛特旗开了一家安达蒙古族服饰店，刚开始生意不太好，后来我们店里服饰的品质、款式、做工得到了大家的认可，再加上我讲诚信，慢慢就供不应求了，我的这家民族服饰店开了10年。2016年我把店铺扩大，创立了汗达民族服饰制作有限公司，现在我们公司有固定的制作间、固定的店铺，也有了自己稳定的客户群，已经形成了一定的规模。我自己很喜欢这份事业，而且政府也很支持我们，把蒙古族服饰和蒙古族刺绣都列为非物质文化遗产，这对我们来说是好事。如果没有这个政策，我们也只不过是一个会做点针线活的牧民，有这样的政策我们更要传承、发扬这个文化，同时不忘跟前辈们多学习。

2014年，我成为旗级的非物质文化遗产传承人，2016年，我成为蒙古族刺绣自治区级的非物质文化遗产传承人。有这么重的责任，我不能只做我的生意，在学习的同时也要传承这个文化。现在传承的方式是办培训班，定期开设培训班，还有在店里收徒弟教刺绣和做蒙古族服装。除了在服饰制作过程中传授技艺，还在校园开设了课程。现在赤峰学院美术系专门开设了蒙古族服饰和蒙古族刺绣等一系列的课程，我现在正在给学生们上课，已经教了两年多。同时这也给了我们很大的鼓励，不然刺绣文化很可能慢慢就被遗弃了。有这么好的机会、这么好的政策，我们也要做得更好，我也一直在为此努力着。

乌云高娃：可以跟大家介绍一下翁牛特旗服饰及蒙古族刺绣的历史渊源和发展情况吗？

娜仁其其格：关于翁牛特旗服饰的历史渊源，在十四五世纪末翁牛特部迁到克鲁伦河、兴安岭北麓生活，那时候叫"阿日（北）"，蒙古语是岭北。到了1632年的时候，翁牛特部再次迁到西拉木伦河以北，后来又迁到西拉木伦河与老哈河之间的区域生活。到了清朝，蒙古族人和满族人开始联姻，使得蒙古族和满族的文化有了深入的交流和融合，由于这些交流和融合，蒙古族服饰上有很多满族服饰的特点和细节，比如刺绣变得比以前更精致。

我们翁牛特旗服饰的最大特点是一年四季的衣服都是不同的，分别是单袍、棉袍、夹袍、马甲，衣服颜色有浅绿色、深绿色、粉红色、蓝色、褐色，这些颜色都是人们很喜欢的。

女孩们一般穿浅绿色和粉色，系细腰带，头上戴帽子或者是系头巾，手上戴穿起来的珊瑚珍珠，耳朵上不戴耳环，戴流苏或者茶叶棍。而妇女们则会把头发盘起来，像我这样，但我这个头饰是比较现代的样式，然后戴上珊瑚的头饰、珊瑚的耳坠，无名指上戴珍珠珊瑚做的戒指，手腕上戴珍珠珊瑚做的手镯。穿马甲，马甲正面有刺绣，两边有开衩，还有穿绣花靴子。女孩们也是穿绣花靴子。

男士们穿深蓝色或者是褐色的长袍，上身穿短马甲，也叫坎肩，

图2 蒙古族袍子（一）

图3 蒙古族袍子（二）

娜仁其其格：描龙绣凤踏红绸　　**167**

图4 蒙古族靴子

图5 蒙古族刺绣

如果内衬是皮子，就叫皮袍或者是夹袍。

蒙古族服饰是离不开刺绣的，为什么呢？因为穿着蒙古族服饰，女士们都会在胸前戴针线荷包，男士们会戴有刺绣的荷包袋、褡裢，女士们穿绣花靴，男士们会穿盘花刺绣的靴子，所以蒙古族服饰离不开刺绣，刺绣表现的是蒙古族服饰的细节之美。

乌云高娃：下面请您给大家讲一下，翁牛特旗服饰的刺绣方法和刺绣技术有哪些特点呢？

娜仁其其格：蒙古族刺绣有很多方法，包括很多不同的针法，正宗的刺绣针法分很多种，比如盘针绣、布贴绣、雕刻绣等。盘针绣和刺绣都有很多种绣法，最常用的绣法有齐针，绣花的时候用齐针，这样绣出来的花颜色层次分明，显得很逼真。大多数花枝都用斜针这个方法，这个叫结扣，绣花果的时候用到这个针法，绣出来的花果像真的一样。除了齐针还有阶梯绣法，经常用的有二十多种方法，前辈们说还有很多方法，但是我没有学过，我经常用的方法就这些。

刺绣的时候还有很多禁忌和寓意，比如什么衣服绣什么花、什么花不可以绣，像杏花就不能绣在衣服的后背上，只能绣在衣服前面。龙、凤凰不能绣在平民百姓的衣服上，尤其下摆上不能绣。还有从寓意这方面看的话，会给姑娘的嫁衣绣上四季的花，四季的花包括牡丹花、莲花、菊花、梅花，梅花象征着蒸蒸日上，莲花象征着富贵荣华。会给娶妻的儿子做两个荷包袋，挂在腰带上。

二、传承创新

乌云高娃：翁牛特旗服饰已经被列为非物质文化遗产项目，将来会怎样保护和传承呢？它给社会带来了什么影响？您想怎样去做这份工作？请从这方面给大家讲一讲。

娜仁其其格：我们翁牛特旗在蒙古族服饰非遗保护这方面，主要向故乡的前辈们多学习、多了解，我们会挤出很多时间去学习。因为一些农村的刺绣前辈知道的知识，如果我们不去学习的话慢慢就会被遗忘，这样就传承不了这个文化了，我们会专门去找民间的刺绣家学习传统技艺。在传承蒙古族服饰文化及保护工作方面，在我们自己了解的基础上，加上从前辈们身上学习的东西，再传授给年轻人，传承的时候我们开培训班或者是直接教学。我们不能只喊传承的口号，如果在社会上没有什么影响的话，传承的人就会变得很少，所以在蒙古族刺绣方面，我们会尽可能地实践起来，让这个文化变得有用，这样一方面会产生效益，另一方面愿意传承的人也会多起来。也要推向市场，我认为不能只是传承，我想在不改变刺绣传统方法的基础上，去研发一

图6 蒙古族服装模特儿

些适合当今市场的新产品,我觉得这个发展趋势是非常好的。

乌云高娃:做了这么多年的蒙古族服饰、蒙古族刺绣,您觉得最值得骄傲的作品是什么?以后想如何创新,这方面可以给我们讲一下吗?

娜仁其其格:最值得骄傲的是做了全套翁牛特旗刺绣的服装,今天没带来,也做了好几个这样的作品。2016年我把第一个全刺绣作品带到呼伦贝尔参加八省区比赛,那是第一次参加大赛,以前是参加各种小规模的比赛,参加八省区的比赛是抱着学习的心态去的,而不是为了什么奖项,出乎意料的是我的作品得了三等奖,很骄傲,也很高兴。我们的刺绣、我们的传统文化有这么大的影响力,也这么吸引人。从那之后我参加了各种比赛,在自治区级的比赛中几次赢得了第二名,在市级比赛中多次得过第一名,还在锡林郭勒盟的比赛中得过很多奖,前前后后得了三十多个奖项,其中大多数都是第一名、第二名、第三名。后来在传承的基础上我做了很多创新,在现代服饰上面搭配刺绣,体现蒙古族刺绣的特色,这些新潮的蒙古族服装也在各大比赛中得了很多奖,所以我想把传统文化跟现代服饰相结合,让我们的刺绣被更多人认识和了解。

图7 2016年8月,娜仁其其格在八省区蒙古语文工作协作小组办公室举办的八省区第二届蒙古族手工艺品"克鲁伦"杯大赛中获得缝制工艺三等奖

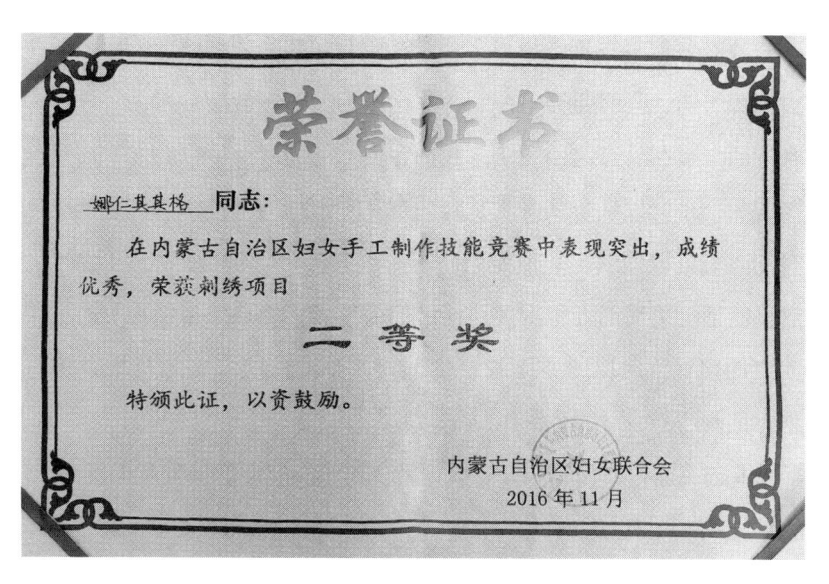

图8 2016年11月，娜仁其其格在内蒙古自治区妇女联合会举办的内蒙古自治区妇女手工制作技能竞赛中荣获刺绣项目二等奖

图9 2017年8月，娜仁其其格荣获赤峰市文化新闻出版广电局颁发的蒙古族非物质文化遗产优秀传承人证书

现在我们蒙古族刺绣很多还是在做荷包袋，就是男士们用的褡裢，是搭配蒙古族服饰的。我们要努力把刺绣文化跟现在的服装结合起来，让这个文化变得更有价值，现在是有这个想法，我们在传承的同时，可以向大家展示我们蒙古族服饰的美，还可以从中获得收益。还有在车上挂的小挂件，也是绣出来的，价格便宜，人们可以接受，也做到创新了。现在的市场潜力很大，比如在包上做刺绣，这样的话能接受的人也很多。传统的荷包袋、褡裢除了婚礼节日上用，平常没有太大的用处，所以这方面的市场不大。要传承这个文化及从中获得收益就得创新，把刺绣与日常的生活用品结合起来。

乌云高娃：那我们今天的采访就到这里，感谢您接受我们的采访！

李国华

光影曼妙显乾坤

采访时间：2019 年 4 月 7 日
初稿时间：2020 年 6 月 19 日
定稿时间：2020 年 6 月 23 日
采访地点：赤峰市图书馆"赤峰记忆"拍摄现场
版　　本：文字版

李国华速写

  李国华　汉族，1970 年出生，从小受祖父和姑姑的影响爱上古老的皮影戏，受到启蒙。1989 年正式拜张文玉、李全忠和刘立新为师，专攻皮影戏，主攻拿"上线"，唱小生行当，后来师傅逐渐老了，不出来演戏了，就把皮影戏都传承给李国华。李国华自己又找了几个艺人，领班子演唱皮影戏，一直持续了十年。

  2005 年，巴林左旗皮影研究协会成立，李国华被选进皮影协会。2008 年，成为内蒙古自治区首批非物质文化遗产项目皮影戏代表性传承人。2013 年，赤峰华夏职业学校建立皮影戏进学校基地，李国华受聘为皮影戏教师。2014 年，带领学生参加全国皮影大赛，获得金奖。2018 年，成为第五批国家级非物质文化遗产项目皮影戏代表性传承人。

  李国华一家是皮影世家，她的爱人张朋也是赤峰市皮影传承人，张朋的大爷也是老艺人。张朋会雕刻皮影，拉四弦。现在他们的女儿也正在学习皮影戏。

◉

鞠红耘：大家好，今天是 2019 年 4 月 7 日，我们在"赤峰记忆"采访现场。今天我们采访的是巴林左旗皮影传承人李国华老师。李老师，您好。

李国华：鞠馆长，您好。

一、艺术生涯

鞠红耘：李老师，首先请您介绍一下您的个人经历和从艺之路。

李国华：我叫李国华，1970 年生人。我小的时候白天上学，晚上看我爷爷和姑姑演皮影戏，有钻天入地、云来雾去的神奇，我就爱上皮影戏了。爷爷去世后，姑姑把皮影戏放弃了，我就和妹妹找纸剪成影人，贴在窗户上玩。1989 年拜了张文玉等人为师，我没有太高的文化，只念到三年级，影卷上有很多古老的艺术字都不认识，我又买了字典，一边跟着老师演唱一边看着字典学认字，影

图 1　李国华（左）接受"赤峰记忆"采访

卷上的字基本认下来了。老师去世后，我就自己弄了一盘影箱子，找了几个伙伴合作演出，一直演到2005年，自己创作剧本，边唱边演，一场戏里可以演多个角色。2005年巴林左旗皮影研究协会成立了，我们就进入了皮影协会。2008年，我被列为内蒙古自治区皮影戏代表性传承人，2018年被列为国家级代表性传承人。

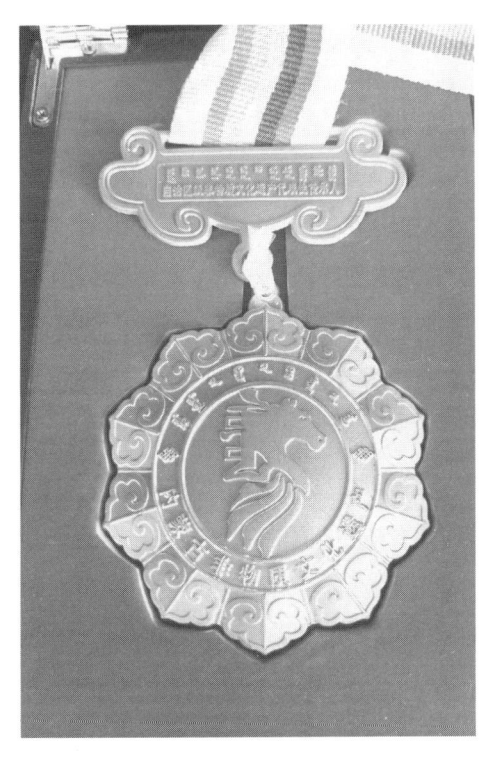

图2　李国华获得的内蒙古自治区级非物质文化遗产项目代表性传承人奖牌

图3　李国华获得的国家级非物质文化遗产项目代表性传承人证书

二、艺术特色

鞠红耘：李老师，皮影是怎么制作的？

李国华：皮影一般用驴皮去做，俗话叫"驴皮影"。驴皮买回来之后把它浆了，把毛都去掉，然后熟皮子。晒干后用刮刀刮得又薄又透明，要刮到薄如纸，

图4　李国华在制作皮影

这样才能透光。接下来把影的样子做出来，画出轮廓再雕刻出来，这叫"刻茬子"，是手工雕刻的。雕刻这一步骤非常重要，一般影人制作有阴刻和阳刻两种手法。阳刻，就是凸显主要线条，把大部分面积都舍弃；阴刻与阳刻正好相反，是把大部分面积都保留，把主要的框线剔除。目前巴林左旗皮影大多采用阳刻的手法制作。图案是最主要的，做样子也好、刻也好，不能把图案给刻坏了。

雕刻出来之后再上颜色，影人上色的常用颜色有红、橙、黄、绿、青、蓝、紫，颜色都是天然的矿物或者植物调配的。第三步是上油。上油一般用清油，这种油没有杂质，刷出来的影人效果比较好，上油的时候用小毛刷涂抹均匀，上完油放到阴凉的地方自然风干，绝对不能放在太阳下暴晒。第四步上火板，把它压平。第五步组装，即按照人体结构把各个零部件组装成整体。腿是一截，头是一截，另外还有胳膊的上截，胳膊的下截，还有手。先钉手和下臂，再接上臂，接着把身体、腰臀部和腿接上，最后把手臂连接到身体上。第六步是钉上主杆、副杆。主杆就是脖杆，副杆就是手杆，因为皮影戏是借光显影的东西，皮影戏演出就是一边操纵皮影人一边唱，通过这种方式让观众欣赏剧目、欣赏它的感情，要是没有脖杆和手杆，就根本操纵不了它。

鞠红耘：演出的过程是怎样的，要如何操作脖杆和手杆呢？

李国华：我们皮影协会有二三十名演员，由于下乡到各苏木的时候吃饭、住宿等安排不便，所以我们就七八个人下乡去演出。皮影戏就是借光显影的东西，都是晚上演出。正式演出之前，先把台子搭建好，把幕布支好。第二步是挑选影茬子，比如说我们今天晚上演《龙门阵》或演《五峰会》，就把影茬子挑好了放在这儿，把戳子放在这儿。第三步上灯光、背投、笔记本电脑、音响、字幕机这些设备，然后我们再开始演出。

演出时，有两个"提线"操纵影人。"上线"负责保管影箱子，从窗口左边上场；"下线"位于窗口右侧。另外得有两三个演员演唱，两三个演员拿着乐器伴奏。戏班的分工还是挺明确的，但如果人手不够或者演出的剧目有特别的要求，我们也调整人员分工，比如换个演员演唱，或者一人担任多个角色。

图5 李国华（右二）在演皮影戏

鞠红耘：李老师，请您介绍一下巴林左旗皮影的地方特色、地方剧目。

李国华：巴林左旗皮影戏主要是辽代皮影戏。传统皮影脸是镂空脸，是阴刻；巴林左旗皮影是铁实脸，是阳刻的。巴林左旗皮影戏影人头部和脸部较大，身体相对粗短，从体型上看比一般的皮影高大，穿的服饰都是辽代服饰，形态样貌、服装配饰融入了契丹及其他北方游牧民族人物造型元素，看起来比较粗犷、雄壮，跟其他地区皮影有显著不同。

巴林左旗皮影剧本也有"连台戏"和"单本戏"。我们以前经常演出的剧目有《五峰会》《青云剑》《二度梅》《镇冤塔》等。随着人们娱乐形式越来越多，看皮影的人就少了，有些老剧目的演出就少了，有的甚至消亡了。2005年，我们策划创作了《大辽双星》《萧燕燕和韩德让》两个剧目，2009年到2011年期间，又创作了《辽太祖传奇》上部和下部，都是有关耶律阿保机的剧目。

三、传承之路

鞠红耘：皮影协会为了发扬和传承这项艺术，做了哪些工作？

李国华：我们经历了很多磨难。我们一年下乡演出一百多场次，现在皮影戏下乡演出，五六十岁、六七十岁的老爷子、老太太反响还是不错的，二三十岁、三四十岁的青壮年就说看不懂了。老艺人年纪大了，老影卷、影箱逐渐失传，皮影艺术的生存和发展面临很大的挑战。皮影协会为了让更多的人接受皮影戏，综合使用新老设备，比如扬琴、三弦、打琴、音响等，使皮影剧目更加通俗易懂。

另外，针对年轻人看不懂皮影戏的问题，我们买了笔记本电脑、投影仪，把影卷上的文字打到笔记本电脑里头去，然后找投影仪给它投到银幕上去，使年轻人和小学生们能看懂皮影戏。

还有，我们开展皮影进校园活动，先后编了《三个邻居》《狐狸和乌鸦》《神奇的羽毛》等儿童皮影剧。

鞠红耘：巴林左旗皮影戏的传承情况怎样？

李国华：民国时期，皮影艺术就已经传入巴林左旗，最初有几十个戏班、四五十名皮影艺人。一直以来，皮影戏在巴林左旗都比较受群众欢迎。1979年5月，巴林左旗文化局对全旗皮影戏班和皮影艺人进行了一次全面普查和登记。当时巴林左旗影箱有40多个，艺人有200多名；现在巴林左旗的皮影艺人有20多个，影箱2个。1985年10月24日，巴林左旗文化局制定下发了《巴林左旗民间皮影艺人管理条例》，皮影演出逐渐走向规范化。为了传承和发扬这门艺术，巴林左旗成立了皮影研究协会和皮影剧团。几位老同志、老艺人编写了《巴林左旗皮影志》，同时又收集、购买了20多部传统皮影剧本。2011年，巴林左旗皮影戏入选第三批国家级非物质文化遗产名录。我带了很多学生、徒弟，现在能演出的有两三个。我的一名徒弟2013年在赤峰华夏职业学校建立了一个巴林左旗皮影戏基地。

我们带着学生参加了在河南开封清明上河园举办的比赛，得了金奖，也经常参加群众大舞台演出，也得了很多奖。

鞠红耘：李老师，您和团队今后有哪些工作计划？

李国华：作为一名国家级传承人，我有责任将这门艺术传承下去。我们现在从幼儿园、小学抓起。今年我们就走了全旗30所小学，给孩子们演出动画片、儿童剧。我们还要努力创作，最近创作的剧目是《扫天婆》。总之，我们要让更多年轻人去理解它，往下传承它。

图6 李国华在传承皮影戏

图 7　2015 年，李国华的皮影戏在"中国梦·梦之春"巴林左旗第三届群众大舞台大赛中获综艺类二等奖

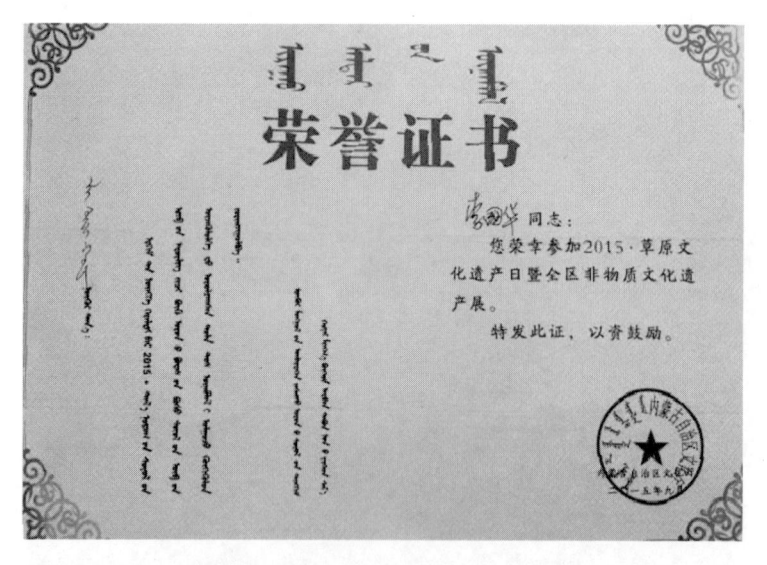

图 8　2015 年，李国华皮影戏参加 2015·草原文化遗产日暨全区非物质文化遗产展证书

贺登鹏

渔歌唱晚达里湖

采访时间：2019 年 4 月 7 日
初稿时间：2022 年 6 月 6 日
定稿时间：2022 年 6 月 18 日
采访地点：赤峰市图书馆"赤峰记忆"拍摄现场
版　　本：文字版

贺登鹏速写

  贺登鹏　1962 年 7 月出生，赤峰市克什克腾旗人，高中学历。1996 年加入中国共产党，1982 年参加工作。1982 年至 1992 年在达来诺日渔场当捕捞工人。1993 年至 1994 年任达来诺日渔场捕捞二队副队长。1994 年至 2018 年任克什克腾旗达来诺日渔场捕捞队二队队长。2018 年退休。

  参加工作后，贺登鹏虚心学习，努力钻研捕捞生产技术。贺登鹏任副队长、队长期间，多年超额完成生产任务。生产过程中，厉行节约，精打细算，努力节约生产成本。贺登鹏的工作表现受到场领导和工友的一致好评。1985 年至 1990 年连续六年被评为渔场劳动模范，1995 年至 2010 年连续五年被评为渔场先进生产者，1998 年被评为克什克腾旗旗级优秀共产党员，2009 年被克什克腾旗文化旅游体育局认定为克什克腾旗非物质文化遗产代表性传承人，2011 年被克什克腾旗总工会授予"克什克腾旗五一劳动奖章"，2012 年被赤峰市文化局认定为内蒙古赤峰市非物质文化遗产项目达里湖冬捕习俗代表性传承人。

退休后，贺登鹏不忘传承，将冬捕和冬捕祭祀习俗尽数传授给黄福宝和呼斯乐，以达里湖南岸景区特色烤鱼为依托，向游客积极宣传达里湖冬捕习俗。

刘淑华：大家好，今天是 2019 年 4 月 7 日，我们在赤峰市图书馆"赤峰记忆"的拍摄现场。今天我们访谈的非遗传承人叫贺登鹏。贺老师您好，感谢您今天接受我们的采访。

贺登鹏：您好。

一、富饶达里湖

刘淑华：请您给大家介绍一下您的个人经历。

贺登鹏：我叫贺登鹏，来自内蒙古赤峰市克什克腾旗。我的工作是从 1982 年开始的，作为非物质文化遗产项目达里湖冬捕的传承人，一直从事捕捞工作，

图 1　贺登鹏（左）接受"赤峰记忆"采访

差不多有 36 年了。

刘淑华：倾尽一生都在干冬捕工作，是吧？

贺登鹏：对，现在虽然退休了，但还是一直在做捕捞工作的传承。

刘淑华：还在培养年轻人做这项工作。

贺登鹏：对，培养优秀的年轻人，能吃苦、能干的年轻人。

刘淑华：您既然在达里湖工作了三十几年，您一定非常了解和熟悉达里湖的基本情况，给我们大家介绍一下达里湖的基本情况吧。

贺登鹏：达里湖的全称叫达里诺尔湖，蒙古语"达里"是"海"的意思，"诺尔"是"湖"的意思，译成汉语就是像大海一样美丽宽广的湖。它位于内蒙古赤峰市克什克腾旗西北部，距离旗所在地将近 90 千米，它的总体面积约 238 平方千米，总蓄水量达 16 亿立方米。它就像一个海马形状似的，它的平均水深是在 6—7 米，最深的湖深是 13 米。达里湖处在高原上，属于高原内陆湖。

刘淑华：是内蒙古第二大内陆湖吗？

贺登鹏：对，是咱们内蒙古第二大内陆湖，它的水质是封闭式苏打型半盐碱

图 2　2009 年 8 月，贺登鹏获克什克腾旗非物质文化遗产代表性传承人证书

图3　2011年4月30日，贺登鹏获克什克腾旗五一劳动奖章

图4　2012年3月，贺登鹏获赤峰市非物质文化遗产项目达里湖冬捕习俗代表性传承人证书

湖。它的 pH 值是 8.5—9.7 之间，碱度非常高，达里湖还有两个姊妹湖，一个叫多伦诺尔湖，一个叫岗更诺尔湖，有四条河流往达里湖注水，耗来河、贡格尔河、沙里河和亮子河，靠南岸还有泉水向里灌输。因为达里湖没有出水口，它实际是一个堰塞湖，由于它的独特水质，别的鱼类到达里湖生存不了。达里湖是国家 AAAA 级景区，国家级水利风景区，全国休闲渔业示范基地，并被列入亚洲重要湿地名录，现已查明的栖息的鸟类有 18 目 48 科 297 种，其中有 10 种是国家一级保护鸟类，有 43 种是国家二级保护动物。因为它鸟类众多，被称为"百鸟乐园"，享有咱们国家第三大天鹅湖的美称。

二、旅游开发

刘淑华：达里诺尔湖是哪年被咱们开始发现利用的？什么时候开始的冬捕呢？

贺登鹏：据说在新中国成立以前达里湖就有捕鱼的现象。至少在我 1982 年参加工作时，就已经有冬捕了，那时候冬捕就是原始马拉绞磨的那种，逐步地改进以后就是机械化，由小型拖拉机改成大型拖拉机，由人工凿冰改成现在的机械打眼器，也逐渐科技化、现代化了。

刘淑华：冬捕现在已经有若干年的历史了吧？每年举办这个活动时大致都有多少人参加？都是哪一部分人参加这个活动呢？

贺登鹏：达里湖祭祀和冬捕都是集体的活动，大概 100 多人参加祭湖醒网仪式，它非常隆重也非常神秘。现在旅游开发结合生产捕捞，本地加大了旅游宣传，所以全国各地慕名而来的人非常多。本地政府也非常支持，本地的老百姓参与得非常积极。

刘淑华：感觉现在冬季捕捞节已经形成了一个旅游品牌活动。

贺登鹏：对，现在已经举行了十二届了。都是咱们克什克腾旗政府的文旅体局承办，本地的各个苏木乡镇，还有农牧民老乡联合办的。旅游人数最高的时候达到三四万人，不但促进了当地旅游业的发展，也推动了渔业销售的增长。

刘淑华：现在捕捞的过程中一次性能打捞多少鱼呢？

图 5　内蒙古广播电视台采访贺登鹏

贺登鹏：最高单产是达到 20 万斤，也有打几百斤的时候。

三、冬捕流程

刘淑华：那您给我们介绍一下整个冬捕的盛况吧。

贺登鹏：主要领导或嘉宾点燃圣火就是表示这个仪式要开始了；第二个就是诵经，摆供桌；第三个就是跳查玛舞，一种古老的习俗舞蹈，民间传说是驱鬼神、保平安的；第四个就是我们"鱼把头"，就是非物质文化遗产传承人"鱼把头"；还有就是要朗诵祭湖词。

刘淑华：能给我们说两句祭湖词吗？

贺登鹏：一祭万世不老的苍天，再祭哺育生命的大地，三祭万年的湖神，保佑我们冬捕生产平平安安，顺顺利利，多出鱼，出好鱼，出大鱼。然后就是举行祭湖仪式，也就是醒网仪式，倒上奶酒，泼到渔网上，意思是这个网已经醒好了，然后有喇嘛在诵经，再将祭品倒入冰洞，祭湖就是祭冰洞里头。

刘淑华：祭品都是什么呢？

贺登鹏：牛奶、奶豆腐、炒米，放到湖里去，这算祭品。然后再找九个蒙古族姑娘祭敖包，达里湖的敖包属于冰敖包，给冰敖包献上九条哈达，献哈达是咱们蒙古族最隆重的礼节，然后再插上九炷沉香，香代表虔诚的意思，再插上九株松枝。

刘淑华：松枝代表什么？

贺登鹏：松枝代表坚定不移。然后回到祭桌前，再率领着捕捞队员拿着牛奶到冰敖包转三圈，回来以后工作人员倒上马奶酒，一人一碗马奶酒，队长带领着队员说，达里湖冬网醒好了，湖神保佑。队长喊一遍以后，队员跟着喊三遍，湖神保佑，湖神保佑，湖神保佑。然后是拿酒来，喝壮行酒，干，然后就开始鸣鞭炮，我们就退出祭湖仪式，开始进入正式的工作场地了。

捕捞时先凿开一个下网口，将近3米乘3米见方的下网口，然后下入干木头杆，一边两根杆子，在水下组成扇形，每根杆子在30米到40米之间，一个眼一个眼打到每面10个眼左右，就是将近250米到300米，它们就形成半圆与楔形之间的一个形状，周长将近1000米，就再往回收网，往回收就到出网口了，它

图6 出海捕鱼

是冰下作业的大型拖网，叫明水拖网，它是水下拖网的，杆的作用就是穿针引线，杆后面拴着绳子，绳子我们叫大套，大套后面是带的网，这种作业程序，从下网到出网接近四五个小时就能到出网口了。

刘淑华：我以为得提前一两个月就把网弄进去了。

贺登鹏：不，一天一个行程，一天甭管早晚必须得把这网鱼都拉出来，因为网在水里搁着，容易跟冰冻到一块。

最后一个环节则是放生。鲜活的鱼捞出来以后，喇嘛进场里诵经，然后放生，意思是让它万物永生。

刘淑华：那你打上这些鱼，再从里边挑出一点放生。一般有多少放生的？

贺登鹏：放生的也非常多，放生的时候游客也特别多。

刘淑华：游客放生是花钱买去，然后再去放生。

贺登鹏：对。

刘淑华：一次有多少个捕捞队员参加？

图7 出网

图 8　整理网兜

贺登鹏：一个捕捞队是将近二十七八个人，都是当地的壮汉，因为我们这个工种属于特殊工种，岁数大了，就不适合捕捞工作了，到了 55 周岁就能退休了，都是退一茬上一茬，始终是在培养着年轻人。

刘淑华：到目前为止有多少捕捞队？

贺登鹏：我们现有的是三个捕捞队，每一个队年轻的队员都是二十七八个。

刘淑华：捕捞队员是固定的吗？每年就这些人一直从事捕捞活动吗？

贺登鹏：几乎就是固定的，咱们属于国有企业，每年的冬季都从事捕捞生产，到春季咱们就是自然管护，对鸟类、对土地、对渔业都是起到保护作用，夏天不生产，从 4 月到 6 月是渔业维护期，鱼上来产卵了，为防止鱼卵被鸟类破坏，以及预防偷盗者之类，这段时间主要进行渔业保护工作。到八九月就是草茂盛季节了，保护工作就告一段落。防止牲畜破坏自然是我们每年都要做的工作。

刘淑华：捕捞的时候是怎么分工的呢？

贺登鹏：主要是由两个捕捞队长，在网口把网兜住，五个打眼的队员，一边两个走杆子的队员，还有撸套的队员，一边有两个，还有两个拖拉机手，因为两边绞网，有拖拉机往前牵引，网特别大，高就将近 30 米，单扇网长 400 米，网兜是 30 米长、20 米高左右，网非常沉，它用机器牵引，所以需要有两个拖拉机手，分工主要是这些。

刘淑华：多年前你们一直是用手工捕捞，从哪年改成机械化操作的，它有什么不同的效果？

贺登鹏：1982 年我参加工作的时候，我们捕捞的过程很原始，那个渔网是胶丝网，不是聚乙烯，网特别沉，网也小，那会儿我们使的马拉绞盘，网也不能太大。那会儿天也冷，冰层也厚，所以工人非常累。这些年逐渐改进，从 1996 年开始就实行半机械化了，55 马力大型拖拉机进行绞网，那会儿网就变大了，聚乙烯网一脱水它就轻了，网长度增加了，打鱼的面积大了，鱼产量上来了，人工也不那么费力了，劳动力也减少了。

原来过去都是手工凿眼，都是 20 厘米左右，这么粗的圆窟窿，就使手工钻。2001 年，咱们从达赉湖引进了钻冰机，现在都机械化了，机械化不就是减少人工了嘛，机械打的速度快，网的面积又增大了，所以这一步一步在改进，产量一步一步在增高。人工打鱼那会儿，网走得慢，鱼比网走得快，鱼就不在网里了。现在车也绞得快了，打眼打得快了，网的形成速度也快了，围的鱼群也多了，这就是捕捞的过程从传统手段到现代手段的转化。

不过传统的传承也有，我们现在使用的一些工具，像冰穿子、"包克"[①]、小钩之类的东西，还是用原始的。很多名字原来都是俄罗斯的那种语言，不是咱们国家现有的名称，像"包克"是俄语音译过来的，在机械化这一块儿，像钻冰机、绞网机，这都是后来发展才有的。

冬捕属于冰上作业，冰上作业这一块你根本看不着湖底，这就需要积累经验，每年封湖的时候得看封湖的时间，看封湖是刮风还是下雪，东南风，还是西北风。因为鱼的集群形成不一样，风向就不一样。再一个就是看地形，我们主要

---

① 包克：一种冬捕的工具，长 3—5 米的红松木杆，木杆前有一小铁杈。下网时用来压网和冰，出网时压底纲以免跑鱼。

是看山向，就是山脉走向。打鱼不能往山包上打，你得往山沟里打。冬天鱼是半冬眠状态，它的习性是靠近淡水，因为淡水多的地方有氧，有氧气鱼才能生存。一般冰封下大雪了，冰面上有雪，阳光照不进去，氧分不足，鱼群就少，靠近河流流水地方，氧分肯定要高，鱼肯定要多，这就是多年经验的积累。像这些经验一般老工长、老队长都知道怎么看，一般不告诉你，人家留一手。为什么人家打鱼打得多，你打鱼打得少，就是这个原因，这是这么多年自己总结出来的。人家老工长有什么事，把你打发走了，你去干那个去吧，其实人家把这些活干完了，你根本就不知道。你身子走了，你的心、耳朵得留到这块，你得听，你得琢磨这些事。

四、学习历程

刘淑华：什么机缘让你开始学冬捕的技术？

贺登鹏：在达里湖，青壮年一上班都得先上捕捞队，所有的人员几乎第一份工作都是学捕捞，学过会计、学过水电这块的可能就不进捕捞队，像一般的工人上班都先进捕捞队，从捕捞的锻炼中成长嘛。我在学习捕捞技术当中就慢慢喜欢上这项工作，很多人感觉这项工作比较烦躁，都是出力的活，但是我对这个捕捞工作慢慢形成兴趣了，捕捞时候就跟着我的岳父，当时我的岳父黄岐稳当队长，因为我跟他姑娘处对象了，老人把这些技术就想传授给我。

我对捕捞工作非常爱好，我在1993年当副队长，1994年当正队长，当队长二十四五年，一直干到退休。在我的职业生涯中，我又带出了五六个徒弟，我现在带着两个蒙古族的徒弟，他们也特别喜欢学捕捞，对这些东西非常感兴趣。说爱岗敬业也好，人品也好，你得选对了人，让他做爱做的事才行。

刘淑华：您是怎么当上队长的？

贺登鹏：当时一共三个捕捞队，捕捞队有任务，我们队每年任务完成得不是那么好，由渔场常委会决定就地调换，我提成正的，原正队长当成副队长了，给降级使用了。从那以后我们队几乎就没有没完成过任务的时候。

图9 年轻时的贺登鹏

刘淑华：把您提拔了，还是您这个队长厉害。

贺登鹏：当了队长之后就带头完成任务，老丈人传授的经验起了一定作用，归根结底还是技术过硬，一个是看封湖的时间，再一个是看地形、看山向。现在都有GPS了，一定点就出来了，过去都凭自己脑海里的一些记忆。2011年，我创造了最高纪录，单网产量是20万斤，这是有史以来最高纪录了。还有一个创造纪录就是2016年冬捕的时候，7天时间就完成整个的冬捕任务了。

刘淑华：完成多少算完成任务了？

贺登鹏：每年都是计划生产，这一年刨除人工、场子这些开支或者是上缴利润以后，剩下的都是捕捞队的。计划产量是100万斤鱼就打100万，计划打90万就打90万，这三个捕捞队一平分，你要是打不够任务，挣工资就少了，奖金也少了；你要超产了，奖金也有了，工资也高了。我最短时候7天就完成了全年任务，因为快速完成全年任务后费用就小，油料费用、人工费用、网具磨损费用都降到最低了，就把成本降到最低了。

刘淑华：这些年发生过事故吗？

贺登鹏：没发生过事故。

刘淑华：那咱们是采取怎样的防护措施？

贺登鹏：渔场有个冬捕安全委员会，每年到封湖以后就看冰层，三天或者五天、一星期看一次冰层，我们现在定的安全冰层是45厘米，到了安全层就可以冬捕。我们规定了行车路线，所有的人车都得靠湖边走，因为达里湖是锅底形状的，湖边非常浅，冰要是塌了或者有危险状况了，靠近湖边走也不会出现重大伤亡或者造成重大损失。每天早晨安委会都会开着一辆小车在前边探路，晚上作业完回来，小车在前头领路把你领回来，所以冬捕安全系数比较高。每年冬捕前我们都做岗前培训和安全教育，年年如此，做了将近二十年了。

刘淑华：所以这么多年始终一直是安全无事故。

贺登鹏：对，安全无事故我们还做得挺好的。我是2018年退休的，因为刚退休想回去再感受一下，今年冬捕我还回去看了。正好看见他们有一个捕捞队出了临时事故了，网就陷在里边了，现在这个队长就是我的徒弟，那我就义不容辞帮忙。因为我是以游客身份带着家人去的，我就下了车，跟家人说你们该玩玩，该怎么样就怎么样，我就去了现场，就跟他们研究这些问题，哪块出了困难了，哪一块闹住了，一直把他们这些困难都解决完之后，我才回的。

刘淑华：还是心系捕捞事业的。

贺登鹏：现在还关注达里湖，因为这些传承嘛，有些事情不能说言传身教吧，但可以互相参考参考，参与参与。

五、生态保护

刘淑华：达里湖的鱼春天产卵的时候是非常壮观的，中央电视台十频道有一个《科学探索》，曾经介绍过咱们这个达里湖的状况。

贺登鹏：对，现在咱们已经举办了七届了，咱们叫华子鱼洄游季。这个鱼习性上淡水里产卵，产卵以后再回到达里湖，鱼卵变成鱼苗，鱼苗再返回达里湖，那个鱼的鱼群特别大，有多深的水就有多厚的鱼，特别壮观。

刘淑华：每年大致有多少鱼洄游？

贺登鹏：洄游的将近有五六十万斤吧，一共四条河流，每条河流都是这样，水有多深鱼有多厚那种感觉。

刘淑华：冬季捕捞你们什么时候开始申报的非遗？

贺登鹏：2011年，达里湖冬捕习俗被列入内蒙古自治区第三批非物质文化遗产名录。

图10　春季华子鱼洄游

刘淑华： 现在国家对生态环保很重视，强调绿水青山就是金山银山，要像保护眼睛一样保护生态，像对待生命一样对待生态。各地政府这些年也都加强了生态治理。你们对保护达里诺尔湖也采取了一些措施，对吗？

贺登鹏： 对，每年采取很多措施，主要措施就是每年的春秋两季种树、种草、种苇子。达里湖地质特殊，它属于盐碱地，种一些抗盐、抗碱的苇子、碱蓬，还有一些草，每年都在种植，每年都加大力度，每年都投资人力、物力、财力，都不少投资，也非常见成效。因为这些年气候干旱，对达里湖水面影响特别大，水位逐年在下降，现在在退水地段，人工绿化将近三四万亩，盐碱化得到了非常有效的控制，因为水退化以后它是盐碱地，一有风之后它起风沙，人工给它覆盖以后，抗盐碱效果特别好。

刘淑华： 冬季捕捞是我们赤峰市非常重要的一个非遗传承项目，感谢您这些年为冬季捕捞做出了这么大的贡献，也希望您以后继续把这个非遗项目传承好、做好。感谢贺老师接受我们的访谈，谢谢您。

莲花

此曲只应天上有*

采访时间：2019 年 4 月 7 日
初稿时间：2022 年 7 月 22 日
定稿时间：2022 年 7 月 24 日
采访地点：赤峰市图书馆"赤峰记忆"拍摄现场
版　　本：文字版

莲花速写

　　莲花　蒙古族，1963 年 4 月出生，巴林左旗乌兰牧骑原演员，内蒙古音乐家协会会员，一级演员。2018 年被评为赤峰市级非物质文化遗产项目昭乌达长调民歌代表性传承人。

　　1998 年 7 月，参加第二届中国民俗文化旅游节暨 96′青岛（市南）海之情旅游节的艺术演出，获荣誉证书。1999 年 8 月，参加中国 99′昆明世界园艺博览会文艺节演出。1992 年 8 月，参加乌兰牧骑建立 35 周年纪念活动暨乌兰牧骑艺术节演出。2019 年 12 月，参加中国音乐学院"中华传统音乐文化资源库"项目展演演出。2018 年 7 月，任"永远的牧歌"昭乌达长短调民歌大赛评委，并在颁奖晚会上演出。2018 年 7 月，参加"永远的牧歌"昭乌达长短调民歌研讨会。2019

---

* 陈玉华汉语采访，莲花蒙古语作答。

年7月，参加赤峰市昭乌达蒙古族长短调民歌研讨会。2018年，参加中央电视台7套乡村大世界栏目演出。2018年，论文《蒙古长调的传承与保护》在《中国文艺家》杂志上发表。

参加文化下乡、惠民演出、慰问演出等各类演出3000余次，代表巴林左旗赴大连、沈阳、葫芦岛、哈尔滨、青岛、北京等区外演出50余次，参加赤峰市级昭乌达蒙古族长调传承人专场演出等30余次。她的一首首蒙古族长调歌曲赢得了观众、媒体、艺术节专家领导的高度评价，成为受广大农牧民喜爱和欢迎的蒙古族长调演员。

获得如下奖项：1991年11月赤峰市第二届专业艺术表演团体会演一等奖；1997年5月赤峰市乌兰牧骑暨专业艺术表演团体会演一等奖；1997年6月赤峰市"雪原杯"广播电视大赛一等奖；1998年9月"蒙古王杯"全区蒙古族民歌大赛三等奖（自治区级）；2003年8月赤峰市庆祝建市20周年乌兰牧骑展演一等奖；2005年5月赤峰市首届蒙古族歌曲电视大赛一等奖；2005年7月第二届内蒙古长调歌曲大赛三等奖（自治区级）；2005年12月八省区首届蒙古族歌曲电视大奖赛职业蒙古语组优胜奖（国家级）；2009年8月赤峰市第二届社区文艺会演一等奖等。

代表作品《格力贝尔召》（歌曲）收录在《查干哈达颂》专辑CD中，《矫健的枣骝马》（歌曲）收录在《昭乌达民歌集》CD中，《吉塔拉》（歌曲）收录在《内蒙古民歌精品典藏》CD中，《云青马》和《格力贝尔召》（歌曲）收录在《巴林民歌》CD中。

近年来，着重吸收民间优秀营养，不断深入基层，多方走访民间艺人，不遗余力地搜集、整理、传承、保护蒙古族长调民歌（昭乌达长调民歌）工作，40余次下乡走访民间艺人开展传承工作。多次同专家学者开展蒙古族长调歌曲的交流研讨工作。传承工作开展以来，培养了旗内外蒙古族长调民歌歌手200余人。

陈玉华：各位朋友，大家好！今天是 2019 年 4 月 7 日，这里是赤峰市图书馆"赤峰记忆"的访谈现场。今天要给大家带来的是被誉为"草原音乐活化石"的赤峰市非物质文化遗产——昭乌达蒙古族长调民歌。

昭乌达蒙古族长调民歌是中华民族的宝藏艺术之一，名为"乌日汀道"，翻译过来为"长调歌曲"。它的特点非常浓郁，或抒情，或直叙，或委婉，每个来到草原的人，坐在那一望无际的草原上，蓝蓝的天空，绿绿的草地，听着一首长调如痴如醉，你顿时会感到一生很幸福、很快乐。今天我们要介绍的是来自巴林左旗乌兰牧骑的长调民歌演唱家莲花老师，欢迎您，莲花老师！

莲花：你们好！

一、长调启蒙

陈玉华：莲花老师已经工作 30 多年了，多年来一直为我们蒙古族长调（昭

图 1　莲花（左）接受"赤峰记忆"采访

乌达长调民歌）的传承发扬贡献力量。今天我们把她请到这里，让她和大家一起来分享一下昭乌达的长调民歌。

在此之前，我先来为大家简单介绍一下蒙古族长调民歌。2005年，蒙古族长调民歌被联合国教科文组织非物质文化遗产部门列为人类口头和非物质遗产代表作；2006年，被列入第一批国家级非物质文化遗产名录，而在蒙古族长调民歌里，昭乌达长调民歌是最主要的一个组成部分。

今天我们谈到的蒙古族长调民歌，2017年被列入第五批自治区级非物质文化遗产名录和第六批赤峰市级非物质文化遗产名录。莲花老师2018年被评为赤峰市第三代昭乌达蒙古族长调民歌传承人。她是赤峰昭乌达草原上著名的长调歌手，也是我们心中的长调演唱家，下面我们有请莲花老师介绍一下自己从小到大的经历。

莲花：你好，我是在巴林草原上出生、成长的孩子，我的母亲在家乡也是一位著名的长调歌手。受母亲影响，我从6岁开始学唱长调民歌，8岁就跟着母亲去家乡的婚宴、寿宴上唱歌，还能独自唱几首歌。就这样每年家乡长辈们耐心教我唱民歌，我就坐在他们怀里跟他们一起唱歌。

我们巴林的著名歌唱家阿拉坦格日勒前辈，在内蒙古、北京都是相当有名气的，他曾在北京人民大会堂演唱《云青马》。除了阿拉坦格日勒前辈以外，我们家乡还有很多默默无闻却依然歌唱长调的前辈们，例如叶希关布、努努、钟乃、呼都特等等。

陈玉华：听了莲花老师的介绍，我特别理解您，在草原上您从小到大一直跟妈妈、跟家人、跟很多著名的民间歌手学习长调，我感觉您走到今天真是非

图2　年轻时的莲花（右）和母亲格日勒

常不容易。

莲花：我考入乌兰牧骑当声乐（蒙古族长调）演员离不开前辈们的谆谆教导，离不开自身的努力，更离不开的是乌兰牧骑团队给予我更好展示的机会。

为什么这么说呢，原乌兰牧骑的满都拉是一位艺术家前辈，他不仅会唱长短调民歌，还会拉马头琴，因为工作需要调动到白音勿拉苏木文化站当站长。有一次满都拉在叶希关布家录制蒙古族长调民歌，当时我正在打水，途中听到叶希关布正在唱歌，我就丢掉木桶，奔那屋去了。进去后，满都拉站长问我，"会不会唱歌"之类的话，我说会唱歌，那天我唱了《金色圣山》《云青马》《沼泽地的柳树》三首歌。他听到我会唱《金色圣山》后很惊讶，问我考没考过乌兰牧骑，我说没有，他说有机会我把你介绍给乌兰牧骑。

我意犹未尽地想再唱两首，可他也没有再让我唱，但叶希关布长辈那天唱了许多的歌，于是那段时间我总是跑到前辈家去，去了就上炕跟他一起唱，直到晚上才回家。久而久之，我的家人也知道要是我很晚没回家一定是跑去叶希关布长辈家学唱歌呢，就这样我跟家乡的前辈们学到了好多长调民歌，一直走到今天。

二、崭露头角

陈玉华：听了莲花老师从小到大的经历，我非常羡慕，莲花老师6岁时跟着爸爸妈妈一起学蒙古族长调民歌，8岁时就可以唱完整的歌曲了，我特别喜欢您的歌曲，每次听都能将我拉回到草原的广阔和家乡的温暖中去。

莲花：1986年我进入了乌兰牧骑以后没有通过任何培训就参加正规演出了，我在乌兰牧骑的演出工作中，发扬的乌兰牧骑精神，也是传承老一辈艺术家们留给我们的精神——哪怕台下只有一位观众，也要尽职尽责地表演。

当然，牧民对我们很热情，每当我表演完都会要求我再多唱几首，有时候加唱三首还不够，要五首甚至十首，我们得到牧民的喜爱也很高兴，会以歌唱的方式回应他们这份炙热的喜爱。

图 3　演出中的莲花（左二）

陈玉华：非常好，我还想知道在唱长调的生涯中，您怎么样来传承昭乌达长调民歌？

莲花：尽自己的全力去发扬祖辈留下来的长调民歌。

陈玉华：我记得您说过一次您去挖掘草原长调，跟着新主任去召庙，这段经历可以跟大家分享一下吗？

莲花：当初是以前的查干哈达苏木的党委书记新巴雅尔，他听到这首歌之后给我们打电话，问我能不能去记录并保留一下这首民歌，我答应下来。随后新主任带我们去拜访白音勿拉苏木的牧民恩和巴图老人，我们一行人中有马头琴手，有我，还有新主任。

因为这首歌让我心生敬畏，让我感受到我们蒙古族长调的力量，所以我们非常积极，第一天就找到了全部素材，第二天学唱，第三天就录制好，后来收入《查干哈达颂》专辑 CD 中。

陈玉华：我听说您挖掘的这首歌曲，是巴林民歌里非常著名、非常具有代表性的一首歌，这个歌曲的名字叫什么？

莲花：《召庙》。

陈玉华：据我们所知，巴林草原召庙是天下的第一召（北五台山），很多旅游的人都会来到召庙，这首歌用非常生动的语言表达了格力布尔召的自然环境及文化底蕴。

莲花：是的，这些歌词都是描写召庙的自然环境及文化底蕴，用非常生动的语言表达出来。

三、薪火相传

陈玉华：我了解到您的老师们都教给了您很多长调知识，其中我非常想谈的是我们巴林草原上长调的第一代传承人——阿拉坦格日勒老师，您给我们讲讲他的故事。

莲花：他是我家乡的前辈，我是听他的歌长大的。我妈妈也是跟着这位前辈学习的。

陈玉华：我知道阿拉坦格日勒老师在 20 世纪 60 年代的时候到北京去演出受到领导的接见。他最著名的歌曲是《云青马》，还有《金色圣山》，这些歌曲都是我们长调民歌里的经典。我还了解到包括乌云格日勒老师在内的第二代传承人，他们也一直坚持唱长调，您给大家介绍一下她对您的影响。

莲花：乌云格日勒老师的音色非常特别，她今年快 80 岁了。这位前辈在婚宴场合演出是绝对不会重复唱一首歌的，她脑海中的歌曲取之不尽、用之不竭，不像我们唱完了一首会想下一首该唱什么歌。她不用想，开口就唱，一首接着一首，越唱越嘹亮。前几年我回到家乡看望她老人家，老人家还给我唱了几首，老人家声音全然没有衰减，依然很嘹亮。

陈玉华：我了解到昭乌达民歌特点非常浓郁，首先行腔比较平直，而且很少运用华彩的诺古拉，但是唱起来高亢、悠远、嘹亮；还可以特别舒缓、细腻、自由。我也想借今天这个机会，请您也给我们唱一首，让大家感受一下昭乌达长调民歌的魅力，把您最经典的歌曲给大家来一首好不好？

莲花：那我就唱巴林民歌中最经典的一首《格力布尔召》。

陈玉华：感谢您的演唱，刚刚您讲述了和老师的一些故事，那么接下来也想让您给大家讲一讲在传承过程中有多少传承人在围着您唱我们草原的长调。

莲花：在长调传承方面，从进乌兰牧骑的那一刻开始，去哪儿都有喜欢听我唱的人。从太阳出来唱到日落为止，牧民都十分热情，每次都让我多唱几首。不管在牧区还是校园，小孩还是老人，只要他们喜欢学习蒙古族长调歌曲，我就会毫无吝啬地教给他们。目前为止，已经有了很多徒弟。虽然有时候会过得很艰苦，但是心意和精神都很了不起，这个就是乌兰牧骑给予我们的价值。

陈玉华：您的足迹遍布在我们巴林草原各个乡镇苏木，您走到了草原

图 4　莲花在讲授昭乌达长调民歌

图 5　莲花在讲授昭乌达长调民歌

最深处，走到了草原的每个角落。我知道在成为传承人之后您也做了大量的工作，刚刚也提到了无论是基层还是学校都有您的徒弟，我作为赤峰市非物质文化遗产中心的工作人员，初步了解到你们在参加一些专业的比赛，以及在国际和国内大型演出中取得过良好的成绩。

莲花：参加过民歌比赛，也参加了一些大型表演，取得了良好的成绩。

陈玉华：众多的成绩与您平时的练功、平时的积淀和对草原浓厚的感情息息相关，我还了解到您经常利用业余时间走到基层去给喜欢长调的学员们讲课培训。

莲花：首先，我作为家乡的一名蒙古族长调歌手，是党把我培育起来的，通过演出宣传党的声音

图6 2006年7月，莲花获第二届内蒙古长调歌曲演唱大赛职业组三等奖

图7 莲花（右）在采访民间艺人

莲花：此曲只应天上有　**203**

图 8 莲花的各种获奖证书

是我义不容辞的责任，研究、传承、保护、发扬蒙古族长调民歌是我的责任。为以后传承蒙古族长调歌曲取得更好的成绩努力工作。

陈玉华：今天在这里能让我们的传承人面对镜头讲述昭乌达民歌、讲述长调民歌的故事，非常感谢莲花老师三十多年对昭乌达蒙古族长调民歌的传承！非常感谢，谢谢您！还希望今后在您的带动下更好地把昭乌达长调民歌传承下去。

莫德格

莽原瀚海听绝唱

采访时间：2019年4月7日
初稿时间：2022年7月26日
定稿时间：2022年7月30日
采访地点：赤峰市图书馆"赤峰记忆"拍摄现场
版　　本：文字版

莫德格速写

　　莫德格　翁牛特旗乌兰牧骑原指导员、原队长，著名蒙古族歌唱家。曾获1995年内蒙古第二届"草原金秋"歌曲大赛专业组民族唱法一等奖，演唱的代表曲目有《辽阔的草原》《褐色的鹰》《芹菜花》《柏树枫》等。

❀

　　陈玉华：各位朋友，大家好！今天是2019年4月7日，这里是"赤峰记忆"的访谈现场。今天我要向大家介绍的是昭乌达蒙古族长调民歌，欢迎昭乌达蒙古族民歌的传承人莫德格老师来到我们的现场！

　　莫德格老师是翁牛特旗文化旅游体育局群文股的股长，她从小到大一直唱着长调，在昭乌达蒙古族长调民歌的传承中，莫老师起了关键的作用，接下来大家

图1　莫德格（左）在接受"赤峰记忆"采访

就来听一听莫老师对昭乌达蒙古族长调民歌的体会。莫老师，您好！

莫德格：您好！陈老师。

一、总角之年　初识长调

陈玉华：莫老师，我知道昭乌达民歌分好多区域，譬如您所在的翁牛特区域，其民歌也是昭乌达民歌的一部分。您在挖掘、保护、传承中对翁牛特民歌做了大量工作，所以今天我们一起来到这里，想让您从传承人的角度给大家介绍一下昭乌达民歌。首先介绍一下您从小到大成长的经历吧。

莫德格：我的启蒙老师是我姥姥，姥姥教给母亲，母亲又传授给我。我8岁时学会唱长调，至今已唱了40多年。

我们家孩子多，我没有上过学，常常边劳动边学歌。刚懂事时就听父亲母亲唱长调，我也跟着他们哼哼。父母都是民间艺人，他们去婚礼或者生日宴会上唱完歌后总会带回茶碗或者其他东西回来，我当时就想：我一定要学长调，像父母一样去外面唱歌，带回礼品。后来父母也带我去婚礼、生日会上唱歌，唱完我也能得到一个小茶杯。

14岁那年恰逢翁牛特旗乌兰牧骑锁柱老师下乡招长调演员，他辗转了半个多月后也没发现一个合格的演员。当锁柱老师非常失望地回到家里，给他媳妇儿说了这件事，他媳妇儿便告诉他：本村乌力吉德力根家就有一个放猪的小姑娘，嗓子挺好的，你去看看吧！当晚锁柱老师就到我家，听我唱完之后感觉很好并想带我走。起初父母都反对，说我走了就没人照顾奶奶和弟弟；另外还告诉锁柱老师说我一天学都没上过。但锁柱老师说没事儿，孩子年龄小，到那里现学都赶趟儿，打算明天就带我走。由于父母坚决反对，就没让带我走。几天后，四姐从阿什罕中学放假回来，听说了这件事，就说：这是个好事呀！我不考大学了，回来劳动，让妹妹去乌兰牧骑吧！这时，父母看到四姐态度坚决，也就同意让我走了。当晚四姐又往返十六里地去大队借了二十块钱，第二天把我送到了乌兰牧骑。

图2　幼年时的莫德格

陈玉华：《芹菜花》这首歌表现的是什么意思？

莫德格：芹菜花是一个姑娘的名字。她嫁到很远的地方，想念家乡，想念依偎在父母身旁的日子。我听后就觉得这歌好，别看我岁数小，母亲一唱我还好激动，就跟着母亲唱，唱的时候我就哭了，思乡之情感同身受。

母亲问我为什么哭，我说这歌太感人了，我一定要学会，母亲说那就学吧。由于我没文化的缘故，只得母亲教一句我就学一句。

后来锁柱老师听了这首歌，他露出满意的笑容，跟我说这事成了，明天就带我走。还说他找寻了半个多月就没见到这么好的嗓子。就这样，1976年8月我被翁牛特旗乌兰牧骑招收，任长调独唱演员。

来到乌兰牧骑的第二天，他们就把我送到玉喜老师家学唱歌。我小时候记忆力挺好的，一天学了两首歌，一首是《芹菜花》的第二段；一首是《牧民歌唱共产党》。不几天，旗里就开人代会和政协会。20世纪70年代的时候电影都没普及，所以只要一开两会就必看乌兰牧骑演出。但当时没有独唱演员了，原本会长调的老前辈旭日老师被调走了。一合计，他们就让我上台演出。当我唱完两首歌，代表和委员们给予了充分认可和热烈欢迎！后来，乌兰牧骑领导们决定留下我，试用期半年。

我小时候大米饭都没有吃饱过，到乌兰牧骑以后白面饼、大米饭都有了。长调选择了我，而我也热爱它，于是就天天学、天天唱。四十多年来，我学习了翁牛特民歌、长调，跟一部分昭乌达长调。我们翁牛特旗的民歌也是有特点的民歌，我就想把这些长调一代一代传下去。

二、天籁之音　一鸣惊人

陈玉华：您在乌兰牧骑期间还做了一场自己的专场音乐会，把您搜集到的翁牛特民歌做成专辑让大家来传唱，您给我们讲讲这段经历。

莫德格：在各级领导、各位老师的帮助下，我举办了这场演唱会，也是想给后代留一个纪念。专辑一共收录28首歌，其中有四五首是家人传承的歌；有11首歌曾在翁牛特旗拍摄过MTV；其他13首是CD。保留的曲目是《芹菜花》《吉塔拉》《波林牧齐尔》等。现在这些歌在我们翁牛特这块传唱得非常好。

20世纪七八十年代时，我们经常会下乡。翁牛特旗是半农半牧区，东部那块有三个苏木。一开始那里交通不方便，电也没有。我们就坐着毛驴车，到了牧民家就跟到了自己家似的。牧民们特别欢迎我们的到来，有什么好吃的都摆在桌上。奶茶、美酒、手把肉等，这是最好的、最高的待遇。

人家牧民给我们这么好的招待，我们也不能辜负了人家的热情，就一心一意地唱歌，唱完后她们纷纷表示想学。我白天没时间，要帮着她们割地、剪羊毛，只得休息时间教她们唱歌，将疲劳消融于歌声中。唱歌一直是我最开心的事情，一说唱歌我什么也不寻思，就算有一个观众也是用心去唱。

我们的老队员呼其图老师 70 多岁了，呼其图老师是翁牛特民歌第二代传承人。金玉老师也是第二代传承人。他们现在依然在草原上传承，他们也没有什么条件。钢琴、电子琴都没有，他就拉一把四胡传承。你要去草原一定也能见到他们，和他们在一起就能感受到长调的魅力。平时有些歌不会的话，我就打电话联系他们。他们经常和牧民沟通，就能挖掘到一些失传的民歌，如今将它们整合并收录起来，为出"翁牛特民歌集"做准备。

陈玉华：看来前辈们确实给您带来了很深刻的影响。我也知道在您的带领下白音吉日嘎拉等很多学员都唱得非常棒，尤其是乌兰牧骑队员的演出都非常成熟了，在各大平台上都获得了很好的成绩。您可以详细给我们说说乌兰牧骑或是您个人参加比赛的经历吗？

莫德格：1995 年，召开第二届草原金秋专业歌曲大奖赛，那是我参加工作以来第一次参加歌唱比赛，感觉很兴奋。一开始也没有想得什么奖，就是想参与一下试试，也想和同行们切磋、学习一下。去了以后发现好多都是提前去的，都有庞大的民乐队。当然，我们赤峰市歌舞团的好多演员也去了。

我去得晚，那时候刚下乡回来，错过了报名时间。但我运气还不错，净碰到

图 3 莫德格在为牧民群众演出（赤峰市非物质文化遗产保护中心提供）

贵人。前年去世的阿拉坦巴干厅长当年正分管乌兰牧骑，他老家是大板的，1995年8月二十几日下乡时路过翁牛特旗，在那歇脚吃饭时，他问我这次歌曲大奖赛怎么没去，我老老实实回答说我在下乡，没报成。复赛是拿录音带报名的，这次可能够呛了。后来他说等着吧，一周以后回去跟他们说说，要能参加就给你报上。我特别感谢他，说太好了，我再给你唱两首歌。我就在中午吃饭的酒桌上给他唱了两首歌。

他回去以后果真来电话了。那时候没有手机，给单位来电话。他给我们队长来电话说可以让我9月27日到那里直接去参加复赛。复赛的前八名可以进入决赛。

没想到我到呼市第二天就因气候不适应而感冒了，紧接着就去输液，输完液就去参加比赛。临时接到通知说比赛需要乐队，当时找也来不及了。厅长说，给你找一演奏马头琴的行不行？我说行。

拉马头琴那孩子叫奥特根白音，挺好玩的，其实学了还不到一年。他问我F调在哪儿。我说不知道，你就拉吧，我看拉到哪个调上能唱，我俩合了好多遍。

第二天参加复赛，复赛是四十多名演员，我是三号。主办方通知我们，复赛结束后，晚上八点在文化厅门口看决赛名单，进了的话就做准备。到了时间，我一看，有我的名字，糊里糊涂就进决赛了。宾馆的服务员都调侃我，说就我天天乐呵呵的模样还进决赛了。

10月6日上午抓阄，我又抓了三号。复赛是三号，决赛也是三号，也许是凑巧，也许是缘分。

决赛当天，我早上五点来钟起来在门口求那个老大爷早点给我输液，老大爷挺好的，给我扎上针，约莫七点半我就打车上歌舞剧院了。后来决赛的时候，我的专业老师巴鲁老师也去当观众了，巴老师笑骂我来参赛没跟他打招呼。我师妹师弟们也都在底下坐着。

复赛的时候十二个人都唱了《辽阔的草原》，这歌很难，是宝音德力格尔的作品，曾荣获世界金奖。决赛时余下的八个人，第一、第二上台的唱的都是《辽阔的草原》，第三又是《辽阔的草原》。当时我心里惴惴不安的，怕观众审美疲劳。

别人都拿着话筒唱，我说我唱长调不拿话筒，给我立个杆我站着唱。我唱了第一段，下面就鼓掌，我心说可坏了，肯定感冒以后砸锅了，台下起哄呢。

陈玉华：实际是被你的歌声感动了。

莫德格：对。我上台以后就没那么紧张了，还算是比较稳的，观众再多我也不怕。等第二段唱完了，现场公布分数，我以九十九点几分，获得了金奖。我老师、师弟师妹们一人抱着一束花就上来了。在乌兰牧骑唱了二十多年，那是第一次在自治区得奖，而且赤峰市专业团体在自治区的一等奖，我是第一个给得回来的。

三、传承之火　永存不灭

陈玉华：您再给我们讲一下在传承过程中，从孩子到老人，现在有多少人在跟着您学长调？

莫德格：学长调的有一百五六十个人。再加上学短调的，这40多年培养的学生，能上台演出的有300多个人。

现在长调的学员，岁数大一点的有70来岁的，岁数小的有八九岁的，对于学长调来说，8岁是最小的学习年龄。有比较小的孩子也想学长调，但是童声稚嫩，气息无法控制，讲述理论时，年纪太小的孩子也无法理解。

陈玉华：我看在您的培训过程中，有很多学生都已经特别成熟了，他们都活跃在各个舞台上。这么多学员，您工作之余，还要给他们上课。那您都是利用什么时间教学？

莫德格：我工作时间一直去演出，辅导都是利用业余的时间，要是在牧区我们就下乡挖掘民歌、传承民歌。要是离街里近的话，我就骑车，早晚进行教学。每回教学大多在40分钟至一个半小时。

陈玉华：我知道别人在传承的时候可能有一些经济收入，但在您这块从来没有提过有什么收入。

莫德格：我是不收取任何费用的，就是想把昭乌达长调传给更多的人。让更多的孩子们来唱长调，让更多的人了解、传承长调。我有时候就很着急，怕失传了，现在年轻人对长调不太感兴趣了，也不愿意来了解长调。应该从我这开始严格要求自己，让自己的民族特色、地区特色延续发展，必须把长调好好地传承下去。

陈玉华：上次我看到您的学生在舞台上表演，他那是学了多长时间？

莫德格：那孩子学的时间短，他一开始学的是汉语歌，王贵平老师的学生。他看到我的演出和专辑十分喜欢，就拜托奶奶跟我学了一首歌，他一看奶奶唱得挺好，就说要找莫老师去学长调。这孩子是去年的9月开始学的，气势、气息都把握得非常好，上次来演出很受欢迎。

我最好的一个学生叫乌力吉玛，跟我学了一年多。起初在布尔敦嘎查流动点唱歌，这么多年头第一次听见，她嗓音那么好，条件那么好的。那时候乌兰牧骑没有指标，没有编制，我想让她留下直接当我的徒弟。我就去找旗长书记，但是旗里没有同意留，很可惜。

她出去打工，到了新华集团的一个企业，它那里也有一个文艺团体，团长是徐团长。他就打电话问我有没有好学生，我就将乌力吉玛介绍给他，他就招走了。现在这孩子在呼市也一直唱着，企业会演时去了上海，得了金奖。

前两天跟我一起演出的哈斯高娃，她是土生土长的赤峰人。从十几岁开始就一直跟着我学，她在宾馆唱歌十来年，2009年被我们招走了。

其他的很多学生得奖以后给我发短信、发视频。边打工边唱歌的多，正式的演员少。现在乌兰牧骑这帮孩子"90后""00后"都是专科毕业的，但长调这块也得从头学习。

陈玉华：接下来在蒙古族长调民歌传承上，您还有什么新的打算吗？

莫德格：有，对传承我有个想法。现在我们旗对传承比较支持，我们可以下乡教歌，每年都做一些固定的节日演出、培训。去年就是文化进校园活动，我在白音他拉学区中心校从四个班里选了36个孩子，最大的才13岁。

他们排好队形一唱，我顿时就很激动，之后就开始教他们唱长调。当时还有几个男孩，我很意外，因为现在唱长调的男孩特别少。现在他们都升到初中了，到了乌丹以后仍然在坚持唱歌。实际上最遗憾的是没让自己的孩子参与到长调传承中来。

陈玉华：主要是您这个当妈妈的总是在顾您的工作，我记得有一年您为了下乡演出，把八个月的孩子戒了奶扔给奶奶两个多月。

莫德格：这辈子最亏欠的就是孩子，八个月就断奶了。断奶是为了完成乌兰牧骑的演出任务，我们那时候一下乡就是两个多月，回来后我的孩子都不认识我了。我进屋一抱就哇哇哭，跑到她爸后面偷偷瞅。后来我老伴儿打趣我说，你这妈当得不合格呀，连孩子都不认识你了，你还当什么妈妈？我当时挺伤心的。

陈玉华：这几年做非遗的工作，我也特别能体会到你们这些传承人很不容易。你们从最基层做起，还要完成自己的工作，与此同时培养传承人的重担也落在你们肩上。昭乌达长调民歌发展到今天，你们是功不可没的。

这些年您在基层、在草原上，也听到过很多牧民在哼唱着民歌，包括长调、短调，您给我们数一数您认为最有分量的翁牛特旗民歌。

莫德格：我传唱多年的保留曲目有《芹菜花》《吉塔拉》《波林牧齐尔》《金晓儿》《金珠日玛》《牛犊山》《达古拉》，等等。其中这么多年传唱的最普及的就是前面介绍过的《芹菜花》《吉塔拉》《辽阔的草原》。主要都是在草原流传的，就像《诺恩吉娅》一样，在翁牛特旗有，在别的旗县也有，一说《诺恩吉娅》没有不知道的。

去年12月巴鲁老师教学四十周年，她搞了一个音乐会。一百多个学生都回去了，其他的歌曲她都觉得一般，唯有我家乡的一首《吉木森格姑娘》，她觉得好听，还问我，你们翁牛特还有这么好听的长调呢？我回答当然有，比这好听的多了去了。

陈玉华：莫老师，我们最想听到的是您的歌声，现场给我们唱一首吧！

莫德格：那就唱一首我最愿意唱、最流传、最拿手、几代人传唱的《芹菜花》。（演唱）

陈玉华：太好听了，每次听都有一种沁人心脾的感觉，也特别感谢莫德格老师来到现场，为我们讲述蒙古族长调的故事。希望莫老师您在未来的工作中不忘初心，将蒙古族长调、昭乌达长调传承下去。

莫德格：谢谢陈老师！

哈斯巴图

草原绝响唯长调

采访时间：2019年4月7日
初稿时间：2022年7月27日
定稿时间：2022年8月4日
采访地点：赤峰市图书馆"赤峰记忆"拍摄现场
版　　本：文字版

哈斯巴图速写

　　孛儿只斤·哈斯巴图　蒙古族，赤峰市翁牛特旗人，著名歌唱家、民族声乐教育家，赤峰市艺术剧院一级演员，赤峰市昭乌达民歌协会主席，赤峰学院音乐学院硕士生导师，内蒙古音乐家协会会员，内蒙古自治区长调民歌艺术研究会常务理事，中国少数民族音乐协会理事，中国北方草原音乐学会会员。国家出版基金项目"中国蒙古族民歌大全——民歌精选300首"专家组成员、《昭乌达长短调民歌》CD演唱专辑音乐总监，曾多次参与策划昭乌达长短调民歌比赛。

　　代表作品较多。乌日汀哆（长调）：《天空》；乌日汀潮敖日哆（宫廷音乐）：《蒙古马赞》《心中的慈爱》《百柳之乡》《民族团结之歌》《岁月》《乌兰哈达之夜》《宁静的其甘湖》《天籁之音》；民乐合奏：《我的母亲》；马头琴独奏曲：《故乡情思》。

　　《蒙古族乌日汀哆民歌分类》发表于《内蒙古草原歌声》；《初学乌日汀哆（长调）唱法的基本基础练习》发表于《内蒙古艺术》；《学习演唱乌日汀哆（长

调）唱法的基础练习的四个基础练习》发表于《内蒙古艺术》；《北方歌王阿拉坦格日乐的演出技巧浅析》发表于《内蒙古艺术学院学报》。

昭乌达长调是蒙古民族文化艺术中的瑰宝，具有极为浓郁的地方民族特色，与内蒙古其他地区的长调有明显的不同。昭乌达民歌起源地是中原农耕文化和北方游牧文化交融地区，其特点是高亢嘹亮、古朴豪迈、行腔平直，华彩性诺古拉运用较少，真假声转换自然。昭乌达草原上的长调民歌，寄托了牧民们对家乡的热爱、对美好生活的向往，反映了蒙古族的社会文化生活，深受喜爱，流传至今。

陈玉华：各位朋友，大家好！今天是2019年4月7日，今天我们坐在"赤峰记忆"的访谈室里，请到的嘉宾是赤峰市昭乌达蒙古族长调传承人哈斯巴图老师。哈斯巴图老师从艺四十多年，一直是昭乌达长调最好的传承人之一。通过他的传承经历，可以看到昭乌达蒙古族长调在传承工作中所取得的成就。哈斯老师，您好。

哈斯巴图：您好。

一、乡音乡情　学无止境

陈玉华：现在有请哈斯老师给大家讲一下自己在传承昭乌达蒙古族长调过程中所有的经历。

哈斯巴图：我是从五六岁开始接触长调的，第一个是听觉的训练，是一种生活环境的熏陶，那个年代牧区交通不便，很少通电，所以经常听内蒙古广播电台所播放的歌曲，这是我接触长调的第一种环境。第二个是家里我父母的熏陶，在我小的时候，我妈妈经常用很轻很柔情的声音在我耳朵边哼几首民歌，第一首歌是大家非常熟悉的昭乌达传统民歌《诺恩吉娅》，第二首歌是内蒙古东部说书民歌，也是大家非常熟悉的《诺日格勒玛》，第三首是《达亚博日》，还有一首长调，是我过去唱了几十年的《云》，《诺日格勒玛》也是我唱了几十年的。

图1 哈斯巴图（左）接受"赤峰记忆"采访

当年我母亲唱歌非常柔情，声音还不大。由于她经常哼唱这几首歌，所以我五六岁就会跟着大人一起唱。《云》的内容是歌唱美好家乡的风景，天气特别凉爽而且没有大风，天上的白云一朵一朵飘着。

我老家在昭乌达翁牛特旗其甘，其甘的大自然美景特别漂亮，有大沙漠，有其甘湖，湖边有各种鸟类。我当年放牧，放过骆驼放过牛，骑着马放羊，放牧对我来说很有生活气息，放牧时经常听到我们家乡的民间歌手们拉着大四胡说书，演唱一些民歌，总的来说我小时候受到很多熏陶。

还有一首民歌在蒙古民族地区也是耳熟能详的，很多人都在传唱，名字叫《老雁》，这是一首特别有文化的民歌。我们家乡有其甘湖，湖边生活着大雁。《老雁》这首歌的内容是这样的：北方冬天到了天冷的时候，大雁就迁徙到南方，大雁老了以后告诉自己的小雁，我岁数大了很快要飞不动了，你们在天上飞的话，一定要注意安全。我父母当年经常给我讲大雁的故事，所以我这么多年记忆特别深刻，这首歌后半部分我经常唱。

一开始我是唱短调民歌的，后来逐步就唱长调。当年我特别好奇，感觉长调气息那么长，而且那么高亢嘹亮，特别美，感觉特别神奇，所以就从我父母那里学了两首长调。

陈玉华：非常好，您再讲一下您从一个放牧的孩子走到工作岗位的过程。

哈斯巴图：我从小在牧区就经常找一些岁数大的，一般都是六七十岁的民间老艺人学习民歌。1978年的时候，我正在翁牛特哈日苏高中念书，那时候也是一个文艺骨干，当年牧区的学校都有文艺演出，那达慕、祭敖包等很多场面都得演出，当年我也会拉点老四胡，还会演唱民歌。当时辽宁省要加强蒙古族民族歌舞方面的队伍建设，1978年辽宁省昭乌达盟文工团的老前辈、老艺术家们，到基层去选拔人才，招蒙古族演员，当年的文工团跟现在的旗乌兰牧骑规模差不多，人不太多，也就是二三十个演员，他们去翁牛特就把我招走了。

陈玉华：到了专业团体之后，您是怎样发展长调民歌的？

哈斯巴图：我到了专业团体以后，上级领导看我比较努力，很投入、很用心，所以让我上台表演，我一共表演了不到一年。当时演唱的唱功肯定是不行的，还有舞台的艺术表现力等都不太行，但我声音的条件还是不错的，而且会唱的歌也特别多，信手拈来。所以团里就决定把我送到内蒙古艺术学校，找老前辈学习，比如著名声乐教育家昭那斯图老师，还有草原歌王、人民歌唱家哈扎布老师，还有蒙古族著名青年男高音歌唱家达瓦桑布老师，还有广播艺术团的胡格吉勒图老师。

陈玉华：这些老师在音乐界，尤其是在蒙古族音乐界都是非常著名的。

哈斯巴图：对，所以我就向他们请教一些问题，很多老师都讲：第一，你唱好蒙古族长调民歌，首先是音色，一定要有自己独特的音色，就是好听的音色，高位置。第二个，最关键是长调民歌演唱气息的控制能力，还有蒙古族长调的精髓诺古拉等，很多方面它是非常规范的。我是1982年从内蒙古艺术学校毕业，再回来锻炼一段时间逐步成熟。

我又自费去了北京中央民族大学学习了两年蒙古族长调。除了学长调，第一是我也想学那些著名的声乐教授理论家们怎么去教课，也学了点经验；第二是系统的民族性学习，虽然我们自己本身骨髓里就有民族性的东西，但系统的学习仍然是必不可少的；第三是科学性还有艺术性，这方面不系统学不行。到了北京以后，我找过吴雁泽老师，找过中国民歌演唱家郭颂，还有中央民族大学的糜若如老等，我也跟他们学习，主要学他们讲课方面的技巧。

陈玉华：目的就是将来回到自己的家乡，能够传承昭乌达长调。

哈斯巴图：对。我是一名专业的蒙古族民歌手，除了传承长调以外，还得适当地演唱短调民歌。长调和短调的演唱方法上，我感觉还是稍微有点差异的，所以必须在长调演唱方法的基础上，融入一些民歌演唱的方法，我是出于这种目的在学习。

陈玉华：在大学的学习，以及跟这些音乐家们的学习，和您在我们草原上跟民间老艺人的学习收获都是不一样的。

哈斯巴图：不一样。牧区的民间歌手是天生的，是他骨髓里的东西，他一张口唱口型不大。我们昭乌达的一些前辈大师们的演唱，最大的特点就是他的口型不大，不像现在的歌唱方法。他最了不起的科学性就在这，口型并不那么大，而且变化特别少，声音特别流畅，所以我也在一直研究。我到北京以后也是请教了那些民歌演唱家们，收获特别大。当时我用汉语做不了记录，全是用蒙古语记，回来以后再用蒙古语、汉语两种语言去记录，当时也没有录音的条件，他们讲的东西也没录下来，所以只能通过不断地看记录，然后消化，我感觉这样学习收获还是很大的，提高得也挺快。

二、特色鲜明 贴近自然

陈玉华：您在学校学习的基础上，走到草原之后再跟老艺人学长调，把它再升华在您的教学之中，这是很可贵的。您已经有40多年的工作经历，您讲一下我们昭乌达民歌的特点，都有什么特色。

哈斯巴图：昭乌达民歌与西蒙长调的音乐特点有些相同，但跟别的地区民歌有着一些区别，第一是它的节拍上，比如说有一首《天上的云》，还有《雁》它们都是四五拍，其实民歌里四二拍，四四拍比较多，四五拍还比较少。

我就把这首《雁》哼一下，它是很柔情的。（演唱）

你看这个旋律跟很多的短调不相同，因为我小时候放牧，在牧区对大自然感受得特别多，比如说很多鸟飞在天空上，飞着飞着突然停在那儿。身体不动，翅膀一直是这样（演唱），所以这个旋律有一块儿是拖腔音。这种想象上太美了。

陈玉华： 声音和雁飞翔的姿势都非常相近。

图2　歌唱中的哈斯巴图（赤峰市非物质文化遗产保护中心提供）

哈斯巴图： 对。这首歌的内涵跟大雁一样，歌词大意是大雁经常提醒小雁注意安全，还有从小一定要有体能上的锻炼。说白了跟人一样，体能一定要锻炼好，锻炼不好，你就很难有足够体能飞到南方比较暖的地方。这个歌词也特别好，表达了想念父母、想念家乡的感情，听了这首《雁》就怀念家乡，有一种想家的感觉，或者是回归的感觉。这个旋律确实很独特，特别感人，这首歌曲我也研究了很长时间。

还有一首我刚才说的《天上的云》，《天上的云》和《雁》都是四五拍，其他地方四五拍的民歌确实不多，这就是我们昭乌达民歌的特色。除了我个人多年的研究以外，我还请教了我们国家级著名民族语言理论家莫尔吉胡老师，他也对昭乌达民歌很认可，他也跟我说过昭乌达短调的特色，第一在节拍上跟别的地方民歌完全不一样，另外就是昭乌达民歌气息特别稳，比如说《天上的云》（演唱）。

这首歌是《昭乌达民歌》里记载的喀喇沁民歌。很多传统的民歌大多是表达想念家乡、想念父母、想念草原、想念情人的感情。这首《天上的云》的内涵跟别的传统民歌不一样，歌唱家乡、思念家乡、思念父母亲都没有，它讲出了人生观价值观。这个歌词也很特殊。我这么多年的研究，发现它确实是跟别的短调不一样，这是昭乌达民歌的特色和风格。

陈玉华：您再跟我们讲一讲长调里具有代表性的民歌。

哈斯巴图：昭乌达长调基本上跟西部长调差不多，但还是有不一样的地方，它的调式是哆来咪索啦西，比如说很多歌，有半音7有转调，昭乌达长调有一个降7音，比如说有一首歌，转调7还有一个降7，（演唱）比如说这有一个转调音，融入了气息的旋转，有降7变化音转调，主要是表达想念父母时，稍微有点悲伤的感觉，好像是哭的感觉，这个音特别自然、特别悲伤，这就是昭乌达长调的特色。

三、人杰地灵　草原天籁

陈玉华：您再给我们讲一讲草原上的阿拉坦格日勒老师的歌声。

哈斯巴图：西部有个哈扎布老师，东部有一个阿拉坦格日勒老师，是昭乌达乌日汀哆流派的代表人物。在20世纪50年代，阿拉坦格日勒老师的歌声就已经受到广泛关注。当年录音素材是很多，但遗憾的是，有一部分已经找不到了。主要代表作有两首歌，一首是《云青马》，一首是《金色圣山》，这两首作品是我在中央民族大学学习的时候，通过同学在日本搜集到的资料，也是研究蒙古族音乐的一个研究生，通过她的盒带转录下来的，这才一直流传到今天，很多人都能听到。

第一是高亢嘹亮的《云青马》，蒙古族民歌歌唱马和草原的很多，想念家乡的很多，《小黄马》是一首情歌，《辽阔的草原》不是歌唱草原，但却是情歌。还有《广阔的草原》也是一首情歌。这首《云青马》也是带了一个马字，已经连续多年拿到全内蒙古一等奖，全国人民都熟悉。

陈玉华：凡是蒙古族长调的演唱者都知道这首歌。

哈斯巴图：嗯，是的。这首歌词主要描写的就是神奇的骏马——云青马。根据这些资料，我也写过一些研究性的论文，获得过一些评奖。尤其是对阿拉坦格日勒老师的演唱风格进行仔细研究和分析，他的演唱风格是我们昭乌达巴林风格，巴林风格第一是高亢嘹亮，声音特别圆润，上下声音统一，而且他最大的神奇唱功表现在真假声转换。

从音乐的专业角度来说有一个 High C 音，High C 通常是男高音最标准最高的一个音符，阿拉坦格日勒老师的《云青马》，他用真声把 High C 拖很长时间，有拖腔音，还有直接跨度音，有过渡音，还有降音。很多专家教授听完阿拉坦格日勒老师的这两首作品，称他是神奇的民间歌手，所以他是非常了不起的。他还有个特点是气息让你感觉不到。

陈玉华：我听过他的声音，特别纯正自然，就是没有经过修饰的声音。

哈斯巴图：而且他的声音高亢嘹亮，还松弛明亮，不僵硬特别松弛。这个高音也是很神奇，一般这个年代的年轻男高音上那个音确实也费劲。阿拉坦格日勒的上下高音区、中声区、低声区声音统一，气息把控得也特别好。

阿拉坦格日勒唱功最大的特点就是真假声的转换，大家都知道，歌唱演员的唱功表现在真假声的转换上。比如说（演唱），这是真声部分。你看真假声之间，自然结合，任何痕迹没有，这就是阿拉坦格日勒老师唱功最神奇的部分。他的长调节奏把握得特别神奇。长调，蒙古语是"乌日汀哆"，汉语是"长调"两个字，最好听的长调是有节奏感的，很多人认为长调是没有节奏的，不对，气息也是一种节奏。阿拉坦格日勒老师唱功之神奇就在这，这就是年轻歌手学习的榜样。阿拉坦格日勒老师的两首歌的录音，是我从日本人的卡带里转换过来的，我们家乡的年轻人都在传唱，全内蒙古自治区都在演唱。学习长调第一选老师很重要，第二自己的努力更重要，第三你就得多听，不听不行，过去那个年代听收音机成为歌唱家的也不少，有的人没那么太系统学过，就是听出来的。

你得喜欢，你得热爱。还有很多人经常问，哈老师我学不了长调，我说过，长调并不是你身体哪个部位多长个什么，没有，就多听，第一是多听，不断地听，去模仿，再找一个好的老师。这几年通过研究阿拉坦格日勒老师的经典代表作品，年青一代学长调的越来越多，在内蒙古的成绩也不错，这是让我们高兴的一件事。

陈玉华：在昭乌达长调民歌的演唱过程中，我们经常提到昭乌达长调民歌演唱比较平直，个别声音高亢嘹亮，而且很少运用华彩诺古拉，您在这方面有什么体会给我们讲一下。

哈斯巴图：从阿老的演唱中细琢磨、细研究的话，就发现诺古拉是过去老前辈们演唱的最关键之处。我曾经在电视上看过一个采访说，想唱好高亢嘹亮的蒙古族长调民歌，最关键的精髓就是诺古拉，但是很多理论家说华彩，这个我感觉不对。啦哆啦哆（演唱），你看它用谱子记吧，它也别扭，比如说这样（演唱），就不好听了，它应该是这样（演唱），所以用装饰音记的话，唱就有点别扭了。我写论文的时候也经常这么写，就是膛奈诺古拉，有的专家说是气息的节奏，我说是膛奈诺古拉，还有的蒙古国的著名老师说是喉头的节奏，比如说阿拉坦格日勒老师唱的《金色圣山》，你看这就有诺古拉。（演唱）

这个诺古拉它跟长调的诺古拉完全不一样，长调的诺古拉要是这样唱就不好听了，因为长调的这个音是音符在下面，要是加了诺古拉的话，它就不是那么美了。比如说，（演唱）你看它没有长调的诺古拉，这就是一个浩来诺古拉，浩来诺古拉就是长调的精髓。诺古拉你得合理掌握，你要是乱加，加多了以后不合理也就不好听了，过了就失去味道了，阿老这一点做得确实好，包括很多的大师们也做得好。

诺古拉是要掌握特别合理，不是乱加，这个就有点大自然的感觉，乱加这个东西违背了规律，而且还不好听，比如说这样（演唱），你加这个诺古拉又破坏了原有的气氛。

那些老前辈们，特别是阿老的演唱，这几首作品给人感觉乍一听没有方法，细听满脑都是方法，这就是达到一定境界的大师，确实很了不起。

昭乌达长调的诺古拉，该有的地方，甚至一般都是不能超过三下，或者四下，最多不能超过六下，比如说（演唱）这是比较合理，（演唱）多了就又不行了，过于绚烂，肯定不美了。

我过去也看过大师的专访，诺古拉这方面讲得特别细，我在这方面也比较注意，搞个录音之类的，诺古拉该有的地方得有，该有三下就三下，该四下就四下，一组诺古拉最多不能超过六下，这方面我跟蒙古国的著名大师们也探讨过，他们也很赞同。长调最难的不是技巧，第一是你的唱功，特别是我们昭乌达民歌唱功很重要，最关键是风格的把握，唱歌时候不像唱歌，就像是讲故事一样，很放松很自然，这样声音才能松弛明亮。

四、挖掘整理　抢救传承

陈玉华：哈斯巴图老师，这么多年我也是听着您的歌声过来的，您的歌声应该说得到了我们大家的认可，只要有您的歌声，这个演出就那么吸引人，这与您多年的教学演出，以及您的挖掘保护传承是分不开的，在这里我们也想让您讲一下关于对昭乌达长调民歌的挖掘保护，这块儿您一定有最深的体会。

哈斯巴图：说到对昭乌达长调民歌的挖掘整理，这是我一生最感兴趣的话题，而且我做得也挺好。现在交通更方便了，不像过去到基层很难。我在演出工作不忙的时候去基层，基层有六七十多岁的民间艺人，我去采访他们。民间艺人经常唱歌，但有的艺人岁数大了，声音并不那么大，就像我妈妈那样轻声地哼，感觉听起来特别美。

陈玉华：那个声音就是生活的一部分。

哈斯巴图：对，轻声唱也是需要唱功的，轻声很难唱的，很多大师们也说过，真正优秀的长调歌手不在于声音多大，最关键是你的内心修养。我经常到基层，老前辈们就是用很轻的声音来演唱，而且声情并茂，那种唱歌的表情自然而然的，特别美，特别让人感动。

陈玉华：是不是喝上两杯酒之后更进入这种状态了？

哈斯巴图：对，很多男性民间歌手都是喝点酒以后开始哼，他更放松更有激情。近几年除了本职工作以外，我一有时间就到基层挖掘，整理了100多首歌。20世纪80年代赤峰出版了《昭乌达民歌》上下卷，我也参与过，那个时候我大概记载了有几十首民歌。那时候我也很小，但是比较感兴趣。有时候真正的长调老师还是在民间，所以要经常感受他们的演唱，他们的演唱内涵或者表现力，确实给你带来很多的灵感，特别美。

陈玉华：您可以把您搜集的民歌给我们说一说吗，比如说您搜集的哪些民歌是非常有分量的。

哈斯巴图：有一首《昭乌达牧歌》是大家比较熟悉的。《昭乌达牧歌》是很多牧民骑着马放牧的时候唱的，以前没有大舞台，放牧的时候就给天和地演唱，就是一个大自然的感觉。比如说（演唱），你看这个诺古拉开头就是昭乌达特色的诺古拉。（演唱）

陈玉华：这首歌我特别熟悉。1947年安波先生领着这些音乐家们来到我们昭乌达草原采风，搜集到了这首牧歌，后来把它又整理改编成一首草原民歌，在我们昭乌达草原上一直流传。到今天这首歌已经成为世界著名的音乐经典。

哈斯巴图：这首歌我也是在舞台上唱了30多年，最初我用独唱的形式唱，当时独立地唱还不是那么多，实际上这首歌细听跟传统长调还是不一样，我感觉它是属于艺术长调。艺术长调跟传统长调不一样之处在于它的发声方法上，真假声转换也是很特殊，所以它很柔美，最后逐步唱得很高的那种柔情，就是很大自然的一种感觉吧。

陈玉华：因为这首歌很经典，所以红山文化节多次以"永远的牧歌"为主题，每次红山文化节的开场式结尾或者是中间的高潮，都会用这首牧歌来体现我们赤峰文化大市、文明大市的面貌。

哈斯巴图：现在从十几岁的少儿，到成人、老年人，唱这首歌的人很多。我挖掘整理的时候，年年下牧区，那段时间特别宝贵，我就特别珍惜。我在考虑一个问题，这些六七十岁的老人，身体要是有点毛病的话，高亢嘹亮的歌就唱不动了，哼也很难，所以就必须得抓紧时间下去挖掘整理，我们要不去这么做的话，可能会失去很多优秀的歌曲。所以我作为一名昭乌达长调传承人，搜集民歌是必须做的事，一定要好好做的事。

陈玉华：对，尤其是您讲到有一个老艺人，您抢救完民歌之后他就去世了，我们听了之后觉得很感人。

哈斯巴图：这是我们家乡的老艺人，当时他给我唱传统歌的时候，身体还看不出来有问题，还挺好，不到半年身体就突然不行了。他当时给我唱了五六首歌，有一首歌也是叫《云青马》，但跟阿老唱的那个长调还不一样。这个民间艺人最大的特点是他越唱越喝，他唱一会儿喝口酒，唱一会儿喝点酒，越唱声音越亮越有能力，说明他们还是有一定的演唱方法的。虽然是民间艺人，但他如果没有演唱方法，方法不到位，他肯定是唱一两段也就尽了。

我简单地哼一下这首歌，很有味道。（演唱）

陈玉华：这是在翁牛特旗的草原上。

哈斯巴图：对。后来他身体不好的时候我也去看过，他还有几首歌，几次想哼，但他说话都困难了，也哼不了了。所以他没唱的歌，我找他们家的一些亲戚哼，有的人可以简单地哼一下，但是哼唱完整的一段还有点困难。现在也只能找他的一些亲戚来完成这件事，我正在积极地抢救，他没唱的这几首歌，我一定要把它整理出来。

陈玉华：那您在传承过程中还有出民歌集、出演唱专辑的打算吗？

哈斯巴图：现在已经排版了，我要出的是《哈斯巴图诗圣演唱专辑——昭乌达长调民歌》。演唱形式比较传统，就一个马头琴伴奏，这个专辑里还有其他地方的民歌。在我这儿学长调的还有一位藏族同胞，他是全国人民比较熟悉的民歌演唱家，是总政歌舞团的，现在一直跟我学长调。作为中国民歌演唱家，他在研究中国各个民族的音乐及演唱方法。还有岁数大一点的学员，甚至岁数比我大一点的牧区民间歌手也在学。

蒙古族长调的乐谱就这么几个音符，所以不会识谱的人唱不明白，当然你会识谱也不一定能唱明白。因为还得加诺古拉，诺古拉在谱子上标不了，只有音符，所以我就不断地去哼，必须把诺古拉练到骨髓里去。我的哈斯巴图艺术中心有床铺搁那儿，歌手们来了以后就住下，培训一周甚至几天，把这首歌抠出来。这样让他们练熟了，把这个歌词的内涵内容搞明白，这样就直接录音，一直是这样，现在有六盘录音带。

这是我自己出大几万块钱做的，自己的情怀都在里面了，我必须这么做，我就喜欢这个，我就爱好这个。再一个我就是干这个的，我不做谁做，这是必须做的。我做这个还有一个原因，现在到各个艺术学院、音乐学院考试的学生，包括从昭乌达草原考到内蒙古的艺考生，长调专业的学生，不断地来电话，哈老师我是谁谁谁，哈老师您除了唱昭乌达长调民歌以外，还有别的什么歌。我说多了，好几本呢，他们也有这个本子，因为平常练习不到位的话，光通过音符，你玩不了，所以难就是难在这儿。

长调乐谱就是几个音符，所以很难去哼，我说学校放假你就过来吧，我教你，而且绝对是任何人没唱过的歌，你赶紧做个录音啥的。这么给他们教会了，他们也很感激。现在大多数年轻人对民歌肯定是不太了解的，因为乐谱就几个音符，这就玩不了。像我们经过这么多年研究算是比较成熟了，家乡的这些年轻歌手需要哈老师，我都可以帮忙。

陈玉华：您从艺四十多年，取得了那么多成就，您一个都没提，现在您给我们提一提，包括您的家庭对您的支持。

哈斯巴图：这么多年我爱人一直对我大力支持，每个成功的男人背后都有一个付出很多辛苦的女人，我爱人不是搞音乐的，是外行，但是我每次写音乐的时候得请教她。第一，我给她弹琴，随便哼唱让她听，因为她是从业余的角度听，她是比较敏感的，经过长年的交流，她对音乐也会听了，很投入的。我爱人最大的特点是记忆力比我还厉害，蒙古族牧民简单地哼一下歌，她直接就能哼，有时候我记不熟，忘了，很多时候我得问她，她从很多方面给我很大支持。

陈玉华：您爱人叫什么名字？

哈斯巴图：叫其其格。

陈玉华：就是因为您俩有着共同的目标、共同的愿望。

哈斯巴图：对。

陈玉华：为您付出的真是很多，在这一点上您得感谢您爱人。

哈斯巴图：她还给我录拍呢，照相、录像，有时候录个资料之类的，这方面她技术也挺高的，很专注。

五、教学相长　成绩斐然

陈玉华：您都参加过哪些比赛？

哈斯巴图：我参加过全内蒙古自治区的长调比赛，一等奖、二等奖都拿过。1994年参加第六届"通业杯"CCTV全国青年歌手电视大奖赛，获了个优秀奖。2015年被选送参加一个奖的评选，这是北京的一个文化传媒公司老板找我，男高音是选择了我，还有个女高音，这个奖不是一个人的奖项，它是一个多人的奖项，由各个少数民族歌手参加，满族、藏族等，而且它的录音跟别的不一样，一点都不能去后期制作，必须得原汁原味的，基本是清唱，简单地给你铺一些伴奏。

我当时是蒙古长调的代表，演唱了三首长调，第一首是内蒙古比较著名的斡耳朵宫廷音乐，就是《圣祖成吉思汗》，当时录这首歌的时候，经过对方同意后我就把它简单地动了一下，变成两个八度音区，蒙古长调是两个八度音区唱起来难度增大，它音域宽，原来是这么小的东西，成两个八度以后它的音域宽了，因为这个奖评选对作品的要求是很高的。第二首我唱了一首我们家乡的《漳沐沦水》，人家说《漳沐沦水》音域还是略微有点小了，我又把它变成两个小八度，这全是自己改的。不管怎么样我这方面的能力是有的，经过修改这个作品获奖了。这个荣誉不是我一个人的。

陈玉华：好的，另外我还了解到在您的演唱生涯中，您不但演唱还培训了那么多当地的昭乌达长调歌手们，他们现在在各自的平台上都发挥着自己的作用，这与您平时的培训教学是分不开的，您也给我们大家讲一讲这些学生们现在的发展情况，或者是他们现在唱得怎么样，达到什么样的水平。

哈斯巴图：这么多年的努力，不管是演唱还是教学，都取得了一定成果。我教学跟别的老师可能稍微有点不一样，我提倡互相学习，有的时候就这么随便唠唠嗑，聊聊音乐，这首歌怎么回事儿，那首歌怎么回事儿，我们就互相学习。我虽然是老师，但是我就是有这个态度，所以长年教学生，长年互相地取长补短。他有他的长处我有我的长处，就这么个态度来学习，所以很多的学生都是通过别人的介绍主动来找我学。我现在查了一下，这么多年大概是教了五百多名学生，其中音乐学院副教授以上职称的有七八个，除了声乐教授，还有明星，还有很多出名的歌手。

我的教学宗旨是，我是一名传统蒙古长调的歌唱演员，但在传统的基础上你还得时尚，也就是说除了会唱长调以外，你还得唱一些短调，还得会时尚音乐，甚至唱摇滚都可以，就是要有点创新。

陈玉华：所以说，可以用多种艺术表现形式来表现昭乌达长调民歌。

图3 哈斯巴图在教授学生唱歌（赤峰市非物质文化遗产保护中心提供）

图 4　哈斯巴图艺术培训中心 2006 年教师节联谊会（赤峰市非物质文化遗产保护中心提供）

哈斯巴图：对，再一个是不考虑市场不行，你要走市场。长调是蒙古民族的一个很独特的演唱方法，在这个基础上你还得唱一些短调，唱一些人们熟悉的歌。我教学也并不是只会长调一个专业，所以年轻人还愿意接受，长调、短调、说唱通俗都融入里面，这样它的市场就更大。

有的时候参加一些选秀节目，你光一个传统长调也容易吃亏，评委有时候听不懂。所以长调必须有，你看专家教授的要求，你是蒙古族，你家是内蒙古的，你的表演必须有长调特色，在这个基础上你还得时尚。所以这么多年我也是不断地总结，还不断地请教那些老前辈，不断地跟我的那些老前辈交流。

陈玉华：在很多的学生面前，您已经是前辈了，您还一直这么谦虚。再一个就是我特别想知道您的学生们，他们走在演艺道路上也取得了很好的成绩，您也给我们说一下吧。

哈斯巴图：取得好成绩的学生有：全国红歌会冠军梅林组合，还有 2017 年星光大道年度总冠军的敖日其楞，现在敖日其楞已经是全国著名歌手了。敖日其楞能走到今天，首先还是因为会唱传统长调，光通俗歌唱得再好也不行，比他好的人很多。所以他得有自己的特点，唱通俗歌的蒙古族歌手很多，但不会唱传统长调。所以敖日其楞路子就宽了。很多内行专家比较看好他。

除了蒙古族歌曲以外，汉语歌也得会唱。因为要考虑市场。那天我看了一下，还有六名学生在我这儿学习，当然不是我一个人教出来的，在我这儿打好基础以后，还有的到蒙古国学习或者到其他国家学习，他们也取得了很多的成绩，所以不管怎么说现在年轻人还是比较努力的。

选好老师特别重要，还是这一句话。特别是学唱歌一定要记住，学生再好，老师选不好，恐怕越学越走弯路。现在这样的现象也很多。还有你自身的努力，除了唱歌以外，理论上的研究也要有，多看理论上的书，包括视唱乐理，都得好好学。这些东西都不到位，你的综合能力不行。老师再好，你要是自己不努力那不行。

陈玉华：哈斯老师，在您今后的教学计划中，您有什么打算？

哈斯巴图：要想使蒙古民族的传统长调演唱艺术发展得更好，我个人想法还是从少儿抓起，这都是一代一代传承嘛。我有时候来牧区的一些蒙古族学校、市区的蒙古族幼儿园，还有蒙古族小学、蒙古族中学等，发现由于近几年流行音乐的发展，现在很多的少儿对传统音乐不太感兴趣。我也见过很多这种情况，所以不断地给他们做工作，最关键是给他们父母做工作，让父母在孩子跟前，多轻声哼一些传统民歌及长调民歌。

先多给孩子们讲一些什么叫民歌，特别是什么叫蒙古族传统民歌，什么叫昭乌达民歌，一定要给他先多聊民歌的内涵、历史故事，通过这些故事让孩子们有点感悟、有点记忆。

我父母那些老前辈唱歌时候，他首先给你讲故事。现在年轻人缺乏这方面的认识，就会唱，内涵这方面把握得不是太到位。还要让孩子们多听，现在由于广场舞的发展，音响发展得特别好，就这么点小音响都有内存卡，包里一背就可以走。网上多下载一些大师们的蒙古族民歌、长短调，特别是长调，先让孩子多听，不是刻意让他听，在家里玩耍、做作业、读书时候，就像他的床头音乐似的轻轻地放，时间长了以后，他骨子里能有这个感觉，他就能慢慢地喜欢。我们不能让孩子们老听流行音乐，因为他觉得流行音乐好玩，还有那些比较豪爽的，他也喜欢听，所以他喜欢的东西偶尔让他听听，调剂一下。

还要注意一点，有些父母会说蒙古语，但孩子一开始不太感兴趣，所以需要家长多与孩子沟通交流。现在我那儿有四位小朋友，唱得非常好，十来岁，名叫昭乌达少儿江木伦组合，《江沐沦》是我们昭乌达代表性的长调民歌。他们现在跟原来不一样了，学了大概不到一年，前几个月确实很费劲，他们坐不住，不太感兴趣，通过他们的眼神也看出来了，但让他们参加一些活动，他们就慢慢地有兴趣了。

蒙古族孩子穿在身上的文化就是蒙古袍服饰，穿四季民族服饰，这叫身上的文化，你必须从小让他穿，大了以后再让他穿，他肯定也是不太那么接受或者不乐意，不太感兴趣了，所以兴趣要从小就培养。我在电视晚会上或者是手机微信上，很少见过十来岁的、能够唱完美长调的孩子，但是唱短调的很多。我不断地跟他们讲，学习长调一定要打好基础，学好长调以后，再唱短调和一些流行音乐也比较容易。

现在我们内蒙古的老师很多，还有很多优秀的歌唱家，大家都在带徒弟。我感觉这么多年的发展中最大的问题是，如何编写统一的蒙古族传统长调教材。蒙古族的艺术中，马头琴艺术、呼麦艺术都已经走向世界了，到现在没有统一教材。没有规范的教材是个很大的问题，所以我一直想，作为一名昭乌达蒙古族长调民歌传承人，我这方面也要努力。

我也请教过很多学者专家，他们也特别赞成我的想法，但是编写教材不是一两年的事，而且不是一两人就能写的，必须有个大团队来操作，最起码十几二十个人，需要著名的专家教授指导。除了编写蒙古语教材外，还必须有汉语教材，这样我们的蒙古族传统长调才能发展得更好，因为有的老师通过教材就可以教学生，可见这个教材不统一是不行的。这一点蒙古国做得特别好，比如说谱子下面，这有个弯（演唱），它是用连线标，老师和学生看这个谱子就直接能哼了，很直观。但在咱们国内，不管是五线谱还是简谱，你看谱子根本哼不了，所以我认为教材不统一是个很大的问题。

陈玉华：对。

哈斯巴图：一个人的力量是有限的，但是我要发动我们所有人的力量，包括高校做这些挖掘、保护、传承的工作，那在不久的将来，就会有我们自己的昭乌达长调的教材。这也是我们最期待的。

教材不统一的话，你是歌唱家，他也是歌唱家，都是歌唱家都带徒弟，但是教学方法不统一。教材统一了以后，教学方法就会统一，现在要不统一去做，唱功上、方法上有很多问题。要像其他乐器教材那样，统一教材并划分等级，就利于教学了，这也是我们的期望，实际我们在做昭乌达蒙古族长调的传承，有一项工作就是对音乐进行研究开发，让更多的人来了解长调，而规范统一的教材，就是普及工作的重要方式。有的人随便教，这样肯定是不太规范，有时候甚至出现老师教学生无能为力的现象。有的人天生的声音条件好，高亢嘹亮，骨髓里的长调味道很浓，但跟这个老师学了好几年，越学越走弯路了，最后毕业了基本就唱不动歌了，这就是跟教材的不统一有关系。教材统一了以后，我们所有的人全是用这个统一的教材去教，这样对年轻歌手的发展应该更好。

陈玉华：在昭乌达长调民歌的挖掘和保护中，您还有什么计划？

哈斯巴图：第一我们一定要每年搞一些活动，像蒙古族长调传承人的培训班，培训一些理论上的知识。第二还要不断地搞一些昭乌达长短调民歌的比赛，近几年我们赤峰搞得还是不错的，所以热爱蒙古族长调的年轻人逐步增多了，这都是好事。这个东西不传承、不传播是不行的，所以对我来说任务很重，我也是在这方面尽最大努力去做，我母亲经常说，不管是什么行业，你去热爱的话，一定要去抢时间完成，没有任何理由不去做。

人们都知道西部有哈扎布，海拉尔有宝音德力格尔，阿拉善有阿拉坦其其格，昭乌达有阿拉坦格日勒老师，他们是我们的旗帜，是我们的一个榜样，所以我们要出这方面的书，有可能的话，把20世纪80年代出的《昭乌达民歌》重新出版，因为还得加不少即兴的歌，加不少新整理搜集的民歌，再版的话最起码三到四本吧。

陈玉华：大家最想听的也是您的歌声，那请您给我们唱一首您最喜欢的昭乌达长调歌曲。

哈斯巴图：好，接下来我就演唱一首我多年的代表作，名字叫《漳沐沦水》的昭乌达长调民歌。（演唱）

陈玉华：非常感谢哈斯巴图老师，今天给我们做的关于昭乌达长调民歌的介绍，相信在今后的工作中，您还会带领我们所有的传承人，继续在传承的道路上发扬传承人的这种精神，把我们昭乌达民歌传承下去。

哈斯巴图：谢谢您。

陈玉华：谢谢。

王景春

巴林石雕入画来

采访时间：2019 年 4 月 8 日
初稿时间：2022 年 7 月 26 日
定稿时间：2022 年 8 月 15 日
采访地点：赤峰市图书馆"赤峰记忆"拍摄现场
版　　本：文字版

王景春速写

　　王景春　巴林石雕艺术传承人。1995 年至 1998 年，学习美术基础；1998 年，到巴林右旗学习雕刻。后来从师于国家级工艺美术大师、巴林石雕自治区级非遗项目传承人刘林阁先生。目前是自治区级工艺美术大师，主要作品有《草原牧歌》《青山送友》《花好月圆》《草原四君子》，曾获得"飞马奖""天工奖"等多项荣誉。

　　毕世才：各位朋友，大家好！今天是 2019 年 4 月 8 日。这里是"赤峰记忆"专题节目的访谈现场，接受访谈的是内蒙古自治区级非物质文化遗产代表性项目巴林石雕艺术的传承人、刘林阁先生的传人王景春老师。王老师您好，欢迎

图1　王景春（左）接受"赤峰记忆"采访

您接受访谈。

王景春：毕老师，您好！

一、初入师门　勤学苦练

毕世才：王老师，我听说您是自治区级工艺美术大师，刘林阁先生是国家级的工艺美术大师。那您和刘林阁先生的关系如何？

王景春：我们很多年前就认识，关系当然是很不错的。现在他是我的师父，最开始的时候他还不是我师父，但他长期给予我指导。我评上工艺美术大师以后，有一段瓶颈期，一次偶然的机会中，我半开玩笑地说改明儿拜你为师吧。他很干脆地答应了。从那以后我就正式跟随他，他可以说是我人生的引路人。

毕世才：一个国家级大师培养出一个自治区级大师来，真是名师出高徒。那请您先谈一谈您从艺的经历，以及跟随刘林阁先生学巴林石雕艺术的过程。

王景春：从小就开始接触这个东西，我家东边有条河叫查干沐伦河，过了河再往东走，没多远就是矿区。上学的时候就爱去矿区捡小石头，刻个小兔、小鸟，写点字。现在看着不叫什么工艺品，但那会儿还小。

到了高中，我学了3年基础美术。1998年，拿到了毕业证以后，我就没再继续上大学。当时是知道巴林石的，我想我有基础，就到巴林右旗找了个师父，开始学习巴林石雕，真正开始了我的雕刻之路。

图2　正在雕刻的王景春

后来，碰巧认识了刘林阁先生。他有个厂子，叫艺仁阁工艺品厂，他的徒弟多数都在他的厂里。我跟着第一位师傅学成后，开始对外加工。加工出现问题或是设计遇到困难的时候，我就去找刘林阁先生，我说您帮我指点指点。刘林阁先生特别好，就讲这东西怎么雕、怎么设计，从哪儿开始下手，花色怎样利用等。知无不言、言无不尽地讲解。一来二去的，我们俩关系越来越默契，就拜他为师了。至今，我从事雕刻行业已经20多年了。

二、巴林名石　自有根芽

毕世才：改革开放以后，自治区才实行的评级政策，21世纪初能评上工艺美术大师，您已经取得很高的成就了。下面请您给我们简单介绍一下巴林石。

王景春：首先，讲讲巴林石名字的由来。中国的玉石多数以产地命名，譬如，岫岩的玉叫岫岩玉，和田的玉叫和田玉，寿山的石头叫寿山石。巴林石也是如此，因产自巴林草原而得名。

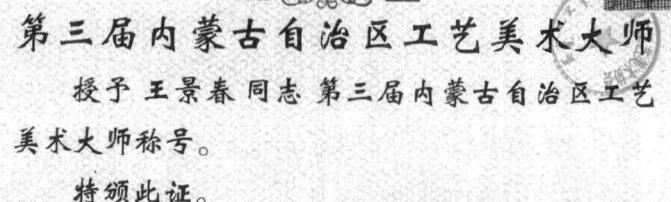

图3　2015年10月10日，王景春荣获第三届内蒙古自治区工艺美术大师称号

其次，巴林石的种类特别丰富，大致分为五大类，一百多个品种。五大类分别是鸡血石、福黄石、红花、冻石和图案石。一百多个品种就不详细罗列了，其实不止一百多种，还有更多的品种。

再次，巴林石的硬度一般在3度左右，软硬适中，刚中有柔、柔中带刚，特别适合雕刻。除了雕刻传统的工艺品外，还能做印、烧陶瓷。巴林石可以作为高岭土烧陶瓷。

最后，巴林石"细、润、温、凝"这四种特点给人留下了深刻的印象。雕刻时的质地也是非常细腻，给人温润的感觉，心底会油然而生一种愉悦与开心。而且现代人社会压力大，拿块石头玩一玩，心情也会放松不少。

毕世才：赤峰是历史文化底蕴比较雄厚的一个大市，请您再谈一谈巴林石的雕刻艺术历史。

王景春：巴林石雕刻的历史很久远了。1992年，兴隆洼文化遗址出土了一个巴林石制成的文物。经相关人员研究，这件文物可以追溯到 8000 年前。这件巴林石文物的出土，将中国 5000 年的石雕文化又向前推进了 3000 年。

夏商周时，人们用巴林石做手工艺品，有一些玉杯、玉碗，具有较高的审美价值和使用价值。

元代时，巴林石雕的文化价值就更高了，开始出现印章了。巴林右旗有一块沙漠就叫"塔木多玛哈"，用汉语翻译过来就是印章沙漠，可见印章文化在咱们这地方是很悠久的。成吉思汗和巴林石还有个传说：在一次宴会上成吉思汗让官员给他献上两个碗，开始以为是玉的，实际上是用巴林石做的。成吉思汗一看，连连称赞，真是太漂亮了，还说"腾格里朝鲁"，汉语就是天赐之石的意思。

清朝历代皇帝重视蒙古，为维稳北部边境，至少有七位公主下嫁到赤峰。康熙时期，荣宪公主嫁给乌尔衮，乌尔衮为了表示忠心，给康熙建了行宫。行宫遗址出土的文物有石狮子、石桌子、官印、首饰、珠子等，多数为巴林石制作。

1972 年，中日邦交正常化。日本使团来中国访问，互送国礼，周总理就送了一个寿山石的物件。谈话时，日本使节就提到了东北那块有一种石头和寿山石很像，其实说的就是巴林石。当年，赤峰还叫昭乌达盟，归辽宁省管。大概在 70 年代，赤峰开始开采巴林石。那时，统称这类矿物为叶蜡石矿，像寿山石、青田石都是这一类的。

2001 年，在人民大会堂举行国石评选。巴林石和寿山石、青田石、鸡血石并驾齐驱，它甚至能涵盖其他三大石的特点。同年，上海 APEC 会议上，用巴林石制成的印章被当作礼物送给 20 多位国家元首。自此，巴林石的影响力越来越大，走向世界了。

三、巧妙构思　技艺精湛

毕世才：巴林石的历史非常悠久，它的闻名离不开像您这样的手艺人。接下来，您给我们讲讲巴林石雕的制作流程。

王景春：第一步是相石料。相，用老百姓话说叫端详。你研究这块石头，它是什么颜色、什么石质、适合做什么。根据石料的轮廓和颜色进行创意、设计。第二步是平面构图与立意。将你的创意描绘到纸上，保证你的构图能够准确地表达你的立意。再反复揣摩、修改，觉得构图和立意都没问题了，就可以把平面图变成立体图了。第三步是打坯。先开坯，把大致的形状刻出来，从大型到细型，再到细加工。最后一步是抛光、上蜡。

毕世才：雕刻艺术通常来说分哪几种类型？

王景春：大致分为三种类型，分别是浮雕、圆雕和镂空。

毕世才：那它的技法呢？

王景春：技法就太多了，最简单的刀子技法就是冲刀，细分也有好几种方法。它在3厘米、5厘米、10厘米的距离上，冲刀方法是不一样的。有的用指力，有的用腕力，有的用肘力，它出来的效果是不一样的。而且在冲刀的过程中，你可以糅合一下其他的刀法，像转、拧，这就是随冲随转。

毕世才：您跟我们讲讲您的作品。

王景春：介绍的第一件作品叫《草原牧歌》，是用巴林石中的福黄石雕刻而成的。构思之初，我就想，作为一个雕刻人，不仅要对石头有所理解，对雕工有所理解，而且要对文化有所理解，更要对生活有所理解。历史积淀之后，余留的是人们的烟火气。于是我采用传统中国画技法，做了一个自然与人文结合的作品。最后呈现出来的画面是山川险峻、草原辽阔。风吹过，牧人哼着长调，骑着马在草原上放羊、游荡。

图4 王景春巴林石雕刻作品《草原牧歌》

第二件作品叫《青山送友》，是用巴林石中的牛角冻雕刻而成的。我是根据王昌龄《送柴侍御》这首诗创作的这件作品。"流水通波接武冈，送君不觉有离伤。青山一道同云雨，明月何曾是两乡。"所呈现的画面是高山流水，明月与友人。

图 5　王景春巴林石雕刻作品《青山送友》

第三件作品叫《花好月圆》，选取了一个传统题材。它是用巴林石中的红花冻雕刻而成的，红花冻的质地有半透明的感觉。整件作品给人感觉很吉祥、喜庆。

图 6　王景春巴林石雕刻作品《花好月圆》

第四件作品也是一个传统题材的作品，叫《喜象》，用的巴林瓷白石。雕了一头大象和一些人物，传达欢喜的意味。

毕世才：您雕刻的人物、动物真是栩栩如生。除此之外，您还雕过什么小件作品吗？

王景春：也雕一些小件，有挂坠，但今天带来的还没有抛光。这一件叫《笑口常开》，是巴林石中的大板石雕的。这一件叫《禅意》，坐禅的禅，比较通透。这一件叫《福在眼前》，是用俏色的雕刻技法。剩下的没有名字，这两件是用桃花冻雕的小桃子和荷花，这件是用福黄石雕的观音。

毕世才：王老师，刚才我看了您拿来的小件，展示的基本是中国传统文化题材的作品。譬如佛教文化的弥勒、观音等，有没有突出咱们草原特色的小件作品？

王景春：《草原四君子》是展现咱们本土文化的作品，比刚刚的小件稍微大一点。江南有江南的风光，塞北有塞北的风物。这四件作品分别雕刻了羊群、牛群、骆驼与马，是我们草原常见的动物。

第一件作品雕刻的"君子"是羊，它们的肉供人们食用。第二件作品雕刻的"君子"是马，它们供人骑乘，提供交通的便利。第三件是骆驼，它和马一样，都便于交通。但它主要是长途奔运，适合在沙漠当中远行。第四件是牛，牛更是君子，它可以做肉，也可以挤奶。它是老黄牛精神的体现，也是一种草原情怀。

毕世才：这些作品获得过什么奖项吗？

王景春：《草原牧歌》获得了"飞马奖"；《青山送友》获得了"天工奖"的铜奖；《花好月圆》获得了"巧夺天工·金马奖"金奖。2018 年，《草原四君子》参加了"守望相助——56 民族非遗邀请展"。

图 7　2015 年 10 月 10 日，《草原牧歌》获第二届内蒙古自治区工艺美术品"飞马奖"银奖

图 8　2017 年 11 月 22 日,《青山送友》获第十三届中国国石雕刻艺术展铜奖

图 9　2013 年 12 月,《花好月圆》获 2013 年中国传统工艺美术精品展"巧夺天工·金马奖"金奖

四、雕艺浮沉　不改初心

毕世才：据我所知，您的师父刘林阁先生是咱们自治区级的非遗项目传承人，那您对刘林阁先生这边的非遗传承谱系有什么了解吗？请您说一说大致的情况。

王景春：我师父的师父叫赵志生，毕业于鲁迅美术学院；赵志生的师父叫郭长瑞，民国人。到目前，我也带了不少徒弟。我们搞雕艺，总是有传承的。

毕世才：巴林石作为赤峰市的支柱性文化产业，您作为一个雕艺家，下一步还有什么打算？在产业发展或是雕刻艺术上还有什么想法吗？

王景春：近两年受经济环境影响，产业市场不是特别景气。但是我感觉对于雕艺人来说，重新沉淀一下，也是一件好事。任何事都有高峰和低谷，都有起伏。原来我听说过一句话，叫"疯狂的巴林石"，那一段时间有点太过浮躁了，是一种发烧的状态，我感觉现在正常了一点。市场冷淡的时期，才正适合我们这些人搞雕艺。

毕世才：很高兴今天有机会采访您，让我们大家对巴林石文化有了一个初步的认识。希望在您和您师父刘林阁先生共同努力下，让巴林石的文化产业发展更加繁荣、壮大！谢谢王老师。

李福山

民间文艺绽奇葩

采访时间：2019 年 4 月 8 日
初稿时间：2022 年 7 月 29 日
定稿时间：2022 年 8 月 2 日
采访地点：赤峰市图书馆"赤峰记忆"拍摄现场
版　　本：文字版

李福山速写

　　李福山　1976 年出生，2008 年获得内蒙古自治区第一批非物质文化遗产项目代表性传承人的称号。师从其父李发及同村村民李维峰学艺，能完整演绎好德歌沁全部歌曲、对白及舞蹈。李福山扮演的主角白老头，有着机智幽默，憨态可掬的神仙特点。1982 年曾去海拉尔参加全区文艺会演。演出录像曾在中央电视台《走遍中国》栏目中播出。在乌兰召村成立了好德歌沁传习所，收徒传承好德歌沁文化。

图1　李福山（左）接受"赤峰记忆"采访

李宝祥： 各位朋友，大家好！今天是2019年4月8日，这里是赤峰市图书馆"赤峰记忆"拍摄现场。今天我们采访的是好德歌沁①的传承人李福山先生。我们从1988年开始和李福山先生有接触，到现在已经有30多年了，他为好德歌沁的传承和发展做了很大的贡献。您好，李先生。

李福山： 您好，李老师。

---

① 好德歌沁：又称呼图歌沁，"丑角"之意，是以歌舞为主，具有浓厚的宗教特点的蒙古族民间艺术，内容以驱邪、祝福和送子为主，流传在内蒙古赤峰市敖汉旗萨力巴乡乌兰召村一带，至今已有近300年的历史。当地的蒙古族人习惯称之为"蒙古秧歌"。（参见陈玉华主编《赤峰非物质文化遗产代表性传承人》，内蒙古科学技术出版社2021年版，第111页；吕光群摄影编著《中华巫傩文明：傩仪、傩俗、傩舞、傩戏》，合肥工业大学出版社2019年版，第585页）

一、角色组成

李宝祥：李先生，我今天想问的第一个问题是您什么时候参加好德歌沁表演的？都扮演了什么角色？

李福山：我是从1981年开始参加好德歌沁表演的，刚开始我跟师父学的时候，我是扮演孙猴子、猪八戒的，后来师父年龄也大了，他教我好德歌沁里头的白胡子老头。师父他面对面教我，我有不明白的地方就问他，我是这么跟师父学的。

李宝祥：好德歌沁的表演过程中一共有几个人物？

李福山：表演过程中有六个人演出，还有打锣、鼓、镲的。现在有车推，过去的时候也没有车，都是让人抬，两个抬鼓的、一个打鼓的、一个打镲的，还有一个拿旗的，一共得十来个人。蒙古族和汉族都请，比如说汉族人家请了好德歌沁，他不会说蒙古语，我们还要留一个人在他们家当东家，让他说蒙古语。

白胡子老头叫阿仁查干，黑老头是阿仁查干的儿子朋斯克，阿仁查干的姑娘

图2 好德歌沁表演团队前去表演（滕利明摄影，赤峰市非物质文化遗产保护中心提供）

叫花日，他的老婆是曹门代，还有猪八戒和孙悟空，这六个人表演这个节目。

李宝祥：主要是这六个人表演，剩下的锣、鼓、镲都是伴奏用的。

李福山：嗯，必须得用锣、鼓、镲，如果没有锣、鼓、镲伴奏，演员蹦的时候踩不上点，必须打锣、鼓、镲，演员才能踩上点。

二、表演过程

李宝祥：整个过程都有哪些仪式？

李福山：首先，得拿着香和黄表纸去祭天祭地，祭完了以后去取土。过去我们把土拿来以后，加水和成泥，做出模子样，然后往上糊纸，再放在炉子上烤，之后把面具从土上扒下来，再描脸、粘胡子。现在取土后不和泥了，用大机器压下来一块土坷垃，搬回来后用小刀子刻出人样来，然后也是往上糊纸，干了之后再把它拿下来，再给它挖眼珠子、鼻子、嘴、耳朵。黑老头按照黑老头的样

图3 制作面具（滕利明摄影，赤峰市非物质文化遗产保护中心提供）

图 4　制作面具（滕利明摄影，赤峰市非物质文化遗产保护中心提供）

图 5　制作好的面具（滕利明摄影，赤峰市非物质文化遗产保护中心提供）

图 6 开光（滕利明摄影，赤峰市非物质文化遗产保护中心提供）

图 7 扮演白胡子老头的李福山（右）（滕利明摄影，赤峰市非物质文化遗产保护中心提供）

子做，白老头按照白老头的样子做，胡子该粘的粘，用红的、白的、黑的颜色都描出来。衣裳都得提前做好了，过去穿的都是山羊皮子，也就是把山羊杀了，它的皮子做成皮袄，这些衣裳弄好了之后都不许穿，都得拿到庙上去，用汉话说叫"开光"，用蒙古语来说是请白胡子老头。等需要的时候，再把衣服翻过来反着穿上。原先我们这个地方雨水不调，人、牲口闹灾病，都请白胡子老头去消灾祈福。我们把面具拿到庙里去，在佛爷跟前的桌子上摆一排。像我这样的传承人先拿着香，招待招待喇嘛，然后我说我们上这儿开光，你得给我们念念经，把白胡子老头给我们请来，这样白胡子老头就附身在这个面具上了，附上面具以后，我得拿香把这些面具都绕一遍。比方说有10个人或者是12个人表演，这几个人都得去，念经的时候得在这儿跪着，我把各个香都点好了以后，其他人就该起来了，把面具都戴上。

李宝祥：先敬神，把祭祀面具戴到头上？

李福山：对，我们从家拿着面具去庙里的时候，把身上都得洗好了，干净利

图8 好德歌沁表演团队（滕利明摄影，赤峰市非物质文化遗产保护中心提供）

索地去，都得男扮女装。

李宝祥：一般都是男的。

李福山：都得男扮女装去，女的跳好德歌沁不行。请白胡子老头时嘴里念叨：我今天请你来了，让风调雨顺、雨水调和，给人免疾祛病，别让牲口闹灾，把这些说完了以后开始唱一首歌，必须得把这首歌唱完。

李宝祥：一般都是到各户去送子，各个仪式当中都有唱歌。春节期间到每一家送祝福，说点吉祥词，在院内都要唱首吉祥歌，您给大家展示一下。

李福山：首先是在道上唱的歌。（演唱）来到门口时，这首歌唱了一段也好、两段也好，到了大门口就把这首歌甩了，不唱了。接着开始唱到人家院子里的歌，进院子里唱的歌意思是镇压妖魔鬼怪。（演唱）从大门口进来的时候，东家还要拿着香在白胡子老头的脑袋上面转一转，因为白胡子老头是主要的演员，然后东家把香拿进屋来。

进院子以后，演员都在四个角站着，唱完歌这就开始跳盘场舞，跳完了盘场舞这就开始要上屋了。到了屋门口，白胡子老头奇怪地对他儿子说："我出来的时候听说你北方的话懂得不少，听说这北方人猪鸭鹅狗鸡羊养得多，外面的门槛也挺高，儿子你得好好地扶着我，别让我磕着、碰着，你把我好好地领进屋里去。"然后白胡子老头拿着拄棍先进屋，迈进屋的门槛以后问："东家挺好的不？儿女们也都挺好的不？老少爷们都挺好的不？祝您粮食大丰收、百业丰盛、万事如意。"然后到里屋，到了里屋的炕前，问他小子炕怎么上。

李宝祥：这反映了敖汉移民时代之后，民族杂居形成了，因为牧区没有炕，都是蒙古包，他很稀奇，反映这么一个情况。

李福山：对，就是这个意思。

白胡子老头的儿子说："你上吧。"

上炕不得顺着炕爬上来么，那白胡子老头说："从前面上吗？"

儿子说："不是，你这老爷子，你看你糊涂了，从底下。"

白胡子老头说："从水底下上吗？"这一层下面不是还有水么，从那个地方上。

图9 跳盘场舞(滕利明摄影,赤峰市非物质文化遗产保护中心提供)

图10 孙悟空保佑牛羊马不得瘟疫,猪八戒祝福肥猪满圈(滕利明摄影,赤峰市非物质文化遗产保护中心提供)

图11 好德歌沁表演者会被主人用三炷圣香迎进屋里热情款待，猪八戒、孙悟空负责在门外警卫。白头翁领着黑头翁、曹门代、花日一起唱着祝福的歌，进行驱邪活动（滕利明摄影，赤峰市非物质文化遗产保护中心提供）

儿子说："不是，从当中。"

白胡子老头说："我得使五岁马的力。"五岁的马正是有劲的时候。

白胡子老头说："我得拿五岁马的劲头来上炕，我得使这么大的劲，老婆你往后点，你也不用拽我的衣裳，不用怕我摔着、碰着，我能上去了。儿子你往后，你也别在我前后，你别挡着，别碍我的事。"

上了炕以后，桌子是这么放的，他正正当当地坐在中间，他小子坐在这边的炕沿边上，老婆在那边的炕沿边上，丫头在里边，白胡子老头是这么坐着。东家把香点完了以后，搁在香炉碗里头或者插在一个瓶子或碗里。过去是用烟袋，这个烟东家先不给老头，他装完一袋烟点着了以后给这个老婆了，那老婆就给她老头，说："东家说你从北方来，道上累着了，让你歇歇，这当中让你抽袋烟。"

白胡子老头问："这是什么？"他专门装聋打岔。

老婆说："是烟。"

李福山：民间文艺绽奇葩 **255**

他就说不是烟，往旁的地方打岔，最后说是烟，他说："烟我没用过，据说你这地方的烟太有劲，别把我老头拱到了。我咋抽呢？"

他老婆说："你吭细的那头。"就是烟袋嘴那头。

他说："在肚子里噎住我怎么整？"

她说："烟袋锅子到那疙瘩就卡住了。"

"行，那我试试。"把烟拿过来以后，他对他老婆子说："我从北方领你过来，到南方我肯定把你利用上了，这回我真就把你利用上了，你用你的十根手指头。"——他不是这样盘腿坐着了嘛——"你在我这边的膝盖上使劲按着，要不然我一下子倒过去咋整？这个烟这么有劲。"对他丫头说："你在我这个膝盖上放一只手，好好地压着。"对他小子说："我从北方领你到南方，你最有劲，所以我把你领来的，你拿拄棍压在我头上，使劲摁着我，这个烟我利用利用。"往后这么一倒，他说："哎呀，这个烟真是有劲，都能把喜马拉雅山崩倒了，把窗户外

图12 当有的主人提出求子的愿望时，白胡子老头会唱着颂词拔下一根胡须系在铜钱上送给女主人，让女主人揣在怀里，表示第二年就能如愿以偿（滕利明摄影，赤峰市非物质文化遗产保护中心提供）

的好几个人都崩倒了,把跟前的好几个人都吓坏了,这个烟有这么大的劲头,东家的好心我不能忘掉,烟我就抽到这儿,往下我不抽了,这烟太有劲。老婆子,你再给东家好好地递过去。"

老东家说:"哎呀,你挺老远地来了,道上肯定渴了、饿了,我给你沏点奶茶,你喝吧。"这白胡子老头拿起来后把茶水这么端着,他就奉承人家的茶水,说:"这个茶水真是好,在我们北方也是把大花乳牛挤的奶熬成奶子,喝这个奶子,这个茶是北京的茶,兑上咱们这儿的水,喝了真好,南京的茶也兑上咱们的水。"(演唱)"北京的茶,险峻的河里的水,商品茶,井里的水,奶茶,水流多的河水,有奶皮子的茶,高山上的水。"

茶水这环节过了,这就该给钱了,人家压上钱了,在桌上呢。也是老婆子拿过来给白胡子老头,说:"人家东家听说你远道来了,帮忙给镇压妖魔鬼怪,保佑他这儿雨水调和、风调雨顺、人不闹灾、牲口不闹病,给你赏钱了。"白胡子

图13 临行辞别,主人极力挽留,盛情难却,白胡子老头的妻子曹门代留下(滕利明摄影,赤峰市非物质文化遗产保护中心提供)

老头把钱拿起来开始说:"你住上大瓦房,你有牛羊成群,你有金银财宝,你的箱柜里面都装满了。"

李宝祥:它也是像汉族秧歌似的,春节期间到各家各户去拜年,给祝福吉祥,缺子的给送子,希望下一年吉祥幸福,人家也很热情地接待。

李福山:是这个意思。

李宝祥:大家对好德歌沁很好奇,咱们介绍了半天,可能有的观众还是不太了解,您能不能穿上衣服、带上拐杖,给大家表演一下。

李福山:(表演)盘场舞一开始这么走,白胡子老头在这,黑老头在这,白老头那么转,黑老头过去,他这么转,这不是还有姑娘和媳妇儿吗?她们俩过去以后,一个往这边转,一个往那边转。然后白胡子老头进屋时对他儿子说:"儿子,我从北方把你领过来,听说南方这个地方门槛高,猪、羊、狗多,你别再把你爹碰着、刮着,你把我好好地领到他们的屋里头去。"就这么着上里屋。刚才说的就是这过程。

我再给唱一首咱们敖汉旗的歌,就是唱敖汉旗的王爷。(演唱)到人家得唱,这是九段,我唱了两段,我再给你唱一段别的歌。(演唱)

图14 每天表演完毕,把面具放到室内摆好,然后奉上祭品,大家轮流敬香(滕利明摄影,赤峰市非物质文化遗产保护中心提供)

李宝祥：刚才跳的那两段是在院子里的，这一段唱的是到家里头了。下边还有什么？

李福山：下边是要走了，要出去了，出去有出去的歌。要出去了外面就敲锣打鼓，你不唱歌谁知道你出来没出来。（演唱）这首歌的意思是：下雨了，它必须有晴的时候，晴了我也走了。就可以从屋里出来，这就是走了。有的东家还会把白胡子老头的老婆留下。

李宝祥：把白胡子老头的老婆留在那儿了？

李福山：不是户户都留，有的人家知道，他想听听歌，他把人留下了，有的不知道，老婆得快点挤出去，要不趟趟都在门口唱歌，嗓子该不行了。赶紧让她出去，出去以后再进来就不可能了。要是她出去的时候，东家来了，把你拨回去，这么一摁，那你就不能动弹了，你就不能走，意思是让你唱歌呢，你不能硬走。要是没人敲打，没有人拽你，赶紧就走，要不然白胡子老头唱得多呀。白胡子老头把这首歌唱完就该说了："邀请白老头，危害全部消失，邀请好德歌沁，敌人全部消失，平安健康地生活呦。"这就是白胡子老头祝福这一家人，你请我了，你粮食大丰收，给你免去病灾，病我都帮你撵走，剩下的妖魔鬼怪破烂玩意儿给我小子一背，我都把它们扔老哈河水里。

李宝祥：要走了得到村外祭火去，祭火烧面具。

李福山：要是没有下家请，就在正月十六的晚上，把面具拿去祭火，到那儿以后先跳一圈盘场舞，把盘场舞跳完了以后，把面具都拿下来。老早把土弄一个小坝，把面具都搁这儿，咱们这十几个跳的人都给面具磕个头。我开始把火一点，把香点着了以后，往土上一插，再把黄表纸一点，点完了以后往上一扬。用粗木头架着的火挺大，最后他们蹦的人就围着火转，唱《祭火歌》。最后看到火灭得差不多了，不要让它灭尽了，白胡子老头先到火堆一蹦，把面具就搁到火堆里头了，黑老头再过来把面具搁火里，把面具都烧了。

《祭火歌》产生在成吉思汗那时候，据说是成吉思汗留下的习俗。民间传说成吉思汗打仗的时候失火了，把毡包都点着了，成吉思汗就灭火，怎么也灭不了。白胡子老头听说了以后，他来把火灭了，白胡子老头说："你没有尊敬火仙，

图 15　正月十六夜晚盘场舞（滕利明摄影，赤峰市非物质文化遗产保护中心提供）

图 16　烧面具（滕利明摄影，赤峰市非物质文化遗产保护中心提供）

你啥也不管，往火里乱扔，因为这个你才失的火，你将来得祭火，腊月二十三那天你必须得祭火。"成吉思汗问："那应该怎么祭呢？"白胡子老头说："你身为大汗，首先要把木头架起来拢火，需要黄表纸、香、白布、黑布，还有黄油、茶、红糖、白糖、饼干、果子，这些东西该怎么烧就怎么烧，该怎么装就怎么装，然后领着你的兵围着火转，边转边唱《祭火歌》。"《祭火歌》我再给你们唱两段，这就是烧面具的时候唱的歌。（演唱）

烧完以后，请白胡子老头的东家再把白胡子老头叫过去，说："我们请你来希望风调雨顺、雨水调和、粮食大丰收和免除疾病，来年我们再请你。"往家走，鼓、镲就不用打了，再打又请过来了，直接把鼓抬回去。

三、艺术传承

李宝祥：这么多年好德歌沁在你们当地有什么群众基础？大家伙儿欢迎不欢迎？在社会上又有哪些影响？您谈谈这方面的情况。

李福山：那太多了，今年光车就来了 20 多辆，有咱们敖汉旗的、内蒙古的，

图 17　正在牧羊的李福山（滕利明摄影，赤峰市非物质文化遗产保护中心提供）

央视中文国际频道也都来录像。乌兰召村现在有七八百户，得有一二百户请的，挨门挨户请，连拜年带祝福，老百姓传承好德歌沁，国家也挺重视非遗传承，我这几个徒弟也都愿意学这个，我也很乐意把好德歌沁传下去。

李宝祥：您接待过内蒙古师范大学的研究生董波，他到你们那儿写好德歌沁的研究论文，他是研究人类学的，现在社会很重视这件事情，影像、图书、画报都有很多。

李福山：对，登的有很多，画报上都有登的，现在用手机一搜，央视中文国际频道上都能搜出来。

李宝祥：作为好德歌沁的传承人，您对这种民族民间艺术的传承和发展是怎么想的？作了哪些贡献？这既是一种荣誉，也是一种担当，也是一种责任，应该怎么传承这个民间艺术？您再说一说。

李福山：打心里我就喜欢好德歌沁这个蒙古族的民间艺术，里面的舞蹈我特别喜欢，我必须把好德歌沁好好地往下传，不管是哪儿请，我都会去把它好好地

图18　好德歌沁传人金生（左）、李福山（中）、李福山的儿子李海波（右）（滕利明摄影，赤峰市非物质文化遗产保护中心提供）

传下去。像六道湾子村、七道湾子村、荷也勿苏嘎查村，哪儿请我都会去，我不能把好德歌沁扔掉了，尤其是后代儿孙，我得好好教会我儿子李海波。

李宝祥：现在传给您儿子了？

李福山：嗯，现在传给我儿子了，还有旁的七八个人，现在共计有十来个徒弟了。

李宝祥：每年在春节期间都有演出？

李福山：连着演出七八年了，现在演出都是我儿子李海波组织，这七八年没间断，一直在连续演出。国家重视好德歌沁，我们也要把好德歌沁重视起来了，这几年年年演出，到正月就要准备演出。去年央视二套又来了，把我们拉到丰收乡去，敖汉旗的谷子很有名，谷子都出穗了，把我们拉到谷地当中演出，央视二套录了很多次，还在中央台上播出。

李宝祥：敖汉旗的好德歌沁是内蒙古草原文化上的一朵奇葩，据我现在的研究，它是蒙古族、汉族相融合的一种产物，也是宗教文化和民间文化相融合的一种产物。它引起了学术界的高度重视，在内蒙古的民歌卷里头，把它作为一个民歌的种类，在内蒙古的戏剧当中，把它作为艺术的活化石，所以它具有珍贵的研究价值。这是几代人的努力，所以今天非常感谢李老师来到我们"赤峰记忆"栏目，让我们深刻地感受到传统文化艺术的独特魅力，非常感谢您！

苏美亚

传统婚俗展民风*

采访时间：2019 年 4 月 8 日
初稿时间：2022 年 7 月 26 日
定稿时间：2022 年 7 月 27 日
采访地点：赤峰市图书馆"赤峰记忆"拍摄现场
版　　本：文字版

苏美亚速写

　　苏美亚　蒙古族，1966 年 2 月出生，阿鲁科尔沁旗罕苏木苏木巴彦浩舒嘎查人。内蒙古自治区非遗项目阿日奔苏木婚礼（祝赞词）传承人。

　　1975 年至 1981 年，在巴彦浩舒小学和罕苏木中学读书。1982 年至今，在巴彦浩舒嘎查务牧。其中，1997 年至 2015 年，担任巴彦浩舒嘎查村民委员会主任和嘎查党支部书记。

　　苏美亚祝赞词的传承，第一代为乌力吉，生卒时间不详，男，巴彦浩舒嘎查人；第二代江来扎布（1946—2016），乌力吉的侄子和徒弟，也是巴彦浩舒嘎查人；第三代是苏美亚，江来扎布是他的叔父。

---

* 李宝祥汉语采访，白嘎力汉语、蒙古语翻译，苏美亚蒙古语作答。本文由阿鲁科尔沁旗文化馆原馆长宝力道审校。

江来扎布是嘎查里著名的婚礼主持人，在喜庆场面上经常演说祝赞词。巴彦浩舒嘎查是个纯牧区地方，人们从事畜牧业生产，保留着蒙古族一些原始的文化传统。在一些热烈、隆重的场面上，人们经常演说相关的祝赞词。苏美亚在这个环境里长大，从小受到了影响和熏陶。他聪明好学，就学习和记住了一些祝赞词。

苏美亚的舅父住在邻近的敖勒吉尔嘎查。舅父的岳父叫那尼格尔，也住在同一个嘎查。那尼格尔是个民间口头诗人，说话出口成章，妙趣横生。苏美亚每当去舅父家，多数时间都跟随那尼格尔，听他说那些有意思的话。从那尼格尔那儿，苏美亚学习了即兴演说祝赞词的技巧。他还多次拜访一些祝赞词高手，进行交流和探讨，提高自己的祝赞词水平。

从17岁开始，苏美亚就在婚礼和宴席上当司酒，演说相应的祝赞词。之后他又当伴郎、祝赞词辩说者和男女方的婚礼主持人等。在二十多年的时间内，他在四百多个婚礼、宴会和那达慕上演说了祝赞词。

2009年的9月，阿鲁科尔沁旗科尔沁油田同蒙古国搞协作，在辽宁盘锦市举行了那达慕。在高规模的招待会上，原打算邀请内蒙古电视台的主持人演说祝赞词。临近那达慕时，电视台的主持人有了其他任务，不能来阿鲁科尔沁旗了。旗里就决定让苏美亚担任这个重任。他欣然接受，在那达慕上演说了祝酒、烤全羊席和祝福等祝赞词，出色地完成了任务。

苏美亚还被邀请到旗外的地方，在婚礼、祝寿和那达慕等场面多次演说了祝赞词。2014年6月，他还应内蒙古大学邀请，为蒙古语授课的社会民族学专业一个班的学生做了90分钟的有关祝赞词的讲演。

2015年，内蒙古自治区开展抢救、保护濒危非物质文化遗产"双百工程"。7月14日，对苏美亚进行了120分钟的采访。这些年来，苏美亚向十几个人传授了祝赞词创作和演说技巧。其中的佼佼者为图门仓，男，1972年出生，巴彦浩舒嘎查人，罕苏木总校教师。

2008年10月，苏美亚被确定为祝赞词项目自治区级代表性传承人。

李宝祥：各位朋友，大家好！今天是 2019 年 4 月 8 日，我们很荣幸地邀请了苏美亚先生接受"赤峰记忆"栏目组采访。您好，苏美亚先生。

苏美亚：您好。

一、婚礼起源

李宝祥：您生活在阿鲁科尔沁旗阿日奔苏木婚礼的故乡——巴彦温都尔一带，您对阿日奔苏木婚俗一定很了解。它是起源在什么年代？它是如何形成和发展的？

苏美亚：阿日奔苏木婚礼是从昆都伦岱青①带着十八个苏木从原呼伦贝尔盟迁移来这里后形成的。现在八个苏木在巴林右旗南部，十个苏木在阿鲁科尔沁旗北部。他们迁移后就在罕苏木苏木、巴彦温都尔苏木、达拉尔河、黑哈尔河、苏

图 1　苏美亚（左）接受"赤峰记忆"采访（中为李宝祥，右为白嘎力）

---

① 昆都伦岱青：成吉思汗的弟弟哈布图哈萨尔的十四代孙巴衮诺颜长子，阿鲁科尔沁部的首创人。

吉河那里定居了下来。昆都伦岱青大概在1657年时迁移到了阿鲁科尔沁旗。阿日奔苏木婚礼就从那时持续到现在，已经有三百多年的历史了。

李宝祥：历史上的阿鲁科尔沁部落，是成吉思汗的胞弟哈布图哈萨尔的一部分后裔。因为这种婚礼流传在阿鲁科尔沁旗阿日奔苏木地区，所以才被称为阿日奔苏木婚礼，对吧？

苏美亚：是的。

二、婚礼过程

李宝祥：那么我想问您一下，传承到今天，这个传统的仪式都有哪些项目？

苏美亚：阿鲁科尔沁旗的阿日奔苏木婚礼有着很多的步骤。从求亲开始需要花费很多时间，最久的可以达到两三年。求亲时要前后去个十来次后才能定下两个年轻人的婚礼日期。这里也有很多事情，求亲以前也叫"胡很都日斯纳"（相亲女方），求亲以后再提亲、诺婚、喝诺婚酒、喝大订婚酒，喝大订婚酒时也有新郎去交换手帕等很多步骤。

定完日期后就是举办婚礼，举办婚礼时新郎一方来迎亲队伍。在迎亲的时候，新郎那方的人带着弓箭组成的迎亲队伍来接新娘，叫"萨嘎达噶"（箭囊），如阿鲁科尔沁旗南方、北方都叫"萨嘎达噶"。有的地方也叫"沙干图"（绵羊胫骨）。我们故乡那里会在迎亲队伍启程的时候唱《海拉苏台河的雉》这首歌："海拉苏台河的雉呀，榆树林里叫，贫民的孩子我，将给王爷当兵，捧着银杯跪拜母亲，听母亲祝福安康归来。"当时就是这么唱。

这样迎亲队伍就启程，因为以前也是战火较多的时代，不知道新娘家还在不在原地，所以会让"平安使者"先去探路。新娘一方不会拦堵先来的平安使者，平安使者进去后，新娘家会给平安使者敬两杯酒，说："天之精华，海之凝露，父祖之财，就此敬您。"就这样给平安使者赏两杯酒，赏酒时都会用碗，因为平安使者一般都是酒量大的人。随着平安使者来的还有一辆载着帐篷的牛车。他们会到女方家西南边搭帐篷，女方家会带着平安使者到那顶帐篷专门款待。

然后迎亲队伍就来了，迎亲队伍会带一个说辞人，男方女方各一个，一共会有两个说辞人。迎接迎亲队伍有很多规矩，比如说拦门。拦门的时候，双方说辞人的技艺会显现出来，新娘家的四个嫂子拦门，说皇家的门用青绸拦，平民的门用榆树拦，圣主的门用紫绸拦，百姓的门用柳条拦。这是一种老说法，是从昆都伦岱青那时流传下来的老规矩，这样才把迎亲队伍请进门。到了门口女方的说辞人会拦男方的说辞人，然后说道："你是什么人？说是敌人却无剑枪，说是猎人却无猎狗。大清早在门口转悠，你是什么人？"然后对方会说："我们是以骏马之力从遥远来的人。"然后对方会问："对这儿的父祖献礼有何？对她的兄弟带礼有何？"这么问的时候，迎亲队伍会献上洁白的哈达和肥美的绵羊肉，因为这也是

图2　苏美亚①（中）在讲解阿日奔苏木婚礼程序（宝力道提供）

① 此处苏美亚照片为本次采访前的照片，后来苏美亚因生病变得消瘦了。

两家的婚礼，所以两家会为一家。女方说辞人会贬低男方带来的绵羊肉："你这羊不是杀的而是死的，是在死羊上涂了油带过来的。"男方会说："你是不识羊的城里人吗？不识肉的外地人吗？我们这羊是有十二节脊椎骨、二十四条肋骨、厚背、四蹄、肥尾、卷角的羊。"女方说辞人会表示："从你的巧语知道了事由，尊贵的客人里面请。"就这样把迎亲队伍请进去。那些羊肉在祭神的时候也要有祝赞词，差不多事事都带祝赞词。所以在用羊肉祭神的时候会说："此地有名，外地有姓，一丈白哈达，一桌肥羊肉，献给神明。"就这么上供给神，之后新郎磕头，对新娘父母兄长亲戚等献上哈达。在这些仪式结束之后就开始喝酒，随着喝酒也要助兴献唱。我们阿日奔苏木婚礼代表歌有很多，其中四首最著名：《圣主成吉思汗》《阿拉坦包格达高原》《灿烂发光》《鲜花美丽》。

白嘎力：一直都是这四首歌吗？

苏美亚：除了这四首外还有奖赏八曲，代表歌有很多，分婚礼代表歌、政治代表歌、宗教代表歌这样三种类型，例如在巴林会以《祖先的福祉》起头，有的地方还会唱《常胜圣者》。这些都是不同的代表歌，阿日奔苏木婚礼的代表歌就

图3 苏美亚在宴会上演说祝赞词（宝力道提供）

是那四首。然后是装扮新郎，让新郎穿戴那些漂亮的蒙古族靴子、袍子、带子等，都伴随着祝赞词。祝福装扮完新郎后，会让新郎掰羊脖，主要就是打趣一下新郎，还会让新郎掰下绵羊胫骨的嘎拉哈①。喝完酒唱完歌后就要送亲了，送亲时岳父会给新郎赏箭，这时候也有祝赞词。在祝福箭时，一支箭尖扎上一块绵羊肥肉，新郎会把肉取了，吃后戴上箭。前面不是说了羊嘎拉哈吗，新郎会把羊嘎拉哈包起来塞进靴筒里，剩下的胫骨新娘嫂子会带走。送亲时也有喝上马酒、抢酒盅等很多步骤。新娘启程了，会回车，新郎回车来的时候会合上那些箭，对上胫骨和嘎拉哈，合上了就代表这新娘是他的新娘。这么看也是有科学依据的，那嘎拉哈也不是能跟其他胫骨都对得上，有一定的次序。新娘送到了，就要出来接新娘。新娘拜火神，新郎会拜佛，这都不同。新娘是要带祭火物的，主婚人回避，然后新娘拜火神，大致的这个婚礼就要结束了。次日早上在锅里倒上油，放手把肉骶骨，然后会让新娘赏毡制锅耳套，新娘把那口锅端平出，这就代表新娘从明天开始就要干家务活了。三天后会有回门，新娘那方会带着牛羊来回门，这婚礼就完成了。阿日奔苏木婚礼就大致是这样的。

李宝祥：蒙古族的婚俗还是充满情趣的。刚才听了您的介绍，新郎在新娘家要掰羊嘎拉哈，掰了羊嘎拉哈以后，男的拿着嘎拉哈，新娘嫂子带着胫骨，到新郎家时新郎的嘎拉哈和新娘的胫骨对上，正好是一对了。这段故事很有意思。另外我想阿日奔苏木婚礼在进行当中大概唱十几首歌。您能不能给大家唱一唱其中一首。

苏美亚："圣主成吉思汗，缔造了蒙古人的婚宴。"就这么起头。

白嘎力：简单的一段。

李宝祥：一般都是长调民歌。

苏美亚：过程大致就是这样的。但在举办婚礼的时候仪式很多。

李宝祥：据我了解，在你们那一带曾流传记载这种婚俗的书《十八哈达》。

---

① 嘎拉哈：满语，距骨，位于小腿和足跟之间，与胫骨远端和腓骨下端共同构成踝关节。羊距骨俗称羊拐。

这本书后来丢失了，在民族民间文化抢救挖掘当中，宝音乌力吉等人重新搜集整理，让这本书再次面世。您把这个过程给大家讲一下。

苏美亚：确实有本叫《十八哈达》的书，也叫《二十四个哈达》。我来给大家讲一下它是怎么被传承下来的。以前是叫《二十四个哈达》，对于这里面的内容我也不太了解。我们现在已经不怎么用《十八哈达》《二十四个哈达》，那是我们上一辈的人用的。

三、保护传承

李宝祥：现在蒙古族的阿日奔苏木婚礼是比较完整地保留着的，你们是如何保护、传承和创新发展的？

苏美亚：把传统民族风俗流传到今天，记住老祖宗给我们留下的宝贵文化遗产，这都是我们该做的。阿日奔苏木婚礼的婚俗也被称为阿鲁科尔沁旗蒙古婚礼，阿鲁科尔沁旗的一切婚礼都按照阿日奔苏木婚俗的规矩办。现在这种婚俗发展得更广了，广到什么程度呢？变成了舞台艺术被流传扩散着，于是现在各地开始注重按照古老婚俗规矩办婚礼了。所以在我看来，阿日奔苏木婚礼正在很好地发展，现在主要是以舞台表演的方式在流传。

李宝祥：阿日奔苏木婚礼在 1985 年的时候经过市、旗文化工作人员联合进行抢救挖掘后，首先整理出了资料本，然后又把这个资料本形象地再现了一下，阿日奔苏木婚礼的资料片可以说比较完整地再现了婚礼的过程。现在蒙古族已经不了解传统习俗都有哪些仪式了，这个资料片的价值是很大的。据我了解这些资料也储存在我们内蒙古博物院。这个婚俗片有些片段还流传到国外，所以阿日奔苏木婚礼可以说是比较完整地再现了传统的蒙古族婚礼习俗。它的研究价值是很大的。今天，它对提高你们阿旗（阿鲁科尔沁旗）的知名度，促进经济的发展产生了哪些作用？

白嘎力：阿日奔苏木婚礼对传播阿鲁科尔沁旗传统文化和发展经济方面有什么样的贡献？和旅游业有关。

李宝祥：它的价值是让我们蒙古族的后代都了解了老祖先给我们留下的传统习俗。这里面也有诗，每一种仪式都有诗歌。还有十多首民歌流传到了今天，对民族音乐抢救有很大的价值。另外还有祝赞词，这些词留给后代也是一种宝贵的文化遗产。阿鲁科尔沁旗在这方面做了很多的工作。

白嘎力：婚俗里包含的诗、祝赞词等流传下来了，这是一件非常好的事情。

李宝祥：现在你们那个地方的蒙古族举行婚礼的时候还有这种仪式吗？

白嘎力：现在的婚礼还坚持这种习俗吗？

苏美亚：是的，坚持举行这种婚礼的有很多，大学生回到自己的故乡还专门邀请我们举办阿日奔苏木婚礼。

白嘎力：有时候会请老师去当地，就是到阿日奔苏木那里举办这种传统的婚礼。

李宝祥：保存和传承阿日奔苏木婚礼是为了让我们的后代了解这个婚俗，也为了让其他的民族了解我们璀璨多姿的蒙古族婚俗。今天听了你的介绍让我回忆起了三十多年以前拍摄阿日奔苏木婚礼的情况。参与这个拍摄的乌云格日勒已经走了，还有新郎根敦、男方的说辞人巴拉吉尼玛也走了。这个婚俗能留下来，他

图4 苏美亚为内蒙古自治区非物质文化遗产阿日奔苏木婚礼祝赞词第一批传承人之一（宝力道提供）

图5　2019年，苏美亚（左）与另一名内蒙古自治区非物质文化遗产祝赞词传承人研究祝赞词创作方法（宝力道提供）

们贡献是很大的，我们应该怀念这些人。那时候摄像机不是一体的而是那种两体的，要背着电池盒的。鄂日登达布的儿子，北京大学毕业，他被分配到内蒙古工学院（内蒙古工业大学前身），现在是内蒙古工学院外国语学院的院长。前日我到呼和浩特见了他，提起这段历史来，他也感到很光荣。阿日奔苏木婚礼在你们这地方流传是一大骄傲，也是你们家乡文化的一个很响亮的名片，将来也可以打造婚俗的文化生态区。我们应该把哈萨尔留下来的婚俗，一代一代地传承下去，永远地弘扬。

塔木色

汗廷音乐势磅礴*

采访时间：2019 年 4 月 8 日
初稿时间：2020 年 3 月 14 日
定稿时间：2020 年 3 月 15 日
采访地点：赤峰市图书馆"赤峰记忆"拍摄现场
版　　本：文字版

塔木色速写

　　塔木色　蒙古族，1970 年 12 月出生在赤峰市阿鲁科尔沁旗巴彦温都尔苏木。中共党员，大学本科学历，阿鲁科尔沁旗乌兰牧骑声乐演员，二级演员。内蒙古自治区长调协会会员，自治区级蒙古族林丹汗宫廷音乐传承人。

　　1988 年在赤峰艺术学校学习声乐专业，1989 年在中央民族大学学习声乐专业，1990 年在内蒙古艺术学校学习长调专业，1992 年毕业于内蒙古艺术学校，在阿鲁科尔沁旗乌兰牧骑工作。从事艺术工作 30 多年来，担任长调歌手，戏剧演员，艺术指导老师、节目主持，多次获得过自治区、市、旗级奖励。2010 年阿鲁科尔沁旗汗廷乐队成立，在汗廷乐队里既是歌唱演员，又是新队员的教师。汗廷乐队成立之后，多次赴国内各省市和坦桑尼亚等国家进行文化交流，得到了

---

① 李宝祥汉语提问，塔木色蒙古语作答。

社会各界群众、专家、学者的一致好评。2012年中国蒙古汗廷文化节在阿鲁科尔沁旗举办，文化节期间组织蒙古族中学、蒙古族小学、老年艺术团、乐团等1000人，教唱汗廷音乐，千人上台演唱汗廷音乐，给观众带来极大的震撼和惊叹。2014年11月汗廷音乐被列入第四批国家级非物质文化遗产代表性项目名录。

李宝祥：各位朋友，大家好！今天是2019年4月8日，我很荣幸在"赤峰记忆"现场采访国家级非遗项目蒙古族汗廷音乐的传承人塔木色老师。塔木色老师，您好。

塔木色：李老师，您好。

一、历史渊源

李宝祥：蒙古族汗廷音乐已列为国家级非遗项目，请您谈谈汗廷音乐的历史

图1 塔木色（左）接受"赤峰记忆"采访（中为李宝祥，右为白嘎力）

渊源。

塔木色：阿鲁科尔沁旗罕苏木查干浩特嘎查曾经是蒙古族林丹汗的都城。罕苏木有座罕庙，是林丹汗的帝庙。由于满族政权的崛起，林丹汗带着人向西走了，而有学识的喇嘛们留在庙里并且就此定居。据说康熙皇帝微服私访到这里，发现罕庙里有个非常有学问的喇嘛，因为佩服他的未卜先知，就决定动用国库银两建造一座大庙，罕庙被赐名为钦定戴恩寺。不过在清朝的文献中，并没有关于康熙寻访阿鲁科尔沁旗罕苏木的记载。这部音乐流传到蒙古察哈尔可汗额哲的王廷，清朝征服了察哈尔部以后，这本乐谱流入清代宫廷，作为蒙古乐曲的一部分，列入清代的《御制律吕正义后编》宴赏音乐中。经过宫廷演化以后，变成了宫廷服务乐曲，增加了一些其他内容。

李宝祥：这部音乐经过王廷、民间、活佛等途径流传下来，后来又是怎么在阿鲁科尔沁旗发现的？这个谱本是怎样传承到今天，是谁保存下来的？您见过古乐谱本吗？

塔木色：我的家乡有座根丕庙，"文化大革命"时期，寺庙被烧毁，经书被抄，杨松葛根活佛被捕。"文化大革命"结束后，他的罪名被洗脱，经书得以归还，但经书有翻阅、损坏的痕迹。其中就有这本书。1984年，关于阿鲁科尔沁旗的历史文化和林丹汗遗址的书出版时，杨松葛根活佛把这本书送给了阿鲁科尔沁旗文化馆的乌·宝音乌力吉老师。2009年，在阿鲁科尔沁旗召开的第二次全国"查干浩特·林丹汗"学术研讨会上，论证了此曲本的最早版本为林丹汗宫廷音乐。

二、辉煌乐章

李宝祥：这部音乐流传到阿鲁科尔沁旗是很珍贵的，现在阿鲁科尔沁旗对传统民间文化进行了创造性的传承和发展，把汗廷音乐重新展现在舞台上，这是功德无量的大事，汗廷音乐有哪些歌、舞蹈有哪些段落、有多少支乐曲，请您介绍一下这方面的情况。

塔木色：蒙古族林丹汗宫廷音乐歌曲内容包括朝廷赞、宗教礼仪、民间谚语，以及哲理性的训谕等。具体来说，有可汗颂、朝廷赞、宗教礼仪、民间谚语、哲理训谕、对马匹的赞赏、对师生关系的赞美和对人生理想的积极追求等内容。歌曲大多是赞扬汗王的，表演的时候要庄重、严肃，不能滥竽充数，也不能无故发笑。

2009年，阿鲁科尔沁旗组建了林丹汗的音乐团队，收藏在根丕庙的管声乐歌曲有13首，我们先学了11首。乌·宝音乌力吉老师和内蒙古师范大学的呼格吉勒图教授说乐谱的音符是满文音符，我们开始复原这个音乐，包括《四贤吟》《凤凰鸣》《游子吟》，以及男声的《善政歌》《贺圣朝》，舞蹈《翟尾舞》，乐曲《至纯词》等。《四贤吟》是赞扬汗王，《凤凰鸣》这首歌是庆祝汗王、赞扬汗王的，这首歌的词义还是容易明白的。《翟尾舞》就是拿着毛笔跳的，模仿写字时候的动作，演员拿着笔写的时候模仿维吾尔族、蒙古族字形，用舞蹈动作表达出来。《白驼歌》是赞扬牧驼人的。乐器有胡笳、蒙古古筝，那是六弦的，还有火不思[①]、笙等。

三、文化传承

李宝祥：蒙古族汗廷音乐是一个文化的品牌，我曾在赤峰看过汗廷音乐演出。据您了解每年演多少场，都到哪些地方演出过？

塔木色：我估计从2010年成立到现在，大型演出有80多场，去过台湾、山东等地，呼和浩特市的文化节也去过。一般外宾来了都会去看，比如说北京来了一名研究的专家，哪怕是只来一个人我们也会演出，这种小型演出太多了。不是在排练室就是在演出厅给他们演奏。

李宝祥：请您谈谈蒙古族汗廷音乐传承发展方面的情况。

---

① 火不思：蒙古族弹拨乐器，见于元代，盛行于明代，清朝列入国乐，清后失传。20世纪80年代由赤峰市民族歌舞团重新研制成功。

图2 2010年11月26日，阿鲁科尔沁旗蒙古族汗廷乐队在呼和浩特进行汇报展演（长排左二为塔木色）

图3 2012年12月，阿鲁科尔沁旗蒙古族汗廷乐队在阿鲁科尔沁旗会展中心演出（左三为塔木色）

塔木色：阿鲁科尔沁旗人民政府非常重视保护和挖掘蒙古族林丹汗宫廷音乐工作。我们会加强对林丹汗和蒙古族汗廷音乐的研究。自从2009年10月开始，旗政府投入了专项资金，在内蒙古师范大学等单位的大力协助下，着手开展了蒙古族林丹汗宫廷音乐的抢救、挖掘和研究工作。2010年7月，在旗文体局成立了由49人组成的蒙古族汗廷乐队。但由于经费问题，器乐、舞蹈、人缺得很多，会器乐的基本上都不多了。2010年8月，全旗第二十二届那达慕开幕式上，我们演出了蒙古族林丹汗宫廷音乐部分曲目，产生了很大的影响，因为都是用满语演唱的。2010年11月26日，阿鲁科尔沁旗蒙古族汗廷乐队在呼和浩特进行汇报展演，获得了有关领导、专家学者和观众的好评。我们演了21个节目，包括各种声器、舞蹈。2012年，中国·蒙古汗廷文化节在阿鲁科尔沁旗举行，那个时候要千人演唱蒙古族汗廷音乐，我给蒙古中学、蒙古小学、老年人社团、乐团等1000人教了这首歌。在阿鲁科尔沁旗广阔的地方，1000人演唱了蒙古族汗廷音乐，上台演出让社会的人知道了这一音乐形式。很多人惊讶这到底是什么、怎么会有这种东西。2014年11月，蒙古族林丹汗宫廷音乐被列为第四批国家级非物质文化遗产代表性项目名录。

图4 塔木色获得的内蒙古自治区非物质文化遗产项目蒙古族林丹汗宫廷音乐代表性传承人奖牌

李宝祥：这部音乐恢复以后在社会上的影响是很大的，在这之前人们不知道原生态的蒙古族宫廷乐的面貌。这部音乐被发现以后，面临着恢复和传承方面的困难。你们参加了多地多场的演出，在社会上引起了强烈的反响，对打造阿鲁科尔沁旗的文化品牌，提高文化知名度，促进经济发展有重要作用，非常感谢你们这些传承人所做的工作。

赛音都楞

草原之舟勒勒车*

采访时间：2019年4月8日
初稿时间：2022年7月20日
定稿时间：2022年7月21日
采访地点：赤峰市图书馆"赤峰记忆"拍摄现场
版　　本：文字版

赛音都楞速写

赛音都楞　阿鲁科尔沁旗巴彦温都尔苏木达日罕嘎查人，勒勒车和蒙古包的传统制作技艺的传承人。

白嘎力：各位朋友，大家好！今天是2019年4月8日，我们现在在赤峰市图书馆"赤峰记忆"项目的拍摄现场。今天我们很荣幸邀请到了国家级非物质文化遗产项目勒勒车制作技艺传承人赛音都楞老师。下面有请赛音都楞老师介绍一下自己。

---

① 蒙古语采访。

赛音都楞：大家好，我是阿鲁科尔沁旗巴彦温都尔苏木达日罕嘎查人，是勒勒车和蒙古包的传统制作技艺的传承人。

一、巧工天成

白嘎力：赛音都楞老师，请您跟我们谈谈勒勒车的历史渊源和发展变化。

赛音都楞：勒勒车是蒙古族传统的交通运输工具，蒙古族人是离不开勒勒车和马的，可以说没有这两样，也就没有蒙古族人。我们从过去一直到20世纪80年代都在用勒勒车，家家户户必须有勒勒车，拉草搬家都用它。20世纪90年代之后随着社会发展，交通工具慢慢都机械化了，勒勒车就成了摆设与纪念品。

白嘎力：赛音都楞老师，请您给我们介绍一下勒勒车的基本样式、结构和制作过程。

赛音都楞：做勒勒车的时候首先要选质量好的木材，根据当地的自然条件，我们大多会选择桦树、榆树、橡树。今天我带来了一个模型，这个叫车辕，一般会用榆木、桦木做，后面车架和车撑的部分，一般用橡木或柳条做，车轮可以用

图1 赛音都楞（左）接受"赤峰记忆"采访

榆木做，也可以用橡木做，这个辐条是用橡木做的，橡木质量好，所以用橡木。

白嘎力：根据作用来选择用什么木材，是吗？

赛音都楞：对，比如车辋用弯的木头做才牢固，而车辕要用直的。所以我们砍下一棵树，不是只用直的部分，不直的就不用了。做勒勒车，木材是很省的，树的弯曲部分可以拿来做车辋这些弯曲的结构，树上直的部分就做车上直的部分，一点都不会浪费，是很节省材料的。这样的话，这些形状和线条很自然地就出来了。

白嘎力：所以我们做勒勒车特别科学，因为在选材的时候就很考究。

赛音都楞：不仅科学，它跟大自然也是和谐相处的关系，它不会破坏大自然。勒勒车非常能承重，载一千斤绰绰有余，非常牢固，而且勒勒车的结构都是有科学依据的，不是随便做的。

二、制作工艺

白嘎力：赛音都楞老师再给我们详细讲讲勒勒车是怎么制作的，使用什么样的工具，以及有哪些工序。

赛音都楞：第一步就是到山上找木材，木材拿回来首先要做防干裂、定型处理，这个有好几种方法，最传统的是自然风干，但这个过程比较慢，需要半年。也可以浸泡在湖水里，这个过程需要一个星期。

我们最常用的方法是烤干，这个过程比较快，也方便。也能烤车身的外层，使其光滑。做的时候湿木材跟干木材要分开，不能干湿两个做到一起。为什么呢？因为木头一干燥就会收缩，用干湿程度不同的木头做的话，比如把它们安装到一起的话，当车辕收缩，这里就裂开了。还有这个地方要用干的，如果用湿木头做的话，干了之后这块儿就松了，这些都是技巧。做车轮是最需要技术的，必须做圆，如果技艺稍差，车走起来就会晃。

白嘎力：车轮的部分要求最高，是吧？

赛音都楞：对，要求比较高，工匠的技术就体现在这里。还有一点，现在的车辕一般都做成两边平行的，我现在主要也做这种，因为只用于展览。其实早先不是这样的，从前是后面窄前面宽。因为牛的肚子比较大，前面宽可以撑开方便套车，不过现在的牛肚子也没这么大了，20世纪80年代的时候体格大的牛特别多，前面不宽很难套进去。所以做车辕也是需要技术的。制作勒勒车是根据具体情况来定的，蒙古族勒勒车不是只有一个样式，我今天拿来的是比较简单的。

白嘎力：还有比这个复杂的吗？

赛音都楞：有，因为蒙古族人是要带着全部家当迁徙的，还有比这个更高级的勒勒车，叫"毛呼拉格"车，上面有柜子还有水缸，那个是比较有特点的。

白嘎力：做勒勒车最先做哪个部分呢？

赛音都楞：没有那么严格的规定说要先做哪部分，以我的经验看应该最先做车轮，因为这个比较难，而且干得慢，体积也比较大。

白嘎力：我还想请教一个问题，勒勒车的运动原理是什么，它为什么这么轻便。

赛音都楞：勒勒车之所以走起来轻便，是因为它是靠轮子和车轴这样转起来

图2　制作勒勒车轮（一）

图3 制作勒勒车轮（二）

图4 组装车轮与车轴

图5 组装成型的勒勒车

的，不然的话是转不起来的。我在别的地方看过一种叫哈日车的车，那个车跟勒勒车不一样，蒙古族勒勒车轮子是跟着车轴转的，那个哈日车不是这样转的，它是在这儿放了车轴，应该是后来改造成那样的。

三、非遗传承

白嘎力：勒勒车是哪年被收录到市级非遗名录，哪年被收录到内蒙古自治区非物质文化遗产名录的呢？

赛音都楞：2007年的时候成为自治区级非物质文化遗产，是由旗文化局申请的，2008年成为国家级非物质文化遗产。2009年申请市级非物质文化遗产之前，那时候我已被选为自治区级非遗传承人。我是2014年的时候成为旗级非遗传承人，别人的都是从基层往上走，我是从上级往下这么来的。

白嘎力：现在勒勒车制作技艺以什么样的方式在传承？有多少人掌握了这个

技术？以后将如何传承？

赛音都楞：2007年之前我就很想做这项蒙古族传统技艺，也很感兴趣，给内蒙古很多学校做模型。2007年成为自治区非物质文化遗产传承人之后，我的责任更重了。2011年的时候我就想，把它放在家里也没有几个人能看到，所以我给内蒙古博物院做了蒙古族传统生活模型，如蒙古包、勒勒车这些，后来也给呼和浩特赛罕区公园送了一套模型，现在准备送进各个校园。我从很早就开始很用心地去做这个事情，也收了很多徒弟，现在有四个徒弟。

白嘎力：听说您还有一个工厂，这个工厂在哪里呢？

赛音都楞：以前在旗里，现在在嘎查，现在我的厂子也是阿鲁科尔沁旗的非物质文化遗产基地。

白嘎力：现在对勒勒车感兴趣的年轻人多吗？

赛音都楞：现在很多，以前没有。城里的孩子们没见过这个，我以教学的方式去走了一圈，到过呼和浩特民族学院、赛罕区公园、巴彦温都尔小学，他们都很感兴趣。我的弟弟敖特根巴雅尔一直在帮助我，协助我的工作。现在跟着我做的也有几个年轻人，我的四个徒弟都是旗级的非物质文化遗产传承人，现在一个徒弟已经在申请市级的非物质文化遗产传承人。现在喜欢这些的年轻人比较多。

白嘎力：对于传承勒勒车文化，您现在还有什么更好的想法吗？

赛音都楞：我也说过我的想法，我们蒙古族有这么优秀的文化，不单单只有勒勒车和蒙古包，所以我觉得把这些加进课本里是最好的选择，去参加会议的时候我也跟领导们申请过。

有人说现在科学飞速发展，别人都在造飞机，你们却守着这些古董，我不这样认为，这个是我们民族的文化，没有这些传统文化就没有我们。

白嘎力：感谢赛音都楞老师从自己的故乡来到这里接受我们的采访，从历史渊源、制作手艺等各方面给我们做了一个系统的介绍，也祝您取得更大的成就，希望这些文化遗产将来能一直被传承下去。

阿拉坦胡雅嘎

千年冰上阿日嘎*

采访时间： 2019年4月8日
初稿时间： 2022年7月20日
定稿时间： 2022年7月21日
采访地点： 赤峰市图书馆"赤峰记忆"拍摄现场
版　　本： 文字版

阿拉坦胡雅嘎速写

　　阿拉坦胡雅嘎　蒙古族，1961年3月出生。阿鲁科尔沁旗巴彦温都尔苏木阿木斯尔嘎查人。非遗项目冰上阿日嘎自治区级传承人。从9岁开始就会玩冰上阿日嘎游戏，16岁就学会了做阿日嘎，1989年开始收徒，累计培养了200多名徒弟，对宣传阿日嘎运动做了大量工作。

　　1970年9月至1975年7月，在巴彦包勒格苏木阿木斯尔小学读书。1975年9月至1978年7月，在巴彦包勒格中学读书。1978年9月至1980年7月，在坤都高中读书。1980年8月至1981年2月，在阿木斯尔嘎查劳动。1981年3月至今，在巴彦包勒格中心总校当老师。

　　冰上阿日嘎的传承，第一代为宝音陶格套（1911—1977），阿拉坦胡雅嘎的

---

* 蒙古语采访。本文由阿鲁科尔沁旗文化馆原馆长宝力道审校。

祖父。第二代是巴图巴雅尔，阿拉坦胡雅嘎的父亲，1940年10月出生，冰上阿日嘎项目自治区级传承人。第三代阿拉坦胡雅嘎，跟父亲学习了制作阿日嘎的技术和冰上阿日嘎游戏方法。

阿拉坦胡雅嘎制作阿日嘎，要选择牛、鹿和骆驼等偶蹄大动物的踝骨。把踝骨的上下面适当砍去，在凸面打小洞，灌进铅水而增加其重量。这样，阿日嘎的凹面在冰上滑动时，不因风力或冰面粗糙而偏离方向。

冰上阿日嘎游戏是在冬天选择平坦宽阔的冰面，用一颗阿日嘎射击远处另一颗阿日嘎。射击阿日嘎时，将它凸面向上抓住，用拇指和食指捻弹的同时，用胳膊肘的推力送向远处。

阿拉坦胡雅嘎从1970年参加冰上阿日嘎运动，累计参加了2300多场次比赛。1977年至今，累计制作了800多个冰上阿日嘎。1989年至今，培养了160多名冰上阿日嘎选手。其中的佼佼者为他的儿子萨其拉图，1992年生，内蒙古师范大学毕业，如今在巴林右旗宝日乌苏总校工作。他跟随父亲学习冰上阿日嘎游戏，是目前阿木斯尔嘎查比较出色的青年阿日嘎选手之一。

2012年至今，阿拉坦胡雅嘎组织指导了7场全旗性的冰上阿日嘎比赛。2016年1月，他应邀去内蒙古自治区展览馆，展示了冰上阿日嘎游戏。2016年1月，在巴彦包勒格总校成立了自治区级非物质文化遗产冰上阿日嘎项目传承保护基地，并有了阿日嘎游戏课程。至今，阿拉坦胡雅嘎都是这个课程的理论和实践老师。2019年12月21日，阿拉坦胡雅嘎在巴彦包勒格总校"银色冬天·传统文化——巴彦包勒格小学冰上阿日嘎特色课程"上，为20多名教师和110多名学生作了一个小时的讲解，后到吉布图河冰面上实地教学。

2019年1月25日，呼伦贝尔学院体育学院的蒙古国留学生白长青，慕名前来拜阿拉坦胡雅嘎为师，学习了制作阿日嘎的方法及阿日嘎的玩法。2019年3月9日，阿拉坦胡雅嘎应邀去呼伦贝尔学院体育学院教授冰上阿日嘎。其中，上午作理论报告，下午在冰面进行了示范教学。2016年4月，阿拉坦胡雅嘎被确定为冰上阿日嘎项目赤峰市级代表性传承人；10月，又被确定为该项目自治区级传承人。

白嘎力：今天是 2019 年 4 月 8 日，我们在赤峰市图书馆"赤峰记忆"的拍摄现场。我们很荣幸地邀请到了自治区级非物质文化遗产项目冰上阿日嘎游戏的传承人阿拉坦胡雅嘎老师，老师好！

阿拉坦胡雅嘎：您好！

一、全民运动　历史悠久

白嘎力：阿拉坦胡雅嘎老师，请您给我们先介绍一下自己，谈一下自己在参加冰上阿日嘎这个运动过程当中的一些经历，还有冰上阿日嘎给您带来了什么乐趣。

阿拉坦胡雅嘎：我是阿鲁科尔沁旗巴彦宝力格小学的一名老师，已经做了三十多年教师工作。据我所知，我们家从祖辈开始就玩冰上阿日嘎，到现在冰上阿

图 1　阿拉坦胡雅嘎（左）接受"赤峰记忆"采访

日嘎已经传承了好几代。冰上阿日嘎游戏是一个全民性、很健康、很有意义的游戏，这个游戏是冬天河流湖水都结冰后在冰面上玩的运动，是在冰面上跑来跑去的运动，场地的最低标准是 50 米长，没有上限，越大越好。跑来跑去对人的身体很好，促进血液循环。这是一项很健康的运动，也是一项不分男女老少的全民性体育活动，所以人们会很积极地参加。冬天的时候我们也会组织越野跑，玩一次冰上阿日嘎游戏比其他运动多好几倍的运动量，在玩的时候也能强身健体。

白嘎力：最关键的是能强身健体。

阿拉坦胡雅嘎：对，最关键的是能强身健体。阿日嘎运动跟别的运动有区别的一点是，比如玩扑克牌输了的话思想会有一些压力，我们这个游戏虽说也是一个论输赢的比赛，但即使输了思想上也没有太大的压力，有这样的优点。这个游戏是老少都可以玩的，我 9 岁玩这个游戏的时候，我爸爸 20 多岁，爷爷 60 多岁，甚至 70 多岁的老人都在玩，这是一个很好的游戏。

白嘎力：下面请您给我们谈一下冰上阿日嘎游戏的历史渊源和发展情况。

阿拉坦胡雅嘎：玩沙嘎或者是玩冰上阿日嘎游戏，里面都包含很多思想。蒙古族人从很早开始就喜欢玩掷羊拐（也叫嘎拉哈），即沙嘎（游戏），但是玩沙嘎和冰上阿日嘎游戏是什么时候开始流传的，现在还没有找到相关记载，关于沙嘎和冰上阿日嘎游戏的起源，专家们也没有一个统一的说法，但是可以从史料中推测出大概是什么时候开始的。《蒙古秘史》里记录的是成吉思汗跟札木合结拜兄弟的时候，成吉思汗给了札木合一个青铜沙嘎，札木合也给了成吉思汗沙嘎，表示深厚的友谊。所以我觉得沙嘎游戏和冰上阿日嘎游戏或许是从那时候流传下来的。

白嘎力：后来的发展情况是什么样的呢？

阿拉坦胡雅嘎：有段时间近乎失传，为什么呢？以前没有电，都是煤油灯，物质匮乏，我们玩的游戏种类很少，尤其是我们牧区，这种偏僻的地方没有可以玩的游戏。随着社会的发展，出现了各种各样的游戏，比如象棋、蒙古象棋、扑克牌，还有其他各种各样的游戏，甚至出现了电子游戏，很多人被手机吸引，现在的孩子懂事之后就开始玩手机，所以冰上阿日嘎游戏有段时间几乎失传。为了挽救这个游戏，我们就组织比赛让大家参加，现在大家都已经很积极地在开展这个运动。

白嘎力：冰上阿日嘎游戏传承了这么多年，它有没有什么传说？

阿拉坦胡雅嘎：我们在玩冰上阿日嘎游戏的时候也是有祭祀仪式的，正月初八和十六的时候必须举办祭祀仪式。为什么要祭祀呢？这也是有故事的，蒙古族从很早就开始喜欢沙嘎（游戏），很尊重这个传统。富家人用金银做成沙嘎（或阿日嘎），再把这个传给孩子。古代有一个富贵人家，只有一个儿子，一次冬天迁移落脚的时候，给了儿子一个银阿日嘎和一个金阿日嘎。家人做午饭的时候，小儿子在湖边玩耍，吃完接着赶路的时候，小男孩把两个阿日嘎忘在了湖边，等到了下一个落脚点，突然想起忘在上一个落脚点的两个阿日嘎，小男孩很喜欢阿日嘎，跟家人说要回去拿阿日嘎，因为已经走了很远，父母就拒绝了，小孩一心想要阿日嘎，在家人干活的时候独自一人偷着跑出来了。因为已经走了很远，也找不到上次的落脚点了，走着走着迷路了，后来碰到另一户人家，就抚养了这个

图2 阿拉坦胡雅嘎主持冰上阿日嘎比赛开幕仪式（宝力道提供）

图 3　阿拉坦胡雅嘎（左二）参加冰上阿日嘎敖包祭祀活动（宝力道提供）

图 4　阿拉坦胡雅嘎（右二）参加冰上阿日嘎敖包祭祀活动（宝力道提供）

小男孩。他父母找不到自己的孩子，很伤心，每年杀羊祭拜，希望孩子能回来。有一天儿子真的回来了，父母很高兴，召集所有人进行了一次隆重的祭祀活动，他们认为是因为崇敬沙嘎，所以真的盼来了儿子，宴请了乡亲父老。从这一天开始，人们祭拜阿日嘎，也有了这种比赛。

白嘎力：有这么一个传说，您平时给孩子和年轻人讲过吗？

阿拉坦胡雅嘎：讲过。

二、精工制作　竞赛精彩

白嘎力：阿日嘎是怎么制作的呢？

阿拉坦胡雅嘎：阿日嘎是用四种动物的骨头（嘎拉哈）做成的，牛、骆驼、野鹿、牦牛，把这四种动物的沙嘎分离出来放到冷水里煮，不放任何其他东西，充分地煮开之后油会出来，然后从两边削掉一层。以前都是用锤子，现在用锯铁的钢锯，弄成光滑的、扁的，这样才叫阿日嘎，没磨平的叫沙嘎。用鹿骨头做的阿日嘎叫鹿阿日嘎，用骆驼骨头做的阿日嘎叫骆驼阿日嘎，用牛骨头做的阿日嘎叫牛阿日嘎，用牦牛骨头做的阿日嘎叫牦牛阿日嘎，中间铸了铅的阿日嘎叫铅阿日嘎，没有铸铅的阿日嘎叫无铅阿日嘎，为什么要铸铅呢？没有铸铅的阿日嘎逆风滑不走，容易被风带跑了，为了平衡重量，所以中间会灌铅。灌的时候也要看阿日嘎的密度、重量，密度很大的话我们可以开一个小洞灌铅，如果阿日嘎本身就比较重，就不会灌太多铅。如果密度小的话，这个阿日嘎也相对比较轻，要多放一点铅，能更有力地对抗风的力量，滑的距离也长一些。

白嘎力：所以经常玩冰上阿日嘎对射箭技术也有一定的提高。

阿拉坦胡雅嘎：经常做阿日嘎运动会对射箭有帮助，因为射箭也是用大拇指勾弦弹出去，所以人的手臂肌肉也会跟着强健起来。因为玩阿日嘎游戏要跑着射击，跑的过程有很多的技巧，要考虑射程的长短，考虑如何用手腕调整角度，还有风对阿日嘎的阻力及冰的光滑度，这些都要考虑进去。

白嘎力：所以思考能力也不能太差。

图5 阿拉坦胡雅嘎（左）在制作阿日嘎（宝力道提供）

图6 阿拉坦胡雅嘎在制作阿日嘎（宝力道提供）

阿拉坦胡雅嘎：这是一个很有难度的游戏，包含着很多智慧。

现在做阿日嘎的技术也提升了不少。我们当地大多数人都给牛喂饲料，这样牛的骨头变得很脆弱，油脂反而变多了，所以现在阿日嘎从哪儿来呢？从国内的锡林郭勒盟、新疆与国外的蒙古国来收集牦牛或者骆驼阿日嘎。这个骆驼阿日嘎是我孩子从锡林郭勒盟给我带的。这个是鹿阿日嘎，这个是牦牛阿日嘎，只能用这四种动物的沙嘎来做阿日嘎。这是用来比赛的，这些阿日嘎都有自己的特点。这个叫骆驼沙嘎，骆驼本身很大的，有驼峰，这个阿日嘎也很像，这块骨头是在动物后腿的中段，它起到一定缓冲的作用，这是一块很特别的骨头。

白嘎力：这个需要筛选吗？

阿拉坦胡雅嘎：必须挑选。

白嘎力：筛选的时候有什么方法吗？

阿拉坦胡雅嘎：用斧头劈开看一下就知道质量怎样了，表面光滑、出油、有重量的阿日嘎是最好的，没重量、出油多的阿日嘎就直接扔了，不用了。我们蒙古族不会乱扔沙嘎的，不会扔在火堆里，不会给狗吃，是很有禁忌的。我们认为如果扔在火堆里家里的牲畜会得各种病，如果给狗吃的话，家里的牲畜会被野兽吃掉，所以说沙嘎不会随便扔。我们认为收集的拐骨越多，家里的牲畜会越多，所以蒙古族人为了让牲畜变得越来越多，有收集很多沙嘎的习惯。做阿日嘎的时候，这个叫背面，这个是里面，这个是手抓面，这个是内面，这个是巴音塔拉，这个叫乌古拉吉塔拉，有六个面，不是每面都削，一般是从背面削的，削完光滑平整，成了扁平的阿日嘎。

白嘎力：最后是怎么变成这样的？

阿拉坦胡雅嘎：把骨头弄成扁形之后，用砂布反复摩擦上下面，摩擦之后就变得很光滑了；用磨刀石磨，越光滑在冰面滑得越远。以前只能在冰面上玩，因为没有其他光滑的地方，其实只要是平滑的场地就可以玩，所以现在有很多地方可以玩，比如地板砖上面就可以玩，而且春天夏天都可以玩。没有天然冰面的话，现在也都有井，冬天的时候抽水，自己弄一个冰场玩也是可以的，呼伦贝尔学院就是这样做的冰场。那年在呼和浩特展览会上，他们也是在里面做了一个冰面。

白嘎力：请您再给我们讲讲阿日嘎的游戏规则。

阿拉坦胡雅嘎：冰上阿日嘎游戏是射箭的基础，但比射箭更需要技巧，用到的力气也大，射箭的话也就50米或者40米，我们这个游戏场地最低标准是50米，甚至比50米更长。放到50米远的距离，这个沙嘎就看起来特别小，六七十米就更别说了。如果没玩过的人是看不见的，看不见的话也不知道要击中哪里，不是说随便扔一下就可以了，必须结合大拇指和食指的力气来捻弹，这是一个论输赢的比赛。

这个游戏是不限人数的，一个人玩也可以，那就不用分输赢了。两个人玩的话是分输赢。一个人玩的时候只能用两个阿日嘎，在冰面上画一个20到30厘米的圆圈。

白嘎力：直接用阿日嘎画？

阿拉坦胡雅嘎：直接用阿日嘎画，然后把阿日嘎放在圈里面。10个人玩的话放10个，8个人玩的话放8个，几个人玩就放几个。放到圈里要分次序，掷阿日嘎分次序。掷到地上的阿日嘎会有四种形态，这面叫巴音塔拉，这面叫乌古拉吉塔拉，这面是布和塔拉，另一面叫唐盖塔拉。当4个人玩的时候，巴音塔拉排在第一，乌古拉吉塔拉是第二，布和塔拉是第三，唐盖塔拉是第四个，如果是4个人的话是这种规则。因为可以多人一起玩，所以次序最多不超过三个，为什么呢？比如扔了四个是这样的，另外两个不管是什么，这个都是第一，这个第二。比如扔出了这四个，基本形态是这样的，巴音塔拉是第一，乌古拉吉塔拉是第二，布和塔拉第三，唐盖塔拉是第四。如果是这样的，这个还是第一，这个排到第二，这两个一样了，然后再扔一次，如果还是一样就再扔一次，等什么时候不一样了，才算分出了次序。排第一的人，这个是起始点，往那边发射，第一个阿日嘎只能由排第一的人射出，这个阿日嘎谁也不能动，中间也不能阻止，让这个阿日嘎自然停止，停在哪儿就是哪儿，然后这个人再用另一个阿日嘎去射击那个不能动的阿日嘎，如果没能击中那就换第二个人来，第二个人没射中的话换第三个人来，然后依次是第四个人，如果一个人都没有射中，那么大家再射击一轮，

图 7　阿拉坦胡雅嘎（右二）在传授冰上阿日嘎游戏规则（宝力道提供）

图 8　阿拉坦胡雅嘎（中）在传授冰上阿日嘎游戏方法（宝力道提供）

图 9　阿拉坦胡雅嘎（右）宣布冰上阿日嘎游戏规则（宝力道提供）

也是跟第一次的排序一样，所以尽量射到圈内，如果一圈之后还没击中，那就用射出去的阿日嘎来射击圈内的阿日嘎，不用所有人都射击，如果没有人击中第一个人的阿日嘎，这个人就用阿日嘎来射击圈内的阿日嘎，如果击中了的话就赢了。假如这里有 10 个阿日嘎，其中有 5 个是一样的，第一个人就赢了这 5 个阿日嘎，剩下的 5 个也要争夺，等什么时候圈内没有阿日嘎，这个比赛就结束了。

白嘎力：比赛时间很长吗？

阿拉坦胡雅嘎：这本来是一个很耗时的比赛，但现在年轻人经过训练之后，很容易就能击中，跟以前也不一样了。

白嘎力：现在就看有没有时间玩了是吧？

阿拉坦胡雅嘎：对，因为随时都可以玩，以前只能在野外冰面上玩，现在可以在家里的院子里玩，可以在学校里玩。

三、保留传统　创新规则

白嘎力： 老师再给我们介绍一下冰上阿日嘎游戏的传承谱系以及传承授艺的情况。

阿拉坦胡雅嘎： 我从9岁开始就会玩冰上阿日嘎游戏，16岁就学会了做阿日嘎，1989年开始收徒。这项游戏我们家已经传到第六代了，我一定要传承这个文化，我在家乡已经培养了20多个徒弟，鼓励人们积极参加这项活动。由于我日复一日、年复一年地做宣传工作，收徒教学，所以我家乡的人基本都会，现在还没上学的小孩都会玩。2013年，我受翁牛特旗乌丹镇书记邀请，收了30多个徒弟，2013年又受查干敖包嘎查嘎查长和书记邀请，去那儿也收了30多个徒弟，2015年去敖力吉尔嘎查培养了40多个徒弟，2016年被邀请去呼和浩特市参加展览会，给20多个大学生、小学生介绍了冰上阿日嘎游戏。2017年，我去

图10　阿拉坦胡雅嘎（前排右一）参加自治区级非物质文化遗产冰上阿日嘎游戏传承保护基地成立仪式（宝力道提供）

图 11　阿拉坦胡雅嘎（左二）参加冰上阿日嘎比赛（宝力道提供）

图 12　阿拉坦胡雅嘎（右一）在登记参加冰上阿日嘎比赛选手（宝力道提供）

图 13　阿拉坦胡雅嘎在教儿童冰上阿日嘎游戏（宝力道提供）

图 14　阿拉坦胡雅嘎（左）在给家乡的小学讲冰上阿日嘎课（宝力道提供）

图15 阿拉坦胡雅嘎（右）在呼伦贝尔学院体育学院讲冰上阿日嘎课（宝力道提供）

宝力格诺尔，给十几个学生讲了冰上阿日嘎游戏，教会他们怎么玩冰上阿日嘎游戏。这些年前前后后培养了200多个学生。今年3月8日被邀请去呼伦贝尔学院体育学院演讲了一个多小时，给他们示范怎么玩冰上阿日嘎游戏。

白嘎力：您现在已经有很多徒弟了，以后有什么计划吗？

阿拉坦胡雅嘎：我重点培养了三个徒弟，想让他们成为传承人，一个是我外甥，大学毕业之后在蒙古国读研究生，是美术雕塑专业的研究生，今年就毕业了。玩阿日嘎的场景，他能画得一模一样，样样精通，能玩也能画。还有一个是我儿子，现在在巴林右旗西拉沐沦苏木胡日哈中心小学当老师，他在工作之余也会给学生们讲解这个游戏。还有一个是毕业于呼伦贝尔学院，现在在蒙古国东戈壁省求学，他拜我为师，毕业论文也写了这个游戏。这是好事儿，有这么三个重点培养的徒弟。在蒙古国学习的那两个徒弟，尤其是我外甥，跟蒙古国人玩，蒙古国那边是用铁做阿日嘎，他们就夸赞内蒙古人很优秀，古代传承下来的文化保护得那么好，很羡慕。他们说在他们爷爷那个年代就已经丢弃了这个文化，用铁做的阿日嘎替代了真的阿日嘎，他们很是羡慕我们的阿日嘎。在呼伦贝尔学院的那个徒弟，就在研究这个，跟老师商量想邀请我去上课，做一下冰上阿日嘎游戏方面的教学，做一下文化交流，有这么一个计划。

白嘎力：为了介绍给更多的人。

阿拉坦胡雅嘎：对，我去的呼伦贝尔学院也是一样，他们跟内蒙古各个大学联系，想做一场比赛，想把阿日嘎纳入选修课程。所以我很高兴，我们的冰上阿日嘎游戏发展得这么好，甚至发展得更广了，从牧区到大学校园，也展示出了很大的发展空间。在传授方面，如果可以纳入教科书最好，我们那边的学校在业余时间已经开始给孩子们上课。这样的方式是最好的，覆盖面广、传承度高。

白嘎力：现在有多少人参与冰上阿日嘎游戏这个项目，在比赛上获过哪些奖，在传承方面还能进一步做什么工作？这方面再给我们介绍一下。

阿拉坦胡雅嘎：我们旗里每年都会组织一次冰上阿日嘎比赛，其中有很多优秀的玩家，将来还想评选谁的阿日嘎好看，看谁射得远，谁能破纪录，最远射程能达到多少米，以后想在进行比赛时把这些作为新的项目。还有就是改变一下游戏规则，现在的游戏规则没有那么完善，这是一个论输赢的比赛，我们蒙古族是一个狩猎和游牧民族，会遵循狩猎规则。这个规则类似于，比如说去打野鸟，有7只野鸟，去了3个人，如果第一个人射中了4只鸟，还剩下3只鸟，这种情况下其他两个人是不能去争这4只鸟的，只争剩下的3只鸟。如果第一个人都射中了，最后两个人就没必要再射了。我们这个游戏也是这样的，如果第一个人都射中了，剩下的人都没有比赛就输了，不会得名次。

白嘎力：都从哪方面改变呢？

阿拉坦胡雅嘎：从规则方面。游戏规则规定不能进入起始点以内的区域，圆圈必须离起始点2米远，而且直径是20到30厘米，一个人只能用2个阿日嘎，不能多用，不能随便扔，只能用大拇指和食指捻弹出去，不能抛出去，如果犯规3次，成绩无效，得了多少分也都无效。

白嘎力：冰上阿日嘎游戏的发展对社会和文化方面有什么好的影响？

阿拉坦胡雅嘎：起到强身健体的作用，所以很多人说玩这个真好，汉族同胞也很想学。

  白嘎力：什么人都可以玩吗？这个难吗？

  阿拉坦胡雅嘎：不难，只要学会了基本的捻弹出去的手法就行。

  白嘎力：今天的采访就到这里，感谢阿拉坦胡雅嘎老师来到这里接受我们的采访，再次感谢您！

尼玛敖斯尔

穹庐夜幕唱英雄*

采访时间：2019年4月9日
初稿时间：2022年6月9日
定稿时间：2022年6月9日
采访地点：巴林右旗格斯尔文化研究发展中心
版　　本：文字版

尼玛敖斯尔速写

　　尼玛敖斯尔　内蒙古自治区非物质文化遗产项目格斯尔代表性传承人，1947年1月26日出生，初中学历，是宁嘎德·森格仁钦和哈日乌很的第三个儿子。6岁拜师于著名四胡演奏家乌斯呼宝音开始学习四胡演奏，8岁开始学习说唱好来宝，11岁开始学习说乌力格尔。

　　1997年以来，在自治区、市、旗县各级举行的乌力格尔、好来宝、蒙古族民歌、格斯（萨）尔传说唱等各项比赛中荣获二十多次奖项及嘉奖。

　　2009年，在内蒙古电视台《与你同行》栏目演绎录制三档电视栏目。2010年，参加内蒙古电视台《与你同行》栏目第100期迎新春特别晚会，并获得电视台领导和工作人员的一致好评。2010年成为内蒙古曲艺协会会员。曾当选为巴林

---

* 蒙古语采访。

右旗四胡演奏协会三届常务副主席、巴林右旗民间文化艺术协会一届副主席、巴林右旗四胡艺术协会一届名誉主席等。现任格斯尔协会副理事长等社会职务，巴林右旗格斯尔传说唱表演中心特邀教师。2012年，特邀担任宝日勿苏完小乌力格尔、好来宝教师，为14名小学生传授四胡艺术，并培养单独演奏说唱好来宝的能力。本次教学活动是四胡艺术教学首次走进赤峰的课堂。2012年受邀成为"三大史诗"国际研讨会嘉宾，前往新疆维吾尔自治区克孜勒苏柯尔克孜自治州阿克陶县表演格斯尔传。2015年受赤峰市翁牛特旗邀请成为全旗四胡演奏培训班乌力格尔、好来宝说唱指导老师，并受邀为乌力格尔、好来宝说唱比赛评委。2016年，被评选为赤峰市说唱格斯尔传非物质文化遗产传承人，同年被评选为内蒙古自治区说唱格斯尔传非物质文化遗产传承人。

改编长篇小说《蒙古青旗》为音频胡琴故事，作品时长达20小时，并成功录入内蒙古自治区社会科学院内蒙古民族民间文化遗产数据库。录制时长40小时的格斯尔传说唱音频，被内蒙古自治区社会科学院数据库收录。

为巴林右旗培养60余位学员，为翁牛特旗培养20余位学员。2012年给宝日勿苏镇完小捐赠6把小胡琴，给热爱学习胡琴艺术的社会儿童无偿制作捐赠7把胡琴。

白嘎力：各位朋友，大家好！今天是2019年4月9日，我们来到了巴林右旗格斯尔[①]文化研究发展中心采访巴林格斯尔的传承者尼玛敖斯尔老师，老师好！

尼玛敖斯尔：您好。

一、学艺经历

白嘎力：首先我们请老师介绍一下自己在从事格斯尔学习过程中的一些经历。

[①] 蒙古族英雄史诗《格斯尔》的主人公。

图1 尼玛敖斯尔（左）接受"赤峰记忆"采访

尼玛敖斯尔： 我是巴林右旗宝日勿苏镇一名普通的民间艺人。我6岁开始跟着乌斯夫宝音学习胡琴艺术；8岁开始学会讲史诗；11岁开始学会乌力格尔。真正开始学格斯尔史诗是在广播上听琶杰老师的说唱，后来巴林右旗得到格斯尔文化之乡称号后，跟着金巴扎布老师专门学格斯尔说唱。

白嘎力： 那您认为格斯尔最重要的精髓在哪里呢？在于拉琴还是说唱？

尼玛敖斯尔： 拉琴的技术是至关重要的，要知道格斯尔史诗关键要跟乐曲搭配好，在什么时候用什么伴奏。除此之外也要有一定的历史知识储备，在这些前提下自己创作。今天，我也会说唱自己创作的作品。

二、史诗传诵

白嘎力： 老师您什么时候成为自治区级格斯尔文化传承人的？传承发展格斯尔方面有什么计划吗？在收徒吗？

尼玛敖斯尔： 我2012年被邀请参加史诗研究国际峰会，2016年成为自治区格斯尔文化传承人。传承计划主要分为两方面，其一是将格斯尔文化带入校园课堂，其二是面向大众收徒。

很久之前，我就想把这个文化带到学校的课堂上，为此给教育局和旗里写过申请书，跟基层领导也联系过。那时在宝日勿苏小学开设四胡课程，给 14 名学生上了一学期的课，教会了他们独立说唱史诗，但这门课程还是因为各种原因终止了。

没能在宝日勿苏小学继续开设这门课程非常可惜，我想将来有机会还会联系学校，给孩子讲讲格斯尔文化是什么，给他们说唱格斯尔。

当然，后来在大板一中也教过学，之所以坚持在校园传授，是因为在课堂上传承是最合适的。我们旗把格斯尔的书带进学校课堂已经很长一段时间了，小朋友们会举办关于格斯尔的活动，格斯尔文化能被小朋友所喜爱，我看了后非常高兴。

图 2　尼玛敖斯尔

另外，我在故乡也挖掘了几位年轻的史诗艺人，重点培养的有斯琴图。

白嘎力：你是以什么标准收徒弟的呢？会选择乐感好的，还是对这个东西有兴趣的？

尼玛敖斯尔：当然优先选择对这个有兴趣的，不感兴趣的人你教他他也不学。其次是在乐理艺术方面有天赋并且懂得努力的人。

我有一位徒弟也是宝日勿苏镇的，他是工作之余来我们家学习，十分努力好学。最近格斯尔文化中心专门选派年轻人去外地学习说唱史诗，对于宣传格斯尔文化这块相当用心，我也挺高兴的。

图 3　2016 年 10 月，尼玛敖斯尔被评为内蒙古自治区非物质文化遗产项目格萨（斯）尔代表性传承人

三、英雄凯歌

白嘎力：刚才尼玛敖斯尔老师介绍了一下他从事格斯尔的经历，也讲述了他是如何传承格斯尔文化的，下面就有请尼玛敖斯尔老师为我们演奏一曲巴林格斯尔当中比较经典的段落。

尼玛敖斯尔：

用檀香做的胡琴，颂出美妙的歌声。
来唱诵伟大的格斯尔王经典的史诗
用棕色的檀香胡琴　低声吟唱格斯尔
唱到沉睡的苍茫大地　黎明破晓为止
唱到十五的月亮　飘在空中为止

图4 尼玛敖斯尔获内蒙古自治区非物质文化遗产项目格斯（萨）尔代表性传承人奖牌

唱到牛羊牲畜　覆盖整个草原为止
唱到草原的花　盛开遍地为止
唱到牧民的生活　和平安康为止
唱到宝贵的泉水　溢出来为止
唱到所有疾病　消失为止
唱到宝贵的泉水　溢出来为止
唱到所有疾病　消失为止
……

白嘎力：今天尼玛敖斯尔老师给我们讲述了自己的经历及未来传承的计划，我们听了后有很大的收获，感谢老师的到来！

尼玛敖斯尔：我也非常感谢！

巴达玛仁钦

千古传颂留美名*

采访时间：2019 年 4 月 9 日
初稿时间：2022 年 6 月 9 日
定稿时间：2022 年 6 月 9 日
采访地点：巴林右旗格斯尔文化研究发展中心
版　　本：文字版

巴达玛仁钦速写

巴达玛仁钦　1961 年生于巴林右旗查干沐沦苏木沙布台嘎查查干敖包小组，8 岁开始学习四胡，10 岁能独立弹奏四胡，12 岁参加了学校艺术团。1988 年拜格斯尔沁参布拉敖日布为师。2006 年加入巴林右旗四胡协会。2006 年到 2008 年，参加多项民歌和说唱比赛并取得了优异的成绩。2009 年，被评为非物质文化遗产项目巴林格斯尔市级传承人。

白嘎力：各位朋友，大家好！今天是 2019 年 4 月 9 日，我们来到巴林右旗

---

* 蒙古语采访。

图1　巴达玛仁钦（左）接受"赤峰记忆"采访

格斯尔文化研究发展中心，采访巴林格斯尔传承人巴达玛仁钦老师，您好。

巴达玛仁钦：您好。

一、艺术传承

白嘎力：首先请您给我们介绍一下自己的情况，学习经历及工作经历。

巴达玛仁钦：我是于1961年在巴林右旗查干沐沦苏木沙布台嘎查查干敖包小组出生的。我从8岁开始学习四胡，我奶奶特别喜欢弹四胡，还有唱民歌。在她的影响下，我10岁的时候就已经学会弹四胡了，12岁的时候在中学参加了学校的艺术团，在艺术团里就开始说史诗，那时候弹四胡也没有这么好的发展，可是我没有放弃，有时候还会去别人家里说乌力格尔。

1988年的时候我拜国家级格斯尔沁参布拉敖日布为师，他教我说唱格斯尔，其中包括格斯尔传说、格斯尔乌力格尔、格斯尔史诗等。那时候也没有地方讲格斯尔，四胡也并不流行。因为我比较喜欢艺术，所以跟着老师学了2年，1990年的时候老师生病了，又过了2年，1992年的时候老师去世。这4年的时间我对格斯尔文化有了比较深的了解，出于多种原因，当时格斯尔发展得不像现在这么好，尤其有一段时间刚有了电视，观众都爱看电视，就没有几个人听格斯尔了，所以我停止了一段时间。

后来觉得这样下去不行，再者碰上了一个好契机，在2006年的时候，旗政府给我来信说巴林右旗要开设四胡协会。我们巴林右旗是最早有四胡协会的，因为我自己喜欢且擅长，乡亲们也鼓励我说你必须去，于是我从2006年开始重操旧业，加入了四胡协会，之后我参加民歌比赛、乌力格尔比赛、好来宝比赛。从2006年到2008年，因为刚开始发展，所以那三年比赛特别多，有企业举办的，也有各个单位主办的。我参加了很多比赛，也得了很多奖，其中有冠军、亚军等。

二、录制史诗

巴达玛仁钦：2008年，我们巴林右旗获得"中国格斯尔文化之乡"称号。那时候巴林右旗政府请我过去，说我在各个比赛中成绩突出，交给我一个重要的任务，让我说唱100个小时的格斯尔史诗。因为我以前学过说唱格斯尔，所以当即接下了该任务。答应下来之后却有点担心，虽然我跟我老师学过，但是录制100个小时可不简单，我想了想决定请一个星期的假，去呼和浩特请教一下我的老师。

我2008年的时候参加了一次比赛，有一位内蒙古师范大学的老师看中了我，收我为徒。因为他在呼和浩特工作，所以我就跟政府请假去呼和浩特找他，就像西天取经一样。我去找老师，老师很惊讶，说我哪来这么大的勇气接下这任务，他说自己都说不了100个小时，更何况是我，我一下子很沮丧，不知道该如何是好。

说归说，老师还是帮我了。他给了我两张16开的纸，第一张是格斯尔创造三个世界那部分的内容，下一张是教我在夸赞天界的时候不能用世俗的语句来形容，所有的花都是用金子做的，所有的动物都是用玉做的，给我写得很清楚。我在他们家住了两天，老师说按照他给的步骤做就行了。老师告诉我史诗其实只有七个音，真正说唱史诗的时候没有乌力格尔的这种音调。我花200块钱买了一个录音机，老师给我录制了七个音调。回家路上一直听录音，回到家第二天就开始录制说唱史诗工作。

这项工作在党和政府的支持，很多人的帮助，以及我个人的努力之下，顺利完成了。从2008年8月8日开始录制，2009年7月3日发行，发行仪式是在北京民族文化宫举行的，我的录像现在也在展览厅展示，照片中最小的格斯尔沁[①]就是我。

三、文化传承

白嘎力：您为巴林格斯尔文化的传承做了哪些工作？

巴达玛仁钦：其实这里我得检讨一下自己，我当时应该做好格斯尔文化的传承工作。该培养一些徒弟，由于那时候生活条件不好，当时我不得不外出打工，2010年就去乌珠穆沁放羊了。后来政府的工作人员联系我，邀请我回来继续此项工作。

前段时间我去查干诺尔、查干沐沦等地方的学校，给学生们上课，给他们认真地介绍格斯尔文化。我想将来有机会多给孩子们上课，讲讲格斯尔故事。为了好好地传递这一门艺术还收了几个徒弟，我现在跟他们以团队的形式一起演出。

白嘎力：是以组合的形式演出的吗？

巴达玛仁钦：对，刚才来送我的是团里的三名成员。我有好几个徒弟，都在这个团里。我们团长是我们当中最年长的那个，叫敖特根花日，当我还在乌珠穆沁的时候已经建立了这个团队，等我回来后，我们一起把团队做起来了。为了格斯尔传承工作，我们去年也做了很多努力，到各个地方演出。

白嘎力：最常去的是哪个地方，最近都去了哪里？

[①] "格斯尔沁"意为"格斯尔史诗说唱人"。

巴达玛仁钦： 经常去演出的地方如查干诺尔、宝日勿苏、沙巴尔台等，让人们加深对格斯尔文化的了解。

白嘎力： 您是什么时候成为市级传承人的？

巴达玛仁钦： 我2009年的时候就已经成为市级传承人了，到现在已经10年了。这也是政府赋予我的责任，要将传承工作做好。

白嘎力： 今天的成就跟您的努力分不开，那传承巴林格斯尔最好的方法是什么？是以上课的形式或是还有其他方法？

巴达玛仁钦： 这个是以说唱的形式传授，我以前给学生们上课的时候，我给他们唱，孩子们很感兴趣。我也会给他们讲有趣的格斯尔故事。我有时候会跟他们互动，父母给你们讲格斯尔的故事吗？有的学生说没有，有的会说他们父母有给他们讲格斯尔的故事，还愿意主动起来给我们讲故事，每个地方都不一样。我现在也是担着责任的人，作为传承人还想给孩子们好好传授，我是有这种想法的。

四、精彩演绎

白嘎力： 刚才老师给我们讲了他学习巴林格斯尔的经历、从业经历，以及为普及格斯尔所做的工作，那么下面有请老师为我们表演一段巴林格斯尔经典的段落。

巴达玛仁钦： 点亮金色的长明灯，我们颂一段格斯尔。

在高山脚下　在大河的岸边

有着游牧生活的民族　有故事的巴林右旗

从古至今　有男儿三艺　对敖包古树有信仰

对神祖有信仰　草原上有白白的蒙古包

飘散着浓郁的奶香　草原上遍布五畜

洁白的蒙古包遍布在草原上　有绿油油的草地

有历史悠久的巴林右旗

有细长摇曳的套马杆　有骏马的嘶鸣

有故事的蒙古族人　有故事的巴林右旗

巴林右旗每处山水都有自己的故事

从远古时期开始　就赞诵十方格斯尔神

让我来为大家讲一段　在长生天和尘世刚形成的时候

当高山还是小坡　当大海还是泥潭

太阳照耀大地　月亮点亮夜空　天上有繁星闪耀

世界三大神明　就是这样形成的

山水开始变绿　小草开始发芽

有故事的巴林右旗　给你们讲个故事

在一个依山傍水的好地方

居住着兄弟三个部落

大哥的名字叫僧翁　性格善良和气

对人民忠良　是这个部落的老大

部落的规矩　定得公正严明

对亲戚和气　对百姓友善　行事沉着

睡觉的羊都不会吵醒

与人随和友好

他二弟这个人　跟他哥哥一模一样

名字叫其日嘎

哪有一模一样的兄弟　十个手指也不一样

三弟叫朝德恩　脾气很不好

是个见缝插针　口蜜腹剑的人

是一个狡猾鬼　折磨百姓

不搭理亲戚朋友　一万年也想不起做一件好事

一天到晚只会耍小聪明　动歪脑筋

有一个吃多少都吃不饱的胃　骆驼跟驼羔一起吞掉也不觉得撑

喜欢敲诈人民的钱财　欺负百姓　就是这个朝德恩

分给百姓的钱　他都会剥削　攥在自己手里

他就是这样一个人

三个部落就简单介绍完了

我的故事也快要完结了

最后十方格斯尔神保佑大哥僧翁

帮助他统治了整个部落

白嘎力：今天很感谢巴达玛仁钦老师能够接受我们采访，给我们演出了非常精彩的一段巴林格斯尔，感谢您的到来。

巴达玛仁钦：同样感谢您。

孟和吉日嘎拉

绝代英雄格斯尔[*]

采访时间：2019 年 4 月 10 日
初稿时间：2022 年 7 月 22 日
定稿时间：2022 年 7 月 25 日
采访地点：巴林右旗格斯尔文化研究发展中心
版　　本：文字版

孟和吉日嘎拉速写

　　孟和吉日嘎拉　蒙古族，1959 年 11 月出生于内蒙古赤峰市巴林右旗查干沐沦苏木。1979 年 7 月参加工作，在沙布台中学任教导主任，先后在沙布台、查干诺尔、幸福之路等苏木担任副苏木达、副书记、人大主席。2019 年从巴林右旗民族事务委员会退休。巴林右旗格斯尔文化协会会长，市区级格斯尔文化、疯子沙格德尔文化、固伦淑慧公主文化传承人。2014 年，被评为自治区非物质文化遗产项目格斯尔代表性传承人。

　　出版《珠腊沁人物荟萃》《格斯尔故事传说》《格斯尔文化》《巴林〈格斯尔〉》《巴林格斯尔故事》《巴林右旗民间故事》等书籍。

---

[*] 蒙古语采访。

白嘎力：各位朋友，大家好！今天是 2019 年 4 月 10 日，"赤峰记忆"第三期来到了巴林右旗格斯尔文化研究发展中心。我们很荣幸地邀请到了孟和吉日嘎拉老师，老师好！

孟和吉日嘎拉：你好。

一、民族史诗　传承有序

白嘎力：首先让老师向大家介绍一下自己。

孟和吉日嘎拉：我的名字叫孟和吉日嘎拉，笔名孟和嘎拉。我 1959 年出生于巴林右旗查干沐沦苏木的珠腊沁嘎查，1977 年毕业于赤峰市林东师范学校，1981 年到 1984 年在赤峰学院学习，1985 年到 1988 年就读于内蒙古民族大学。1979 年上岗工作到现在已 40 多年了，现在在巴林右旗的民族事务委员会工作，负责巴林右旗格斯尔文化协会的理事工作。

图 1　孟和吉日嘎拉（左）接受"赤峰记忆"采访

白嘎力：老师，请您跟我们谈一谈这个巴林格斯尔文学形式的基本情况，里面主要讲了什么内容，还有在蒙古族文学史上的地位。

孟和吉日嘎拉：众所周知，《格斯尔》是"中国三大史诗"之一，而巴林格斯尔又在蒙古族格斯尔中有着支柱地位。

巴林格斯尔是巴林文化的重要组成部分。专家们认为，在16世纪初人们从哈拉哈河东岸迁徙到戈壁之后，巴林格斯尔才被巴林的鄂托克创造出来，由此看来巴林格斯尔已经有几百年的历史了。我们中国的蒙古族格斯尔包括西部的卫拉特格斯尔、青海格斯尔、乌兰察布格斯尔，还有我们东部的巴林格斯尔。

为什么说巴林格斯尔文化是蒙古族格斯尔中的支柱文化呢？一是巴林格斯尔的形成时间很早，二是巴林右旗有中国蒙古族地区唯一的格斯尔庙。格斯尔敖包搭建得也很早，格斯尔庙始建于清乾隆四十一年，也就是1776年。格斯尔敖包是在1703年之后被建在珠腊沁嘎查的。在巴林草原，有着近百个格斯尔山水传说。巴林右旗格斯尔文化的三大现象出现得都很早，一是格斯尔庙，二是格斯尔

图2　格斯尔庙前的格斯尔雕像（刘锦山摄影）

图 3　2016 年建的格斯尔庙

图 4　格斯尔风物传说：位于赛罕汗乌拉南麓的格斯尔拴马桩

图5 格斯尔风物传说：位于达尔罕北的巴嘎罕宝力格[①]

图6 格斯尔风物传说：阿斯罕山豁口[②]

[①] 巴嘎罕宝力格：传说是格斯尔起的泉水的名字，该泉水位于达尔罕山北，沙巴尔台河岸。
[②] 阿斯罕山豁口：传说是格斯尔圣箭射穿十二头魔莽古斯后，在阿斯罕山山顶射出的大豁口。

敖包，三是蕴藏格斯尔的山水传说，这些在别的地方基本没有或者很少。巴林右旗格斯尔文化的三种现象形成得很早，这也为格斯尔文化在巴林的传承奠定了坚实的基础。

巴林格斯尔现在已经形成了一个系统的文化，它的内容形式非常丰富，有格斯尔传、格斯尔乌力格尔。格斯尔乌力格尔中包括民间乌力格尔和四胡乌力格尔，还有格斯尔史诗。在巴林右旗，格斯尔文化的内容和形式都很丰富，还有格斯尔仓、格斯尔箴言和禁忌、格斯尔歌谣，还有格斯尔占卜、格斯尔剧、格斯尔卡通动画等多种形式，这也体现了巴林格斯尔在蒙古族格斯尔中的重要地位。

传承巴林格斯尔的这些人，我们称之为巴林格斯尔沁。这些格斯尔沁们在巴林格斯尔形成之后，就开始说唱格斯尔乌力格尔、四胡乌力格尔、民间乌力格尔和格斯尔史诗。

在巴林右旗查干沐沦早前有一位叫巴达日胡扎兰的人，他自己就会说唱格斯尔史诗。巴林的札萨克多罗郡王巴图建造了格斯尔庙，当时有些人对格斯尔文化有很大的喜好，在抢救、保护格斯尔方面做了很多工作。

早前颂格斯尔史诗的人有乔吉浩日劳、齐木德斯仁、参布拉敖日布，近代有金巴扎木苏，这些都是上一辈的格斯尔沁前辈。而在近些年有乌力吉图、巴达玛仁钦、尼玛敖斯尔。年青一代格斯尔沁有斯钦图、乌根巴特尔等，一代代格斯尔沁都在说唱格斯尔史诗、格斯尔乌力格尔，传承和发扬格斯尔文化。

在我看来，巴林右旗格斯尔文化的发展经历了四个阶段，第一阶段也就是初始阶段，是在清代中叶，当时巴图郡王、巴达日胡扎兰等人特别崇尚和维护格斯尔文化，建造了格斯尔庙、格斯尔敖包，说唱格斯尔史诗。在建造了格斯尔庙和格斯尔敖包之后，格斯尔庙每年有两次祭祀活动，农历的五月十三，还有就是六月二十四。农历五月十三是一个有特殊意义的日子，人们自发去格斯尔庙祭拜圣主格斯尔，祈祷风调雨顺，而且农历五月十三这天是真会下雨的。这天，附近的牧民们会去祭格斯尔敖包，祭拜圣主格斯尔，以祈祷雨水丰沛、少病少灾、牛羊茁壮、五谷丰收等，带着这些美好的愿望去祭拜圣主格斯尔。第一阶段延续到民国时期，这时前辈乔吉浩日劳、齐木德斯仁等有名的四胡手发扬格斯尔文化。

第二阶段是 20 世纪 80 年代，在我们巴林有位叫索德那木拉布坦的人，他成立了格斯尔办公室，做起了抢救和保护格斯尔文化的工作。当时这个办公室有四五个人，在巴林右旗待了将近一年，整理了格斯尔乌力格尔和史诗，做了格斯尔史诗录音的工作，也收集整理并出版了很多相关书籍。如果说以前巴林只有格斯尔庙和敖包山水传说的话，从这之后就有了更好的扩展。格斯尔乌力格尔、格斯尔仓、格斯尔禁忌、格斯尔歌、格斯尔占卜，还有格斯尔史诗等都被整理出版成了书籍，我认为这就是第二发展阶段。

第三发展阶段在 1993 年之后，当年我在沙巴尔台苏木工作，巴图郡王所建造的格斯尔庙在"文化大革命"中被摧毁了，所以为了抢救和保护我们蒙古族传统文化，沙巴尔台苏木的党委政府与塔布花煤矿和相关单位协作，于 1993 年在沙巴尔台苏木重建了格斯尔庙。格斯尔庙重建后，格斯尔祭祀习俗也恢复了，格

图 7 在祭祀格斯尔的路上

图 8　祭祀格斯尔

斯尔庙祭祀活动也开始规范了起来，每年沙巴尔台苏木政府和各嘎查轮流去祭祀，农历五月十三和农历六月二十四，整个巴林右旗都会到格斯尔庙去祭拜圣主格斯尔。格斯尔文化习俗就这么恢复了，由此讲格斯尔乌力格尔、说唱格斯尔史诗等活动也开始盛行。除了这些，还会办一些格斯尔文化活动，比如说唱格斯尔史诗、诵格斯尔仓或者举办格斯尔杯诗词大赛，举办那达慕。文化教育部门也会组织人去格斯尔庙游赏，广泛开展传承格斯尔文化的活动。

格斯尔文化发展的第四阶段是 2008 年到现在，第四阶段做了很多工作，在 2008 年巴林右旗被文化部授予中国格斯尔文化之乡称号，2009 年录制了说唱格斯尔史诗 100 小时的视频，这次录制是由我负责的，巴林右旗党委政府与赤峰市广播电视台合作，2010 年在北京举办了视频的发行仪式。2012 年巴林右旗被确定为中国格斯尔文化抢救保护与研究基地，首届中国格斯尔文化高层论坛也在这里举行，2013 年在巴林右旗举办了格斯尔国际研讨会，2014 年巴林格斯尔被列入国家级非物质文化遗产名录。

巴林右旗的这些格斯尔文化活动顺利进行，在社会上得到了大众的认可。2010年成立了格斯尔办公室，建立了格斯尔工作领导组，巴林格斯尔相关工作也有了专门的机构和工作人员负责。在建立了格斯尔工作领导组与格斯尔办公室之后，开设了格斯尔文化展厅，开发了格斯尔文化品牌。每年举办格斯尔沁的培

图9　2008年巴林右旗被文化部授予中国格斯尔文化之乡称号

图10　2012年8月，巴林右旗被全国格萨（斯）尔工作领导小组和内蒙古自治区民族事务委员会定为中国格斯尔文化抢救保护与研究基地

图11　2012年8月5日至6日，首届中国格斯尔文化高层论坛在巴林右旗大板镇举行

图12　2013年8月12日至15日，《格斯（萨）尔》与口传史诗国际研讨会在巴林右旗举行

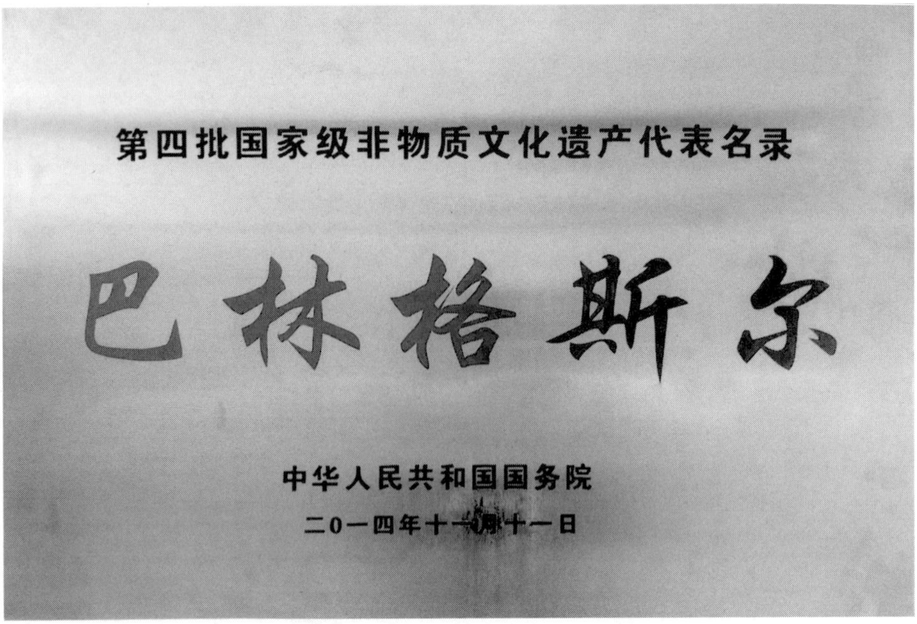

图13 2014年11月11日，巴林格斯尔被国务院批准进入第四批国家级非物质文化遗产代表名录

训，做了很多工作。巴林右旗的格斯尔文化发展成了有多种内容形式和丰富成果的文化。

二、内容广泛 形式多样

白嘎力：再请老师给我们讲一下巴林格斯尔的表演方式和艺术风格是什么样的。

孟和吉日嘎拉：巴林格斯尔的内容广泛、形式多样，从传承的巴林格斯尔内容看，在民间口传故事比较多，比如格斯尔传。这些在传唱的过程中，表演形式愈加多样，就演变成了乌力格尔，这也形成了格斯尔经典形象。格斯尔的乌力格尔就变得比原来的史诗传唱更长，形成了格斯尔民间乌力格尔，格斯尔的四胡乌力格尔。

巴林格斯尔的主要特点是四胡乌力格尔，巴林右旗的格斯尔沁们，都会用四胡配合表演格斯尔乌力格尔，也会用四胡配合说唱格斯尔史诗，这是主要形式。除此之外，近几年格斯尔史诗的表现形式也在逐渐多样化。比如斯琴图、敖干巴特尔等人也会用潮尔配合说唱格斯尔史诗。格斯尔史诗配潮尔去说唱是非常合适的，他们为了让格斯尔文化的形式更加多样，就用潮尔去说唱。我们格斯尔文化协会也非常重视这个，为了帮助这些年轻的格斯尔沁们，也为展示其形式更加丰富，就让他们去呼和浩特参加培训，也去过扎鲁特学习用潮尔说唱格斯尔的技能。敖干巴特尔、斯琴图这些年轻人学会了用潮尔去说唱格斯尔史诗并已经开始说唱。巴林的乔吉浩日劳、齐木德斯仁、参布拉敖日布、金巴扎木苏都是有名的国家级格斯尔沁，他们都是用四胡去说唱格斯尔史诗，这就是巴林格斯尔的主要内容形式。在巴林格斯尔传承的方式中，书籍也很重要。收集整理巴林格斯尔的工作始于 1984 年。近些年中国社会科学院的专家斯钦孟和出版了三大本巴林格斯尔书籍。

白嘎力：刚才听老师说了格斯尔当中有很多的传说，咱们邀请老师从中说一段有关巴林格斯尔的传说。

孟和吉日嘎拉：在很久很久以前，当现在的高峰还是小丘，大海还是泥潭的时候，世间非常混乱，是弱肉强食的混乱时代。有一天上天去见释迦牟尼佛祖，释迦牟尼佛祖就对上天说："五百年后这个世间会变得混乱，你得派你的孩子去治理世间。"上天回来后就把这件事情忘记了，然后上天的经房塌陷了下来，他就传唤他三十三个天兵问为什么会发生这样的事情。

三十三个天兵就说世间在混乱中，上天就想起来了释迦牟尼佛祖让他派孩子去治理世间的事情，他就把三个孩子中的第二个孩子威勒布图格齐派去治理世间。威勒布图格齐来到世间后灭了很多妖魔，降住了十二头魔，恢复了世间平静的生活。这个时候在阿斯罕山的山洞中躲了十几年的十二头魔饥饿难耐，就打算去吃圣主格斯尔的牛羊，抢他的妻子。这时候刚降妖回来的圣主格斯尔就在阿斯罕山的山脚下碰见了十二头魔。格斯尔有着三十支白箭，他拿着力弓，一脚站在翁根山上，一脚站在格日朝鲁上去射这个十二头魔。十二头魔也挺厉害，它爬上了阿斯罕山山顶，阿斯罕山山脚下有十眼泉水，它就吸掉这个十眼泉的泉水，打算淹死格斯尔。格斯尔就用他的三十支白箭去射，射得都挡住了阳光，有的箭射中了十二头魔，有的就落在了哲别图山上。十二头魔因为吸了十眼泉的泉水，它的肚子就被撑了起来，格斯尔的白箭就打在了它的肚子上。十二头魔的肚子被刺穿，它肚子里的水流到沙巴尔台形成了绿泉。格斯尔的白箭射穿十二头魔，射穿了阿斯罕山，继续飞，碰到了巴罕宝力格，在巴罕宝力格这个地方涌出了一眼泉水。白箭再飞到向希图花，向希图花被箭碰到的地方长出了一棵独树。这个箭继续飞，穿过伊玛图山形成了伊玛图的山洞。又碰到阿斯罕山上的石头，那个石头滚落下来，停在了沙巴尔台河的河岸上，这个石头被叫作吉日嘎朗图哈达（意为幸福石）。十二头魔的头和四肢落在各处形成了五座山，格斯尔宝格德就这样灭掉了十二头魔，让他的人民过上了幸福的生活。

三、创新手段　保护发展

白嘎力：巴林格斯尔是哪一年被列为市级非遗项目的？哪一年被列为自治区级非遗项目的？

孟和吉日嘎拉：据我所知巴林右旗是在 2008 年被誉为"中国格斯尔文化之乡"，2009 年巴林右旗的格斯尔文化被列为市级非遗项目。

白嘎力：那么自治区的呢？

孟和吉日嘎拉：2009 年被列为自治区级非遗项目，2014 年被列为国家级非遗项目。

白嘎力：老师再给我们谈一谈巴林格斯尔挖掘和保护的情况，比如说现在是怎么采集资料，怎么通过媒体宣传，怎么培养传承人。

孟和吉日嘎拉：巴林右旗党委政府在抢救、保护、发展格斯尔文化方面采取了多种方法，比如成立格斯尔办公室，建立领导组，建立了专家委员会，安排了专门人员保护格斯尔文化。这些是党政机构方面做的抢救保护工作，这些人员提供了组织方面的保证。在抢救和保护格斯尔文化方面主要是培训格斯尔沁，让他们掌握这种技能。我们非常重视这项工作，2008 年后特别注重加强格斯尔沁行

图 14　全国《格斯(萨)尔》艺人培训班在巴林右旗召开

列的建设，每年与中国社会科学院和内蒙古民族事务委员会一起开设培训班，从外地请来一些有技术的老师给他们上课。我们旗的一些格斯尔沁前辈如金巴扎木苏等，也会给他们上课，这样年青一代的格斯尔沁就能掌握说唱格斯尔史诗的技能，这也是培养格斯尔沁行列的一件大事，所以巴林右旗在培训这方面特别看重。

在校园中传承格斯尔文化也非常重要，为了在中小学文化课堂上把格斯尔文化作为一门课去教授，我们编辑了适用于中学和小学阶段的两种课本，中学课本是由哈斯乌力吉老师编写，小学课本是由我编写的。此外为了让学生传承格斯尔文化，每学期格斯尔办公室或者格斯尔文化协会给学生做两次格斯尔文化常识解析，也会以开放课的形式向他们传授，或让学生们到格斯尔展厅或者格斯尔庙、格斯尔敖包等地参观。不仅如此，也会让格斯尔沁们去给他们解释如何颂读格斯尔史诗，如何说唱格斯尔乌力格尔等，让他们从小就对格斯尔文化有初步的了解。让敖德斯尔等有技能的人在闲暇时间开展培训，去给他们上课，教他们怎么念格斯尔仓。所以现在学校有会念格斯尔仓、会跳格斯尔舞的人，在给下一代传

图 15　孟和吉日嘎拉向小学生讲述格斯尔文化

图 16　格斯尔出版物

图17　格斯尔电子出版物

承这方面我们采取了以上方法。

在研究格斯尔方面，在格斯尔沁行列里有老一辈的纳·宝音贺喜格、哈斯乌力吉等也在培养些研究格斯尔的人。他们在收集整理格斯尔故事、编辑出版等方面下了很大的功夫。我自己也编辑出版了五六本关于格斯尔的书，也与相关部门合作，比如与中国社会科学院、自治区民族事务委员会、赤峰市民族事务委员会和巴林右旗相关部门合作，去做收集格斯尔文化、格斯尔史诗、格斯尔沁们的相关资料，还有参与编辑课本等多项与格斯尔文化有关的工作，还有将搜集的资料整理、编辑、出版，我们巴林右旗近年编辑出版了20册左右有关格斯尔文化的书籍。

白嘎力：老师刚才大概给介绍了一下巴林格斯尔传承的情况，那么现在还有哪些传承的艺人？现在正在学、在传承的都有哪些人？

孟和吉日嘎拉：巴林格斯尔文化在社会的发展中也出现过断层的情况。2008年格斯尔文化进入发展的第四阶段之后，政府在文化抢救保护发展方面采取了很多措施，为组织好格斯尔沁队伍、培养格斯尔传承人做了很多工作。2009年，格斯尔文化被列为市级非遗项目。2009年初次申报认定了三位格斯尔传承人，其中有国家级金巴扎木苏，还有我和巴达玛仁钦，我们三个2009年被认定为第一批市级非遗传承人。

在这之后我们将格斯尔文化申报到了更高一级，金巴扎木苏前辈最先成为自治区级格斯尔非遗传承人。去年金巴扎木苏前辈已成为国家级非遗文化传承人，现在自治区级格斯尔非遗传承人有两位，尼玛敖斯尔和我。我是在2014年，尼玛敖斯尔是在2015年成为自治区级格斯尔非遗传承人。市级格斯尔非遗传承人还有巴达玛仁钦。旗级的传承人有七八名年青一代的格斯尔沁，这些格斯尔沁的表演内容包括说唱格斯尔史诗、研究格斯尔文化、研究格斯尔文学、收集格斯尔资料、录制格斯尔等。为更好地培养格斯尔文化传承人，巴林右旗格斯尔文化研究发展中心也很重视，每年召开专题会议分配给传承人一些工作任务，传达精神，然后总结他们的工作，鼓励他们采取多种措施传承文化。所以在非遗文化传承方面，我觉得做得非常充分。

图18　2014年4月，孟和吉日嘎拉被评为巴林右旗非物质文化遗产项目巴林格斯尔代表性传承人

图19　2014年8月,孟和吉日嘎拉被评为内蒙古自治区非物质文化遗产项目格萨(斯)尔代表性传承人

四、闻名遐迩　重在传承

白嘎力：再请教一下老师，现在巴林格斯尔在哪个地区的影响力比较大？或者在咱们内蒙古，农牧民对巴林格斯尔喜爱程度如何？

孟和吉日嘎拉：巴林格斯尔的影响特别大，在国内外都有较大的影响。国际格斯尔文化研讨会在巴林右旗举办过，各国的专家们也多次来过巴林。1993年第三届《格斯尔》国际学术讨论会在锡林浩特举办，那时人们来巴林右旗观摩了格斯尔庙，所以巴林右旗的格斯尔文化在国内外都有较大的影响，也引起了专家们广泛的注意。美国、日本、韩国、德国、俄罗斯、蒙古国等国家的学者们多次来巴林右旗做过调查，德国的伊丽莎白为了研究巴林格斯尔文化更是专门来过多次。巴林格斯尔的传播范围非常广，其中以书籍作为媒介传播的就很多，已有二十多部书籍编辑出版，这些书籍在国内外被传播得很广。

白嘎力：这些书都是被翻译成各种语言传播的吗？

孟和吉日嘎拉：是的，这些书被翻译成多种语言传播，被国内外那些对格斯尔文化有兴趣的人关注着，巴林格斯尔就这样被广为人知。其他地方学习或者研究巴林格斯尔的人也经常来这儿，包括专门研究巴林格斯尔的大学生、硕士生、博士生也非常多。每年最少会有十几个大学生来这儿做调查，这也反映了巴林格斯尔的影响有多大。他们这些人有写关于巴林格斯尔论文的，有研究巴林格斯尔的，这样巴林格斯尔在社会上的知名度就变得更高。那些作品也会产生更积极的影响，还有那些毗邻的旗县也受巴林格斯尔的影响，比如在巴林左旗、翁牛特旗、阿鲁科尔沁旗、扎鲁特旗或科尔沁等地方，受巴林格斯尔的影响也很大。因为在科尔沁的乌力格尔说唱艺人讲很多打败魔鬼的英雄故事，那些故事也跟格斯尔的故事相似，所以很多学者和专家、毗邻旗县的格斯尔沁和艺术家们都在注意巴林格斯尔文化，都会去听或者看那些格斯尔音频和书籍，再融入自己的文化里，更加丰富他们战胜妖魔的故事。以阿鲁科尔沁旗来说，他们会做些收集整理格斯尔传的工作，也因为巴林格斯尔文化的影响，2019年赤峰市民族事务委员会要在阿鲁科尔沁旗重点去做关于抢救、保护格斯尔文化方面的工作，关键是要收集整理格斯尔的山水传说，这就是巴林格斯尔在别的地方有影响的体现。

白嘎力：再问一下老师，现在传承人在做传承工作时有没有什么创新的方式？再谈一下您在保护传承方面进一步的计划。

孟和吉日嘎拉：巴林格斯尔的内容形式非常广泛，文化必须与时俱进，与时共存。随着时代的变迁，现代化技术在飞速发展，以前我们的文化只是用口头的方式传播，近几年我们也通过出版书籍的方式去传播，但这些手段也满足不了现代社会的需求。所以我们需要把文化用现代化的技术去保存或者传承。最近几年我们巴林右旗在格斯尔文化传播方面采取了新的方法，其中有拍摄格斯尔沁的乌力格尔和格斯尔史诗的工作，把这些制作成视频保存下来。这样就是一个永久的、未来谁都能看到的资料，后人可以知道以前格斯尔史诗是怎么被说唱的。也可以在电视上传播，在手机上观看，在微信上看，多种传播方式同时进行，这是一项重要的工作。现在格斯尔的漫画也在绘制，12本动漫书的编辑出版工作从去年着手做了，今年年末这些漫画书应该都能出版了。群众通过漫画也可以完整地了解全部格斯尔史诗，看起来很方便，小孩子看起来更简单，这本书非常通俗易懂。还有演格斯尔剧，剧目可以很好地概括格斯尔的内容，人们就可以通过视觉感受，更直观地去了解格斯尔史诗的内容。我们注重新的内容形式并着手去做。

白嘎力：非常感谢孟和吉日嘎拉老师将巴林格斯尔的历史渊源与现在的发展做了全面系统的介绍，再次感谢孟和吉日嘎拉老师。

孟和吉日嘎拉：你们提供了这么好的平台，我也非常感谢。

后记

2018年6月,习近平总书记指出:"当前,我国处于近代以来最好的发展时期,世界处于百年未有之大变局,两者同步交织、相互激荡。"我们所处的时代,正是中华民族走向伟大复兴的时代,这是一个伟大的时代。大江南北,大河上下,城市乡村,各行各业,生机盎然、朝气蓬勃……这样的时代需要我们以专业的态度去认真记录。

伟大的时代需要伟大的记录者。在中华民族发展的历史上,曾经涌现过以孔子、司马迁、司马光等为代表的一大批伟大记录者,他们本着"究天人之际,通古今之变,成一家之言""为天地立心,为生民立命,为往圣继绝学,为万世开太平"的伟大理想和情怀,用自己的笔和心血书写、记录着时代的变化与发展,保存和传承了中华文化,使得几千年后的今天,我们仍然可以通过这些作品了解我们的祖先和文化,了解他们如何筚路蓝缕一路走来……

"赤峰记忆"就是这样一项记录赤峰地区优秀历史文化的口述历史数字工程。为保证项目的质量,北京碧虚文化有限公司和赤峰市图书馆抽调精干力量组成项目组。在赤峰市文化新闻出版广电局(现赤峰市文化和旅游局)指导下，本着"我们，为未来保存现在"的初心，项目组认真研究赤峰地区悠久的历史和灿烂的文化，特别是100多年来党领导赤峰地区人民群众为创造美好生活进行的波澜壮阔的伟大斗争，精心策划。从2016年到2022年，先后确立了文化、乌兰牧骑、非物质文化遗产、杰出女性、图书馆、文化旅游6个专题以及烽火草原鲁艺人、清格尔泰这两个特别专题，以便系统反映赤峰地区优秀传统文化、革命文化和社会主义先进文化。在此基础上，我们制定了《"赤峰记忆"人物遴选标准》，从思想品德、个人经历、社会影响、行业分布等多个方面对人物进行遴选，最终遴选出100多位奋战在赤峰市各条战线、有重要影响的人物。在生产环节，制定了包括前期沟通、拟定提纲、录制、视频剪辑、导出音频、音频转字幕、字幕初校、视频加字幕、视频校对、被采访者校对、终审、最终定稿12个环节在内的生产流程，精心打磨，高质量完成了320多集5700多分钟的视频资源。

为使项目成果多样化呈现，满足人民群众需要，赤峰市图书馆决定对"赤峰记忆"项目成果进行二次挖掘和创作，编辑出版《赤峰记忆》图书。第一，项目组将不带标点符号的一行行字幕文字加上标点符号、划分段落、设置小标题，使其初步成为一篇篇访谈性文章；第二，对访谈初稿进行修改完善，在保证口述历史文本特点的基础上，将一些太过口语化、重复、啰嗦的字词和片段删掉，并配上与内容相关的图片；第三，将稿件发给每位被采访者进行审阅，被采访者审阅后的文章，最后由编委会再统一把关。另外，为增加本书的可读性，我们为被采访者增加了个人介绍，还为他们画了速写，放在每篇访谈内容的篇首；同时，还对一些难以理解的词语添加了注释。因此，与视频版"赤峰记忆"相比，《赤峰记忆》图书在内容上丰富了不少。

希望本书的出版，能够助力于传承赤峰市优秀地方文化，弘扬北疆文化，坚定文化自信，铸牢中华民族共同体意识。由于编者水平有限，书中难免有错漏之处，敬请读者朋友多多包涵。

刘锦山

2024 年 12 月 18 日